浙江省高职院校“十四五”重点立项建设教材

新编21世纪高等职业教育精品教材 ◆ 物流类

供应链管理实务

GONGYINGLIAN GUANLI SHIWU

主　编　包训艳

副主编　钟　燕　贺　骥　李婷婷

　　　　程雅芳　冯言勇　马秀丽

中国人民大学出版社

·北京·

前　言

党的二十大报告指出："加快建设现代化经济体系，着力提高全要素生产率，着力提升产业链供应链韧性和安全水平"。《中共中央关于进一步全面深化改革　推进中国式现代化的决定》提出："健全提升产业链供应链韧性和安全水平制度。抓紧打造自主可控的产业链供应链。"《中华人民共和国国民经济和社会发展第十四个五年规划和2035年远景目标纲要》提出："提升产业链供应链现代化水平。"提升制造业产业链供应链现代化水平，增强其安全性和竞争力，已成为我国经济高质量发展的重要议题。

"加快培养多层次供应链人才"是落实和推进供应链创新与应用的重要措施。2020年2月25日，人力资源和社会保障部与国家市场监督管理总局、国家统计局联合向社会发布了16个新职业，供应链管理师入选。供应链管理师被定义为：运用供应链管理的方法、工具和技术，从事产品设计、采购、生产、销售、服务等全过程的协同，以控制整个供应链系统的成本并提高准确性、安全性和客户服务水平的人员。

随着大数据、云计算、物联网、区块链、人工智能等技术的飞速发展，社会进入了数字经济时代，具备跨学科、跨专业能力的复合型、创新型新商科人才是适应技术创新和社会变革的必然选择，供应链思维、理念、方法、工具已成为经管类学生所要熟悉和掌握的重要内容，同时也是其他学科人才在管理知识与能力方面的重要选择。2025年2月教育部最新修订的《职业教育专业教学标准》中，"供应链管理"成为物流类、电子商务类、工商管理类等专业的专业基础课、专业核心课或专业拓展课。但与之对应的教材比较稀缺，现有的各类、各层次的教材的体系与内容并不符合面向多学科、多专业、普适性的供应链基础知识与技能的学习需求。

本书是高等职业教育财经商贸大类物流类专业教学标准配套教材。本书立足现代流通业的产销一体化发展，对接《供应链管理师 国家职业技能标准》和供应链运营1+X证书，融合供应链运营岗位需求，以供应链运营项目为载体，从树立供应链思维、拓展财商素养，培养德技并修的复合型、创新型人才要求出发，以熟悉和掌握供应链基础知识与技能为目标，构建知识、技能体系。

本书内容以“战略—构建—预测—计划—采购—生产—物流”为主线，系统阐述了供应链管理的基本原理和运营技术。全书分为两大部分共 10 个项目，包括第一部分理论篇和第二部分运营篇。第一部分理论篇包括走进供应链管理、供应链战略管理、供应链服务与创新和构建供应链；第二部分运营篇包含供应链需求预测、制订供应链计划、供应链采购管理、供应链生产管理、供应链运输管理、供应链库存管理。

本书构建了丰富的数字化教学资源，包含微课、课件、思政资源库、虚拟仿真演示视频、案例库等。每一个项目都梳理出学习目标、内容框架、课后测评等，满足了教师实施线上与线下混合式教学的需要，方便学生全方位、立体化地自主学习。

与现有教材相比，本书具有以下特色：

1.“需求导向，数智赋能”，构建教材内容新体系

本书对接供应链运营工作岗位需求，融合多媒体、虚拟仿真、云端课堂、创新创业，系统打造数字化课程资源，实施线上线下、虚实结合、纵横连贯的教学模式，以实现学生供应链管理综合能力的稳步提升。

2.“双线融通，赛证融合”，打造教学实施过程新样态

本书编写团队成员就供应链运营人才需求深入企业一线调研，依据供应链管理师国家职业技能标准，以供应链运营流程为编写主线，以每个项目中的“赛证链接”融合供应链运营 1+X 证书、供应链管理高职院校职业技能大赛，引入真实的供应链运营项目，实现岗课赛证融通。

3.“游戏导入，寓教于乐”，激发学习热情

本书以供应链经典游戏导入项目内容，使学生在虚实结合的环境中，通过游戏探索并掌握知识，激发求知欲，提升学习效果。

本书由浙江长征职业技术学院包训艳担任主编，负责全书的总体设计，编写了项目一、三、四、六、七、八、九，并完成全书的统稿和立体化资源的制作；浙江长征职业技术学院的李婷婷编写了项目二；浙江长征职业技术学院的钟燕编写了项目五；浙江长征职业技术学院的贺骥编写了项目十；和利时科技集团有限公司的程雅芳和冯言勇从供应链运营实践角度给予了悉心指导，湖州职业技术学院马秀丽参与教材配套资源制作。

编者在编写过程中参考了大量文献，也引用了部分公共网络资源，在此我们谨向这些资源的作者以及专家学者表示衷心的感谢。

由于编者水平有限，对相关问题的认识和研究有待进一步深入，因此，书中难免存在不足之处，衷心希望广大读者以及各位专家学者提出宝贵意见，以便进一步修改完善。

编者

微课

课程介绍

目　录

第一部分　理论篇

第二部分　运营篇

第一部分
理论篇

项目一
走进供应链管理

学习目标

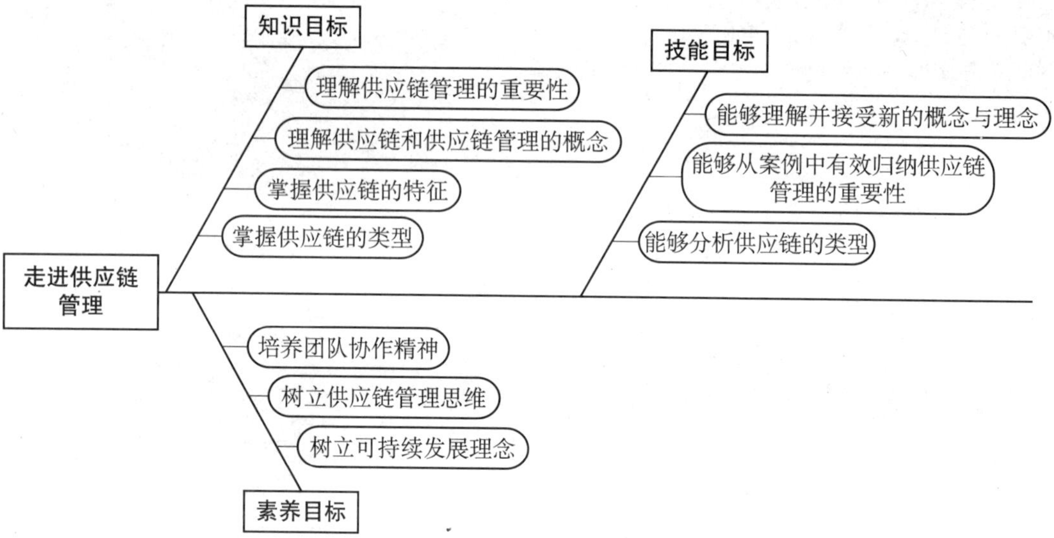

内容框架

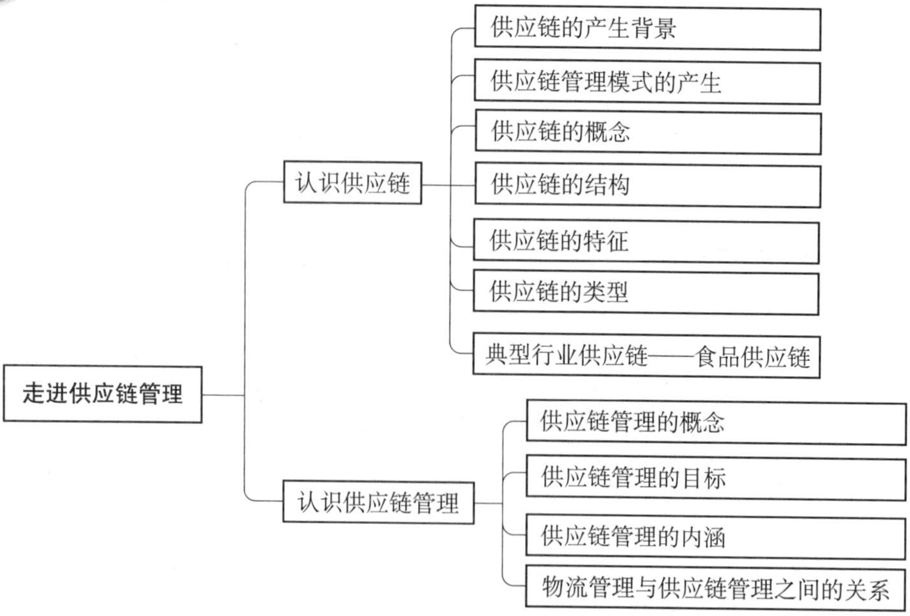

游戏导入

囚徒困境

1. 游戏目的

通过游戏中的角色扮演以及结果分析，使学生明白系统中个体理性与团体理性之间的矛盾——从个体利益出发的行为往往不能实现团体的最大利益，最终也不一定能实现个体的最大利益，甚至会得到相当差的结果。囚徒困境游戏映射出了供应链管理的重要性，如果供应链上的各节点企业以自身利益最大化进行经营决策，最终势必会陷入囚徒困境一样的结局，将无法实现供应链绩效的最大化，最终也将无法实现自身利益的最大化。

2. 游戏背景

警察抓住了两个合伙做了违法事的犯罪嫌疑人，但是缺乏足够的证据指证他们所犯的罪行。如果其中至少有一人供认犯罪，就能认定犯罪成立。为了得到所需的口供，警察将这两名犯罪嫌疑人分别关押以防止他们串供或结成攻守同盟，并给他们同样的选择机会。

3. 游戏组织及规则说明

每4人为一个小组进行游戏，其中2人分别扮演警察甲和警察乙，另外2人分别扮演犯罪嫌疑人1和犯罪嫌疑人2。警察甲负责审问犯罪嫌疑人1，警察乙负责审问犯罪嫌疑人2。对两名犯罪嫌疑人的审问应隔离进行，警察要将犯罪嫌疑人采取坦白或不坦白时会受到的惩罚告诉所审问的犯罪嫌疑人，并应说明他所受到的量刑不仅与自己的决策有关，还与另一名犯罪嫌疑人的决策有关。在游戏过程中，扮演者必须明白自己所扮演的角色，不能出现警察和犯罪嫌疑人共同商量是否坦白的情况。此外，小组之间不能讨论。

一番审问之后，犯罪嫌疑人1将自己的决策告诉警察甲，犯罪嫌疑人2将自己的决策告诉警察乙。

4. 游戏过程

（1）准备工作：对全班同学进行分组，每4人为一组，每组成员进行分工，明确各自扮演的角色。

（2）游戏：各组严格按照游戏规则进行游戏，直到犯罪嫌疑人1将自己的决策告诉警察甲，犯罪嫌疑人2将自己的决策告诉警察乙，游戏结束。

（3）游戏结果：游戏结束后，各组的警察甲和警察乙分别公布对该组犯罪嫌疑人1和犯罪嫌疑人2的审问结果，犯罪嫌疑人1和犯罪嫌疑人2分别说明自己做出如此决策的理由。我们发现，会出现双方都坦白、双方都不坦白和一方坦白、一方不坦白三种结果，说明面对同样的情况，当个体理性决策者的出发点不同时，会做出不同的决策，最终得到的结果不仅与自己的决策有关，还与另一个同伙的决策有关。

5. 游戏总结

游戏结束后，各组应完成游戏总结报告，谈谈本次游戏的主要收获和体会。想想在社会经济活动中，还有哪些类似于囚徒困境的现象。

【小结】 该游戏告诉我们供应链上的节点企业在进行决策时应该从供应链整体利益的最大化角度出发，采用先进的供应链管理方法，同时要知道合作的重要性。

任务一　认识供应链

微课

认识供应链

问题引导

现代企业的竞争有何特征？

进入20世纪90年代以来，由于科学技术的不断进步和经济的不断发展，围绕新产品的市场竞争也日趋激烈；产品生命周期不断缩短，企业面临着缩短交货期、提高产品质量、降低成本和改进服务的压力。所有这些都要求企业能够对不断变化的市场作出快速反应。

一、供应链的产生背景

（一）供应链产生的外部驱动力

1. 现代竞争环境的特点

（1）信息技术飞速发展和信息资源利用要求提高。信息技术的发展打破了时间和空间对经济活动的限制，为国家、企业间经济关系的发展提供了新的手段和条件。网络通信、数据库、大数据等技术使得各种信息能够快速地超越国家和个人的界限，在世界范围内有效地传递和共享。

（2）产品研发提升到企业竞争的重要地位。高新技术的迅猛发展提高了生产效率，缩短了产品更新换代周期，加剧了市场竞争的激烈程度。例如，如今市面上的手机、计算机上市一段时间后就会被更新的、更先进的新产品所替代。企业面临着不断开发新产品、淘汰旧产品的挑战。

（3）全球化市场的建立和无国界竞争的加剧。随着IT技术的发展，特别是互联网技术的出现与广泛应用，全球经济一体化的进程加快。无国界企业经营的趋势越来越明显，整个市场竞争呈现出明显的全球化和一体化趋势。据联合国有关部门估计，跨国公司的销售额占全球贸易额的50%以上。

（4）消费者个性化、多样化需求的出现。随着时代的发展，公众知识水平的提高和现代市场激烈的竞争使得市场上的产品种类越来越多、品质越来越好。消费者的需求和期望越来越高，消费者的价值观也发生了显著变化。消费者对产品的品种规格、品种花色等方面的要求呈现多样化、个性化的发展趋势，而且这种多样化要求具有不确定性。消费者对产品的功能、质量和可靠性的要求日益提高，而且这种要求提高的标准是以不同用户的满意程度为尺度来衡量的。

(5) 全球性技术支持和售后服务。生产和销售的全球化、一体化，信息技术的飞速发展和广泛利用，确保企业有条件在全球范围内获得技术支持，及时满足生产所需。同时，全球化的销售网络也需要有全球化的售后服务网络支持。销售做到哪里，服务就送到哪里。

2. 企业面临的挑战

(1) 缩短产品研发周期。随着经济全球化的发展，企业面对的消费者需求呈现多样化的趋势，消费者对产品更新的要求也越来越高。这就要求企业不断提高产品开发能力。

(2) 降低库存水平。因为消费者需求的多样化越来越突出，企业为了更好地满足消费者需求，便不断地推出新的产品，导致制造商和分销商背上沉重的库存负担，严重影响了企业的资金周转速度，进而影响了企业的竞争力。

(3) 缩短响应周期。缩短产品的开发、生产周期，在尽可能短的时间内最大限度地满足消费者的需求，正成为企业管理者最为关注的问题之一。企业间的主要竞争因素在 20 世纪 60—70 年代为成本，在 80 年代为质量，在 90 年代为交货期，而进入 21 世纪则为响应周期。企业不仅要有很强的产品开发能力、完善产品品种并提升对供应链成本的控制能力，更为重要的是缩短产品上市时间，即尽可能提高对客户需求的响应速度。

(4) 提供定制化的产品和服务。传统的“一对全”的规模经济生产模式已不能完全满足客户的需求，企业必须具有能够根据每个客户的特殊要求定制产品和服务的能力。显然，个性化的定制生产提高了产品质量，使得企业能够快速响应客户要求，也对企业运作模式提出了新的要求。

总之，企业要想在竞争激烈的市场环境中生存下去，必须具有较强的处理环境变化及影响的能力。如何应对这种挑战，始终是管理者们关注的焦点。

（二）供应链产生的内部驱动力

传统的管理模式是纵向一体化（Vertical Integration）。从管理模式来看，出于对制造资源的占有要求和对生产过程直接控制的需要，企业会扩大自身规模，或是参股供应商企业，成为向其提供原材料、半成品或零部件的企业的股东，这就是人们所说的纵向一体化管理模式。纵向一体化是指企业在现有业务的基础上，向现有业务的上游或下游发展，形成供产、产销和/或供产销一体化，以扩大现有业务范围的企业经营行为。我国很多企业采取大而全、小而全的纵向一体化经营方式。

20 世纪 40 至 60 年代，企业处于相对稳定的市场环境中，这时的纵向一体化模式是有效的。但是到了 20 世纪 90 年代，在科技迅速发展、市场竞争日益激烈、客户需求不断变化的形势下，纵向一体化模式暴露出了种种缺陷，具体表现在以下几个方面：

1. 增加企业投资负担

不管是投资兴建新的工厂，还是参股、控股其他公司，都需要企业筹集必要的资金，这给企业带来较大的负担。

2. 面临丧失市场机会的风险

投资与建设周期长、管理难度增加、技术与市场不确定性以及行业风险增加等因素使得企业在实施纵向一体化战略时，需要全面考虑这些风险并制定相应的应对策略以降低风险，使得企业可能会丧失市场机会。

3. 迫使企业从事不擅长的业务活动

采用纵向一体化管理模式运作的企业将产品设计、计划、财务、会计、生产、人事、信息管理和设备维修等工作看作本企业必不可少的业务工作，许多管理者往往投入过多的时间、精力和资源从事辅助性的管理工作。结果导致辅助性的管理工作没有抓起来，关键性业务也无法发挥出核心作用，不仅使企业失去了竞争优势，还增加了产品成本。

4. 在每个业务领域都直接面临众多竞争对手

采用纵向一体化管理模式管理企业的另一个问题是：它必须在不同的业务领域直接与不同的对手进行竞争。例如，有的制造商不仅生产产品，而且拥有自己的运输公司，这样一来，该企业不仅要与制造业的对手竞争，还要与运输业的对手竞争。在企业资源、精力、经验都十分有限的情况下，四面出击的结果是可想而知的。事实上，即使是像 IBM 这样的大型企业，也不可能拥有开展所有业务活动所必需的才能。因此，从 20 世纪 80 年代末期起，IBM 公司与其他企业建立了广泛的合作关系。

在此情况下，企业迫切需要寻求一条新的盈利途径，以有效整合内、外部优势资源，获得持久的核心竞争能力，于是出现了供应链管理的新模式与新思维。

二、供应链管理模式的产生

鉴于纵向一体化管理模式的弊端，从 20 世纪 80 年代后期开始，很多企业放弃了这种模式，随之而来的是横向一体化思想的兴起。横向一体化是指企业在提供产品和服务满足市场需求的从原材料的获取直至产成品送达最终需求者的整个过程中，集中全部资源于能够发挥自身优势的核心业务，充分利用外部资源完成其他环节，以分工协作、优势集成的方式组成利益共同体，整合内外部资源，取得竞争优势的经营管理模式。

例如，某汽车制造商将零部件生产和整车装配都放在了企业外部，这样做的目的是利用其他企业的资源和优势促使产品快速上马，避免了因自己投资带来的基建周期长等问题，使产品在低成本、高质量、早上市等方面赢得竞争优势。

横向一体化形成了一条从供应商到制造商再到分销商的贯穿所有相关企业的“链”。

由于相邻节点企业表现出一种需求与供给的关系，当把所有相邻节点企业依次连接起来时，便形成了供应链（Supply Chain）。这条链上的各个节点企业只有做到同步、协调运行，才有可能使链上的所有企业都能受益，于是便产生了供应链管理（Supply Chain Management，SCM）这一新的经营管理模式。

三、供应链的概念

2021 年修订实施的国家标准《物流术语》（GB/T 18354—2021）对“供应链”的定义是：“生产及流通过程中，围绕核心企业的核心产品或服务，由所涉及的原材料供应商、制造商、分销商、零售商直到最终用户等形成的网链结构。”

华中科技大学马士华教授在其编著的《供应链管理》一书中写道：“供应链是围绕核心企业，通过对信息流、物流、资金流的控制，从采购原材料开始，制成中间产品以及最终产品，最后由销售网络把产品送到消费者手中，将供应商、制造商、分销商、零售商直到最终用户连成一个整体的功能网链结构模式。”

通过比较以上两种供应链的定义可以看出，若把供应链比喻为一棵枝繁叶茂的大树，生产企业就是树根，独家代理商则是主干，分销商是树枝和树梢，满树的绿叶是最终用户。在根与主干或主干与枝的一个个节点上，都蕴藏着一次次的流通，相通的脉络便是管理信息系统。供应链是社会化大生产的产物，是重要的流通组织形式：它以市场组织化程度高、规模化经营的优势，有机地连接生产和消费，对产品的生产和流通有着直接的导向作用。

四、供应链的结构

（一）供应链的基本结构模型

一般来说，供应链由所有加盟的节点企业组成，一般有一个核心节点企业（简称核心企业，既可以是产品制造企业，也可以是大型零售企业），节点企业在需求信息的驱动下，通过供应链的职能分工与合作（生产、分销、零售等），以资金流、物流、信息流、商流为媒介实现整个供应链的不断增值。供应链的基本模型如图 1－1 所示。

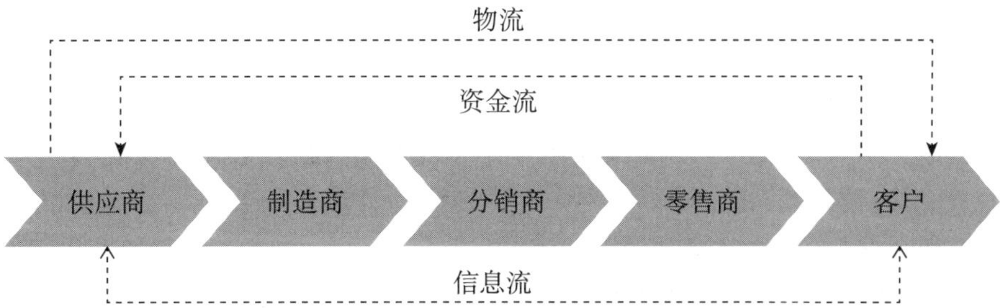

图 1－1　供应链的基本模型

（二）供应链多级模型（网链状模型）

基于全球市场竞争环境，节点企业必须依赖多家上游企业（如供应商、外协厂）和下游企业（如分销商、零售商、客户）等合作伙伴的支持，以核心企业为中心，各自发挥核心竞争力，结合成相互协作、互补、互惠、双赢、共享资源的集成体——供应链多级系统（见图1-2）。

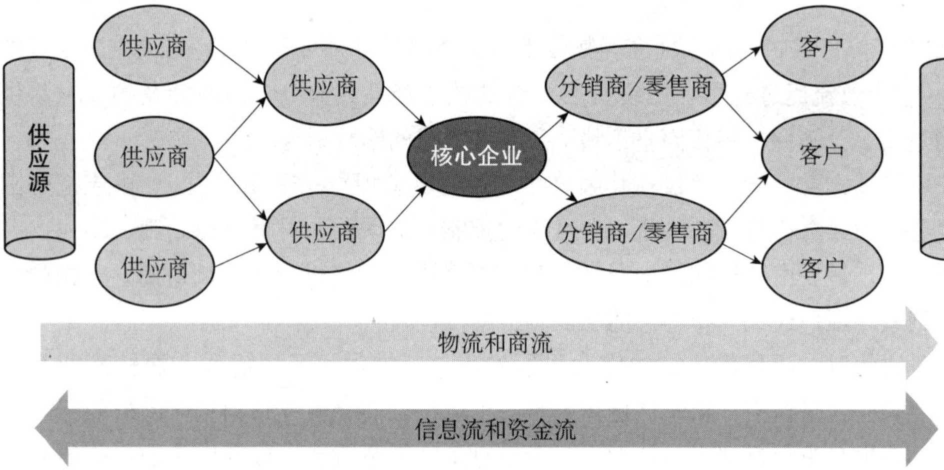

图1-2 供应链多级模型

供应链上的各个节点企业会为了同一个目标协调各自的运作方式进行各种活动。供应链多级模型是以满足客户需求为出发点，对供应链上的各个节点企业的物流、信息流和资金流进行重新整合和优化管理，实现供应链上的所有企业的信息集成。

五、供应链的特征

供应链是一个网链结构，由围绕核心企业的供应商、供应商的供应商和客户、客户的客户组成。一家企业是一个节点，节点企业和节点企业之间是一种需求与供应的关系。供应链主要具有以下特征：

（一）复杂性

因为供应链节点企业组成的跨度（层次）不同，供应链往往由多个多类型、多地域的企业构成，所以供应链结构模式比一般单个企业的结构模式更为复杂。

（二）动态性

因企业战略和适应市场需求变化的需要，节点企业需要动态更新，这就使得供应链具有明显的动态性。

（三）交叉性

某个供应链的节点企业可以同时是另一个供应链的成员。众多的供应链形成交叉结构，增加了协调管理的难度。

（四）面向用户需求

供应链的形成、存在、重构都是基于一定的市场需求而发生的，并且在供应链的运作过程中，客户的需求拉动是供应链中信息流、资金流、物流的动力源。

（五）增值性

供应链是一个高度一体化的提供产品和服务的增值过程。所有节点企业的生产运营都是将一些资源进行转换和组合，增加适当的价值，然后把产品分送到客户手中。制造商主要是通过物理形式的转变，生产出产品来实现增值；物流商主要是对产品、服务和客户进行重新分布，既可以通过重新包装产品或重新分割产品尺寸来产生价值，也可以通过在商店集中展示汇集在一起的多种产品而增加价值；信息供应商主要是提供适合客户使用的数据。供应链时代的竞争是建立在高水平的、紧密的战略发展规划之上的，这就要求供应链中的各个合作者必须共同讨论战略目标及实现方法和手段，共同提高绩效，获得多赢，实现供应链的增值。

六、供应链的类型

根据不同的划分标准，可以将供应链进行以下划分：

（一）根据供应链存在的稳定性来划分

（1）稳定的供应链：基于相对稳定、单一的市场需求而组成的稳定性较强的供应链，即组成供应链的节点企业更新较少。

（2）动态的供应链：基于相对频繁变化、复杂的需求而组成的动态性较高的供应链，即组成供应链的节点企业更新较多。

在实际管理运作中，需要根据不断变化的需求，相应地改变供应链的组成。

（二）根据供应链容量与用户需求的关系来划分

供应链容量是指一个供应链所具有的一定的、相对稳定的设备容量和生产能力（所有节点企业能力的综合，包括供应商、制造商、运输商、分销商、零售商等）。

（1）平衡的供应链：当供应链的容量能满足用户需求时，供应链处于平衡状态。

（2）倾斜的供应链：当市场变化加剧，造成供应链成本增加、库存增加、浪费增加等现象时，企业不能在最优状态下运作，供应链则处于倾斜状态。

（三）根据供应链的功能模式来划分

（1）有效型供应链：主要体现供应链的物理功能，即以最低的成本将原材料转化成零部件、半成品、产成品等。

（2）反应型供应链：主要体现在供应链的市场中介功能，即将产品分配到满足客户需求的市场，对未预知的需求做出快速反应等。

前者以最低成本为终极目标，后者以快速反应为终极目标。

（四）根据运作方式不同来划分

（1）推动式供应链：对客户订购预期的反应启动推动流程，在推动流程执行过程中，需求是未知的，因此必须进行预测。

（2）拉动式供应链：对客户订单的反应启动拉动流程，在拉动流程执行过程中，需求是已知的、确定的。

作为供应链管理战略的内容之一，企业要选择适合自身实际情况的运作方式。虽然拉动式供应链的整体绩效表现出色，但是对供应链上企业的要求较高，对供应链运作的技术基础要求也较高。

（五）根据不同的供应链主体来划分

核心企业即为供应链的主体。任何一个供应链都必然有一家核心企业，供应链的管理主要靠核心企业运作，核心企业是供应链中产品运作的领导者。

根据不同的供应链主体来划分，供应链可分为以制造商为核心的供应链、以零售商为核心的供应链（见图 1－3）、以第三方物流企业为核心的供应链（见图 1－4）。

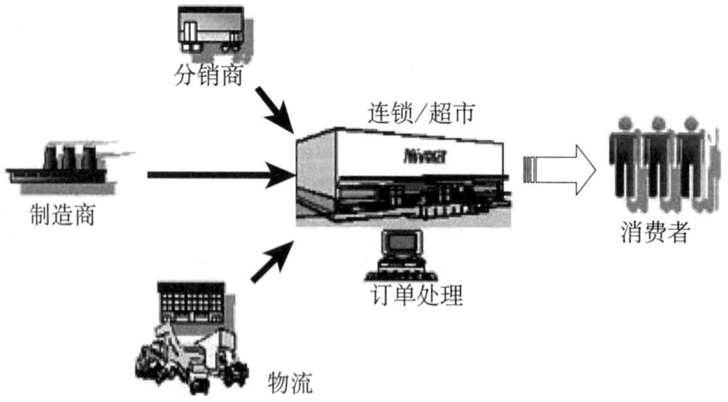

图 1－3　以零售商为核心的供应链

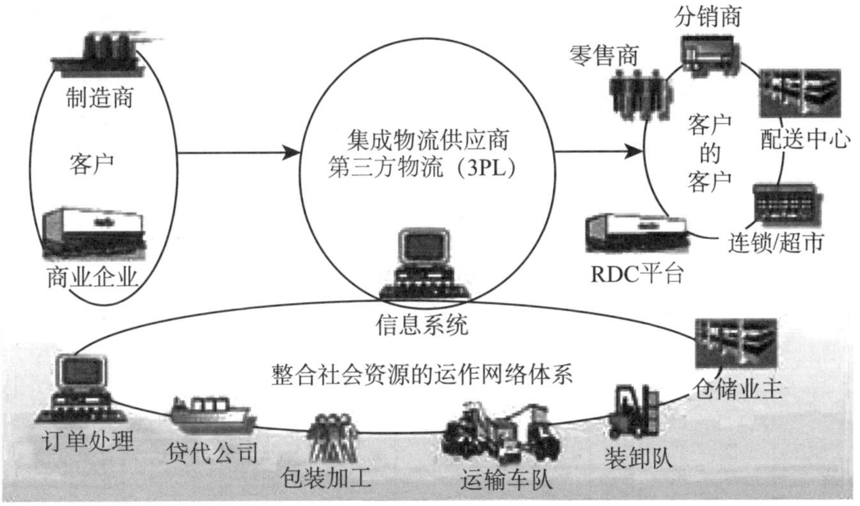

图 1－4　以第三方物流企业为核心的供应链

七、典型行业供应链——食品供应链

食品供应链是由从食品的初级生产者到消费者各环节的经济利益主体（包括前端的生产资料供应者和后端的作为规制者的政府）所组成的整体。

食品供应链结构如图 1－5 所示。

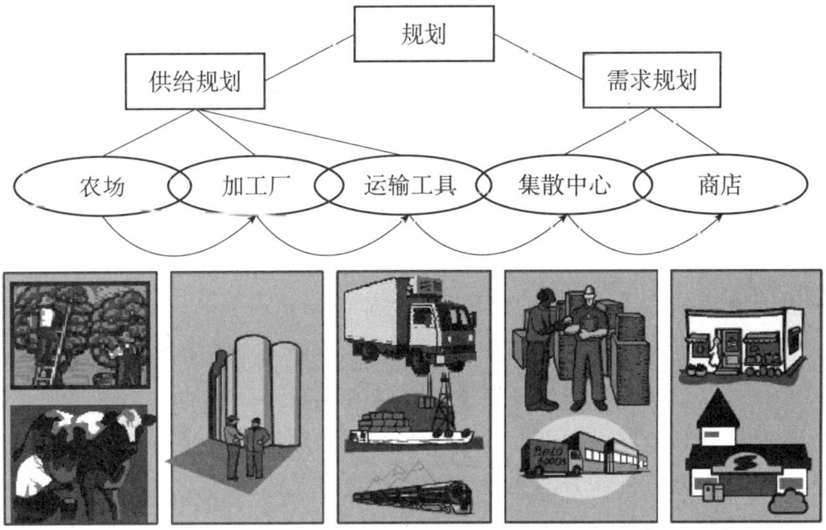

图 1－5　食品供应链结构

食品供应链参与者如图 1－6 所示。

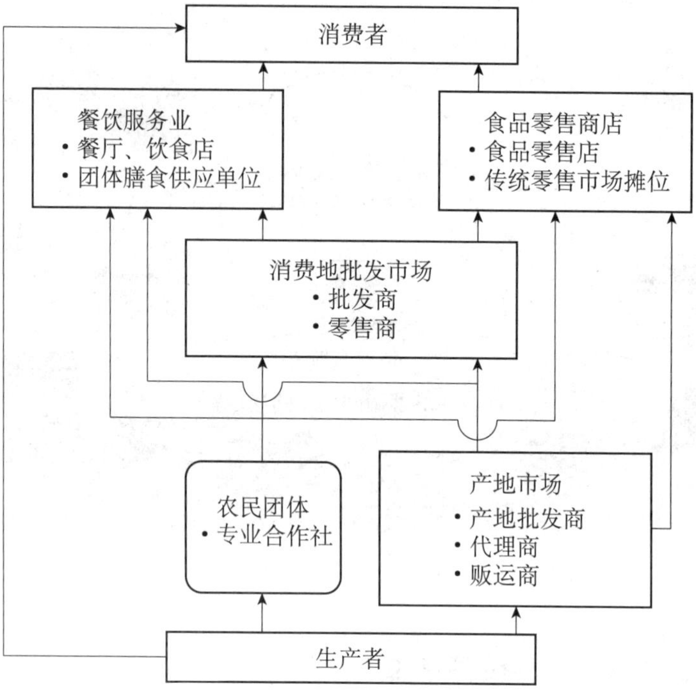

图 1-6　食品供应链参与者

案例链接

维护全球供应链稳定 中国仍将是中坚力量

改革开放40余年来，中国逐步发展成为举世瞩目的"世界工厂"，在全球供应链上的中枢地位日益显著，对世界经济稳定和增长起到了重要作用。中国经济在错综复杂的形势下回升向好，高质量发展扎实推进，彰显了经济韧性。

中国参与全球供应链的活跃度高

在复杂的国际形势下，中国传统制造业、部分新兴产业在全球供应链上的优势不断扩大，是维护全球供应链安全稳定的关键因素。中国拥有较完整的制造业供应链体系，配套齐全且组装效率高，在全球供应链上的优势地位稳固。特别是在劳动密集型产业、交通运输设备制造和电子商务等领域，中国存在长期积累优势，包括要素价格优势和完整的产业配套优势。近年来，新能源汽车、轨道交通设备、汽车电池等新兴产业抓住了发展机遇，成功实现核心技术创新，在全球供应链上取得了明显的优势。2023年，中国新能源汽车、光伏和锂电池等产品出口额首次突破万亿元大关。

维护全球供应链稳定的大国担当

中国正进一步扩大高水平对外开放，对标高标准高质量的《全面与进步跨太平洋伙伴关系协定》和《数字经济伙伴关系协定》等，并积极推动加入进程。此外，中国还深入贯彻《产业链供应链韧性与稳定国际合作倡议》，呼吁世界各国共同携手构建更具平等性、包容性和建设性的全球产业链供应链伙伴关系。

以上行动充分反映了中国在维护全球供应链稳定上的决心和责任担当。转向高质量发展阶段的中国经济不仅没有停滞，还通过积极构建新发展格局参与全球治理。在宏观经济回升向好的趋势下，中国仍将是维护全球供应链稳定的中坚力量。

资料来源：马涛．维护全球供应链稳定 中国仍将是中坚力量［N］．光明日报，2024-03-05.

任务二　认识供应链管理

问题引导

微课

认识供应链管理

供应链管理与传统企业管理有何区别？

供应链管理模式相较于传统管理模式，在提升企业竞争力、响应市场变化等方面具有明显优势。它不仅关注企业内部资源的优化配置和高效利用，还将管理范围扩展到了整个供应链网络，涵盖了从原材料供应商到最终消费者的全过程，注重供应链上下游企业之间的协同与合作，以实现整个供应链的成本最小化、效率最大化和价值最大化。

一、供应链管理的概念

《物流术语》(GB/T 18354—2021）对“供应链管理”的定义是：“从供应链整体目标出发，对供应链中采购、生产、销售各环节的商流、物流、信息流及资金流进行统一计划、组织、协调、控制的活动和过程。”

供应链管理的要点包括以下几个方面：

第一，供应链管理的范围包括由供应商的供应商、客户的客户所构成的网链结构及所涉及的资源范畴。

第二，供应链管理的目的是追求整个系统的效率和费用的有效性，使系统效益最大、总成本最低。

第三，管理内容是围绕网链各方经营主体、设施资源、功能服务等的一体化与集成管理，资源有效利用、资源整合将贯穿于从企业战略层、战术层到作业层的决策、经营和作业管理活动之中。

二、供应链管理的目标

供应链管理的目标是通过调和总成本最低化、客户服务最优化、总库存最小化、总周期最短化以及物流质量最优化等目标之间的冲突，以实现供应链绩效最大化。

（一）总成本最低化

众所周知，采购成本、运输成本、库存成本、制造成本以及供应链物流的其他成本费用都是相互联系的。因此，为了实现有效的供应链管理，必须将供应链各成员企业作为一个有机整体来考虑，并使实体供应物流、制造装配物流与实体分销物流之间达到高度均衡。从这一意义出发，总成本最低化的目标并不是单指运输费用或库存成本最低，或其他任何单项活动的成本最低，而是指整个供应链运作与管理的所有成本的总和最低。

（二）客户服务最优化

在激烈的市场竞争中，当许多企业都能在价格、特色和质量等方面提供相类似的产品时，差异化的客户服务能带给企业独特的竞争优势。综观当前的每一个行业领域，从计算机、服装到汽车，消费者都有广泛而多样化的选择余地，企业提供的客户服务水平直接影响企业的市场份额、物流总成本，并且最终影响整体利润。供应链管理的实施目标之一，就是通过上下游企业协调一致的运作，保证达到客户满意的服务水平，吸引并留住客户，以便最终实现企业的价值最大化。

（三）总库存最小化

传统的管理思想认为，库存是维系生产与销售的必要措施，因而企业与其上下游企业之间的活动只是实现了库存的转移，整个社会库存总量并未减少。按照准时制管理思想，库存是不确定性的产物，任何库存都是浪费。因此，在实现供应链管理目标的同时，要将整个供应链的库存控制在最低的程度。“零库存”反映的就是这一目标的理想状态。所以，总库存最小化目标的达成，有赖于实现对整个供应链的库存水平与库存变化的最优控制，而不只是单个成员企业库存水平的最低。

（四）总周期最短化

在当今的市场竞争中，时间已成为竞争成功最重要的要素之一。当今的市场竞争不再是单个企业之间的竞争，而是供应链与供应链之间的竞争。从某种意义上说，供应链之间的竞争实质上是时间竞争，即必须实现快速、有效的反应，最大限度地缩短从客户发出订单到实现满意交货的总周期。

（五）物流质量最优化

企业产品或服务质量的好坏直接关系到企业的成败。同样，供应链的企业间的服务质量的好坏直接关系到供应链的存亡。如果在所有业务过程完成以后，发现提供给最终客户的产品或服务存在质量缺陷，就意味着所有成本的付出将不会得到任何价值补偿，供应链物流的所有业务活动都会变为非增值活动，从而导致整个供应链的价值无法实现。

三、供应链管理的内涵

供应链管理的内涵可以从以下几个方面理解：

（一）信息管理

在供应链中，信息是供应链各方的沟通载体，供应链中各个阶段的企业就是通过信息这条纽带集成起来的。可靠、准确的信息是企业决策的有力支持和依据，能够有效降低企业运作中的不确定性，提高供应链的反应速度，因此，供应链管理的主线是信息管理，信息管理的基础是构建信息平台，实现信息共享，如企业资源计划（ERP）、库存管理系统等的应用等。

（二）客户管理

在供应链管理中，客户管理是供应链管理的起点，供应链源于客户需求，同时也终于客户需求，因此供应链管理是以满足客户需求为核心运作的。然而，客户需求千变万化，而且存在个体差异，企业对客户需求的预测往往不准确，一旦预测需求与实际需求差别较大，就很有可能造成企业库存的积压，引起经营成本的大幅增加，甚至造成巨大的经济损失。因此，真实、准确的客户管理是企业供应链管理的重中之重。

（三）库存管理

一直以来，企业都在为确定适当的库存而苦恼。传统的方法是通过需求预测来解决这个问题，然而需求预测与实际情况往往并不一致，因而直接影响了库存决策的制定。如果能够实时地掌握客户需求变化的信息，做到在客户需要时再组织生产，那就不需要持有库存了，即以信息代替了库存，实现库存的虚拟化。因此，供应链管理的一个重要使命就是利用先进的信息技术，收集供应链各方以及市场需求方面的信息，用实时、准确的信息取代实物库存，减小需求预测的误差，从而降低库存的持有风险。

（四）关系管理

传统的供应链成员之间的关系是纯粹的交易关系，各方遵循的都是单向有利的原则，所考虑的主要问题是眼前的既得利益，并不考虑其他成员的利益。由于每家企业都有自己相对独立的目标，这些目标与其上下游企业的目标往往存在一些冲突，因此降低交易成本的有效途径，就是通过协调供应链各成员之间的关系，为供应链的全局优化而努力，从而有效地降低供应链整体的交易成本，使供应链各方的利益获得同步的增加。

（五）风险管理

供应链企业之间的合作，会因为信息不对称、信息扭曲、市场不确定性以及其他政治、经济、法律等因素的变化而存在各种风险。为了使供应链上的企业都能从合作中获得满意结果，必须采取一定的措施规避供应链运行中的风险，如提高信息透明度和共享性、优化合同模式、建立监督控制机制等，尤其是必须在企业合作的各个阶段通过激励机制的运行，使供应链企业之间的合作更加有效。

四、物流管理与供应链管理之间的关系

（一）物流管理比供应链管理的范围更狭窄

企业通过物流管理关注的是企业自身的经营过程，而企业通过供应链管理已经不再局限于内部，而是将管理的视野投向了采销过程，甚至是与自己的客户建立合作关系，并将与自身相关的所有要素进行分享，从而建立了围绕共同目标而形成的效率提升体系，又基于从开端到终端的一系列有效的整体管理，使得各项环节得到有效控制。

（二）集成管理是供应链管理的重要思路

所谓集成思路，就是所有与核心企业相关的企业，不再进行松散合作，而是以核心企业为基础来实现整体产业链纵向一体化，每一个环节的参与者既是独立的，但是在环节参与过程中又通过合作行为来增强整体的效率，从而减少风险的发生。同时，由于高效的协作，各不同协作者会大幅减少重复工作和浪费。

（三）供应链管理是物流管理发展的更高阶段，目标高于物流管理

物流管理服务于企业自身效益最大化，而供应链管理已经超出企业自身，强调的是整个合作体系和框架内所有企业的目标实现和整体竞争力提升。物流管理更倾向于降低企业本身的物流成本，而供应链管理则定位为满足最终客户的需求。从这个角度来看，物流管理是操作层面的“方法论”，而供应链管理是战略层面的“世界观”。

案例链接

一只保温杯背后的供应链

壹滴水是浙江省永康市一家保温杯生产企业，自2008年开展电商业务。2017年底，该公司开始与京东物流合作，货物进入京东物流仓库，用京东快递配送，货物配送时效提升明显。

“刚开始都是我们自己仓库发货，仓库管理压力也比较大。现在，80%至90%都是由京东物流发货。我们的车间主要服务于一些定制团购订单，这些订单由我们自己发

货。”浙江洁莱雅工贸有限公司电商负责人表示。同时，京东物流还帮助企业做爆品预测和库存管理，避免了“6·18”和“双11”大促期间的爆仓。

浙江市场的产业带较为丰富。相关数据统计，浙江省产业带超过190个，如宁波的小家电、嵊州的集成灶、萧山的卫浴、舟山的海鲜都是当地比较有特色的产业。

“京东物流对这些产业带都给予了供应链方面的保障。向中小企业赋能，首先要了解客户需求，大部分客户希望自己的生意越做越大，所以我们也会站在客户需求的角度，提供供应链入仓打标服务。入了京东的仓库，转化率可以提升30%～50%。从生意角度讲，这样的转化率已经非常高了。我们帮助客户把销量提升了，自然而然，客户就更愿意和我们做更深入的供应链服务对接。从时效上看，所有客户80%以上的订单可以实现次日达。而类似保温杯这样的商品涉及内胆，容易破损，因此我们会对其进行特别包装。”在接受记者采访时，京东物流浙江销售拓展负责人这样表示。

资料来源：崔吕萍．一只保温杯背后的供应链［N］．人民政协报，2021-02-02.

素养提升

培养爱国之情　实践强链之行

改革开放40余年来，中国逐步发展成为举世瞩目的“世界工厂”，在全球供应链上的中枢地位日益显著，对世界经济稳定和增长起到重要作用。2024年，我国国内生产总值（GDP）达到134.9万亿元，体现参与全球供应链活跃度的中间品贸易占整体贸易的比重超过60%，占比不断提高。在复杂的国际形势下，中国传统制造业、部分新兴产业在全球供应链上的优势不断扩大，是维护全球供应链安全、稳定的关键因素。

产业转型升级为提升中国在全球供应链上的地位与影响力夯实了基础。当前，国内很多产业处于转型升级过程中。从出口的要素构成来看，各产业出口中资本、中等技能劳动力创造的增加值比重显著提高，与以往更多依靠低技能劳动力的状况相比有了很大改观。这说明很多产业在供应链上正处于转型升级的爬坡期。产业结构的持续优化不仅有助于应对部分追求要素价格优势的外资向其他国家转移的趋势，而且提升了中国经济增长的质量，为中国在更高层次融入国际循环、维护全球供应链稳定运行奠定了坚实基础。

作为新时代的建设者，我们只有响应国家政策、投身国家建设，不断提升学习能力、执行能力、跨领域思考能力，具备高度的社会洞察力和善于协调合作的同理心，才能更好地吸纳新知、掌握新技、团队作战，从而突破难关，构建共赢生态，为我国的供应链发展贡献一份力量。

项目小结

本项目主要讲述了与供应链和供应链管理相关的基本理论，包含供应链和供应链管理的概念、供应链的基本类型、供应链管理的内涵等内容。相信你已经获得了丰厚的回报，初步掌握了供应链管理理论的基本知识，并能对特定企业的供应链展开分析。

赛证链接

供应链运营 1+X 证书（中级）部分考试题目

1. ［多选题］价值链的主要增值活动有（　　）。

A. 营销　　B. 外向物流　　C. 生产运作　　D. 内向物流

2. ［多选题］站在供应链运营者的角度，需要时刻思考的核心问题是（　　）。

A. 我们如何实现利益最大化　　B. 我们如何实现价值

C. 我们如何为客户创造价值　　D. 我们如何实现效率最高

3. ［单选题］（　　）是企业在长期的生产经营活动中形成的并且为企业员工普遍认可和遵守的具有本企业特色的管理思想、管理方式、群体意识、价值观念和行为规范的总称。

A. 物质文化　　B. 精神文化　　C. 企业文化　　D. 制度文化

4. ［多选题］供应链管理的意义包括（　　）。

A. 节约交易成本　　B. 缩短交易时间

C. 降低存货水平　　D. 降低采购成本

5. ［多选题］根据供应链管理的运作方式的不同，供应链战略可划分为（　　）。

A. 有效型供应链战略　　B. 反应型供应链战略

C. 推动式供应链战略　　D. 拉动式供应链战略

课后测评

一、单选题

1. 供应链可分为有效型供应链和反应型供应链，其依据是供应链的（　　）。

A. 稳定性　　B. 复杂性

C. 容量与用户需求的关系　　D. 功能模式

2. 在市场变化加剧的情况下，若供应链成本增加、库存增加、浪费增加，企业不能在最优状态下运作，此时的供应链是（　　）。

A. 稳定的供应链　　B. 动态的供应链

C. 平衡的供应链　　D. 倾斜的供应链

3. 供应链是一个（　　），产品从原材料到产成品再到客户手中的全过程实际上是在波特教授所谓的“价值系统”中运行。

A. 价值链　　B. 信息流　　C. 资金流　　D. 物流

二、判断题

1. 推动式供应链的驱动力产生于最终客户，整个供应链的集成度较高，信息交换迅速，可以根据客户的需求实现定制化服务。（　　）

2. 有效型供应链的基本目标是以最低的成本供应可预测的需求。（　　）

3. 在供应链中，不可能存在一个厂家同时又是入点和出点的情况。（　　）

4. 在供应链管理中，采用推动式供应链一定比拉动式供应链更高效，因为前者能提前备货以避免缺货风险。（　　）

三、思考题

1. 请思考牛奶供应链是如何构成的，并描述其不同阶段的特征。

2. 企业在制定决策时，为什么要考虑供应链的整体利益？

3. 某电子产品制造商面临激烈的市场竞争，其核心产品（智能手机）的供应链涉及全球多个环节：上游芯片供应商集中于亚洲，组装厂分布在中国和墨西哥，下游通过跨境电商和线下渠道销往欧美市场。近期，该企业发现以下问题：

（1）芯片供应商因自然灾害频繁停产，导致原材料交付延迟；

（2）组装厂所在国政策调整（如加征关税），显著增加了生产成本；

（3）欧美市场需求波动加剧，消费者偏好快速变化（如对 AI 功能的需求激增），但现有供应链从订单到交付的周期长达 6 周，难以快速响应市场需求。

问题：

请结合供应链管理的核心目标，分析该企业应如何优化全球供应链设计，以应对上述挑战。需具体说明可能的策略，并权衡不同策略的利弊。

实践能力训练

实训背景：在数字经济与智能制造深度融合的背景下，全球供应链正加速向智能化、柔性化、协同化方向转型。大康科技有限公司作为一家专注于创意小家电研发与生产的科技型企业，积极响应国家《“十四五”智能制造发展规划》要求，计划在浙江省杭州市新建一座占地 3 000 平方米的“智能制造示范工厂”，目标年产量突破 200 万件。为支撑这一战略目标，公司亟需通过数字化技术重构供应链管理体系，打造高效、敏捷、韧性的智慧供应链，以应对市场需求的快速变化、原材料供应的不确定性以及生产效率提升的迫切需求。

本次实训依托供应链管理仿真实训平台，模拟大康科技有限公司的“智能音箱”产品的供应链组建与运营过程。通过小组协作，学生将置身于真实的企业供应链管理场景，扮演核心岗位角色，从供应链设计、资源协调到运营优化的完整流程中，深入理解供应链管理的核心逻辑，掌握供应链建模、类型分析及环境评估的方法论，为未来从事企业供应链管理工作积累实践经验。

实训内容：登录供应链管理仿真实训平台，以小组为单位分工协作，组建智能音箱的供应链，分析运营环境，绘制出供应链模型。

实训目的：运用所学知识，初步组建供应链，分析供应链的特征及类型。

实训材料：供应链管理仿真实训平台、电脑。

实训要求：

1. 4 人一组，自行成组，组内相互讨论，确定：

（1）企业的名称。

（2）每一位同学的角色。目前企业中具有四个岗位："PMC 总监""市场总监""采购总监""生产总监"。

2. 完善供应链企业相关信息。

3. 以供应链管理仿真实训平台中各组组建的供应链为例撰写分析报告，要求：

（1）将其供应链模型绘制出来；

（2）回答问题：若按核心企业类型划分，该供应链属于什么类型？若按供应链根据运作方式不同来划分，该供应链属于什么类型？

（3）分析该供应链内外部运营环境及其特征。

实训步骤：

步骤 1：分组。

步骤 2：登录供应链管理仿真实训平台。

步骤 3：组建供应链。

步骤 4：撰写供应链组建分析报告。

步骤 5：教师总结和评价各小组的案例分析报告，并提出相应的指导建议。

职业核心能力测评

职业核心能力	评价指标	自测结果
自我管理能力	1. 培养自己的责任心 2. 能够管理自己的时间 3. 所学知识的灵活运用	A [ ]　B [ ]　C [ ] A [ ]　B [ ]　C [ ] A [ ]　B [ ]　C [ ]
合作交流能力	1. 知道如何尊重他人的观点 2. 能够与他人有效沟通 3. 能够获取信息并反馈信息	A [ ]　B [ ]　C [ ] A [ ]　B [ ]　C [ ] A [ ]　B [ ]　C [ ]
解决问题能力	1. 能够有效使用信息资源 2. 能够客观分析事物的现状 3. 能够发现并解决常规问题	A [ ]　B [ ]　C [ ] A [ ]　B [ ]　C [ ] A [ ]　B [ ]　C [ ]
设计创新能力	1. 能够提出有价值的观点 2. 能够运用不同的思维方式 3. 能够制定创新方案并实施	A [ ]　B [ ]　C [ ] A [ ]　B [ ]　C [ ] A [ ]　B [ ]　C [ ]
学生签字：		教师签字：

项目二
供应链战略管理

学习目标

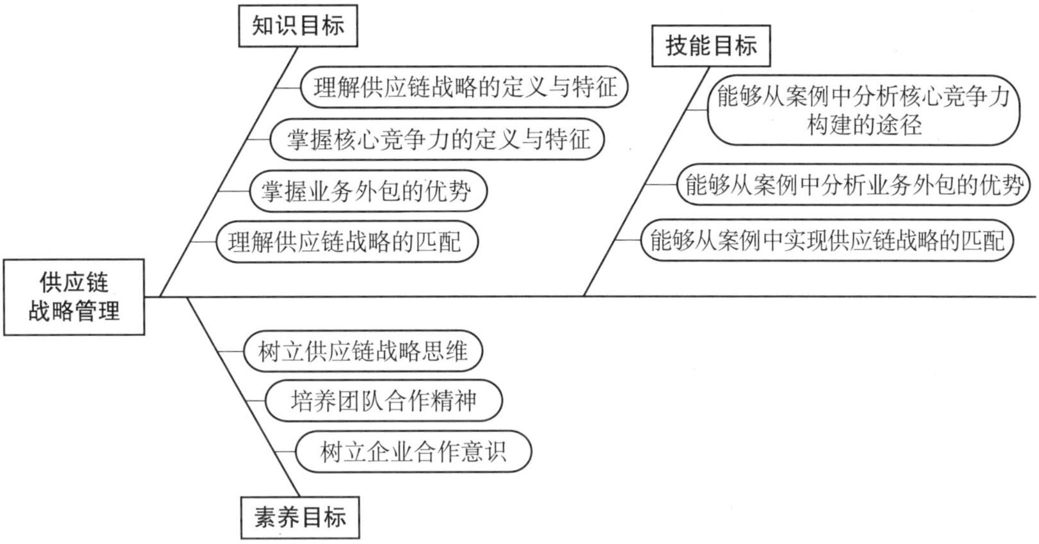

内容框架

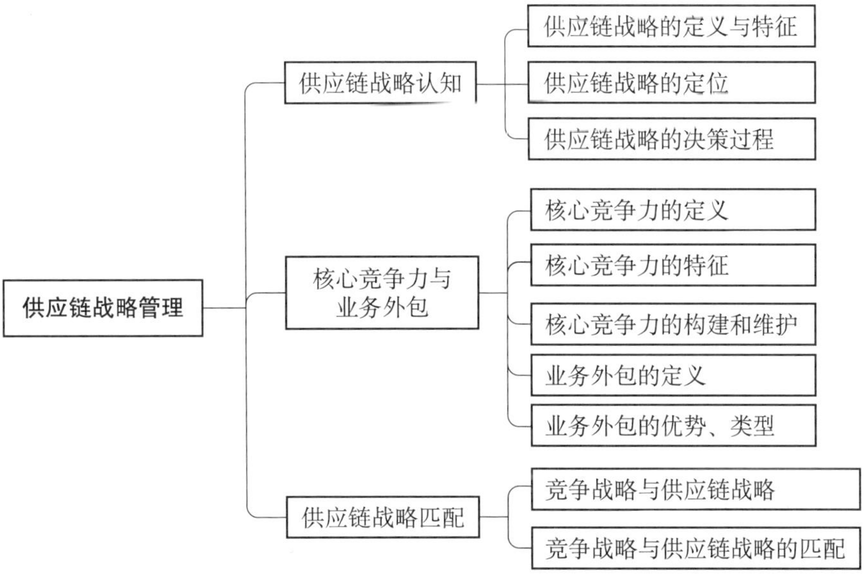

游戏导入

橙汁游戏

1. 游戏目的

橙色行动（或称“橙汁游戏”）是荷兰 Inchainge 开发的一款供应链教学培训用教学模拟环境和道具。英文名字是 The Fresh Connection（简称 TFC），可以帮助参与者建立对供应链运营的职业素养，包括供应链战略的实际意义、如何定义供应链战略、供应链战略如何落实到各个供应链职能部门、供应链职能部门之间的协同和平衡等。

2. 游戏背景

模拟一家橙汁企业全供应链运营，以投资回报率（ROI）作为唯一胜负标准。可以多轮次模拟。每轮是半年的供应链运营周期。既可以线上远程决策，也可以线下面对面决策。

3. 游戏规则

每组需要 4 个人参与，分别扮演采购、运营、计划和销售部门主管。

采购主管：不仅需要对采购和供应商相关的运作进行决策，如选择供应商、选择采购品质、谈判价格、采购单位量、支付条款和账期、供应商交付要求，还需要协同防止仓库爆仓，防止供应缺货等。

运营主管：需要对生产能力进行决策，如分配资源、决策生产能力（包括班次计划、产线维护计划）、计划出库能力、计划入库能力。

计划主管：需要对供应链计划进行决策，如确定计划冻结期、安全库存、仓库临时外包策略、采购批次量、补货策略。

销售主管：需要对交付进行决策，如确定交付水平、订单交期、交付单位（按件、按托盘层、按托盘、按车）、细分客户需求、促销决策、支付条款和账期。

4. 游戏获取方式

扫码登录 TFC 橙色行动运营平台。

【小结】橙汁行动的胜负标准只有一个，即投资回报率（ROI）。整个模拟过程包含大量供应链信息量，团队成员只有协同合作，才能确保供应链运营绩效的达成。供应链运营活动包括库存、需求、采购等，都需要在供应链战略与企业竞争战略的指挥下才能配合实施，全局思考、换位思考、数据决策、协同决策就是橙汁行动希望带给大家的实战体验。

任务一　供应链战略认知

问题引导

如何制定企业的供应链战略？

供应链管理经过近些年的发展，现已在诸多企业中得到了成功的应用，在企业降本增效等方面起到了积极的作用。人们逐渐意识到，要将供应链管理作为企业战略性问题来考虑，而不仅仅是作为操作性问题。

一、供应链战略的定义与特征

微课

供应链战略认知

（一）供应链战略的定义

供应链战略是指企业为了实现其长期目标而制定的一系列计划和行动，这些计划和行动旨在优化从原材料采购到最终产品交付给客户的整个过程。供应链战略涉及多个方面，包括但不限于供应商管理、库存控制、物流与运输、生产计划、质量控制等，目的是提高效率、降低成本、加快响应速度，并增强企业的竞争力。

供应链战略的核心要素包括以下几个。

（1）目标定位：明确供应链战略要解决的主要问题是什么，如成本领先、客户服务、快速响应市场变化等。

（2）合作伙伴关系：与供应商、制造商、分销商等建立稳定、可靠的合作关系，共同提高整个供应链的性能。

（3）流程优化：持续寻找改进现有流程的方法，包括生产流程、物流配送、库存管理等，以提高效率和减少浪费。

（4）技术支持：利用现代信息技术（如 ERP 系统、云计算、大数据分析等）来提高供应链的可见性和可控性。

（5）风险管理：识别可能影响供应链正常运作的风险因素，并采取预防措施加以规避或减轻影响。

（6）可持续发展：关注环境保护和社会责任，推动绿色供应链的发展，提高企业的社会责任感和公众形象。

（二）供应链战略的特征

供应链战略具有以下几个显著特征，这些特征使得供应链战略成为企业管理中不可或缺的一部分，对于实现企业的长期成功至关重要。

1. 综合性

供应链战略不是一个单一的决策或行动，而是涉及企业内外多个部门和合作伙伴的一系列协调活动。它需要跨职能团队的紧密合作，包括采购、生产、销售、物流等部门，以及供应商、分销商等外部合作伙伴。

2. 长远性

供应链战略着眼于企业的长期发展，不仅仅是解决眼前的问题，更是为了在未来保持和增强企业的竞争力。这意味着战略的制定需要基于对未来市场趋势、技术变革等方面的深入分析和预测。

3. 动态性

由于市场环境和技术条件不断变化，因此供应链战略必须具备高度的灵活性和适应性，使企业能够根据外部环境的变化及时调整策略。这就要求企业建立有效的监控机制，持续收集市场信息，评估供应链绩效，并作出相应调整。

4. 协同性

成功的供应链管理依赖于所有参与者之间的密切合作。通过建立互信、共享信息和资源，企业可以有效提升整个供应链的效率和响应速度。这种合作不仅限于企业内部，还包括与供应商、客户及其他相关方的外部合作。

5. 技术驱动

现代供应链战略越来越依赖于信息技术的支持。通过采用先进的信息系统（如ERP、SCM 软件）、数据分析工具（如大数据、AI）和新兴技术（如物联网、区块链），企业可以实现供应链的智能化、可视化管理，提高决策的质量和速度。

6. 风险管理

企业制定供应链战略时，必须充分考虑各种潜在风险，包括供应中断、价格波动、自然灾害等，并制定相应的预防和应对措施。良好的风险管理能力有助于确保供应链的稳定性和可靠性。

二、供应链战略的定位

（一）核心企业制定供应链战略

核心企业在供应链中通常扮演着领导者的角色，负责协调和优化整个供应链的运作。通过发挥自身的资源整合能力、市场影响力、信息优势、技术创新能力和风险管理能力，核心企业可以推动整个供应链的优化和升级，实现更高的效率和更好的客户体验。

核心企业在制定供应链战略时，首先要明确战略目标，如成本领先、客户服务或灵活性，然后通过市场和竞争分析、内部评估，识别优势和改进空间；最后，建立稳定的合作伙伴关系，利用先进技术优化流程，强化风险管理，推动可持续发展，并以客户为导向，持续改进绩效，确保战略的有效实施和调整。

（二）非核心企业参与供应链战略制定

非核心企业在供应链中虽然不具备核心企业的主导地位，但是仍可以通过积极参与供应链战略的制定，提升自身的竞争力和在整个供应链中的价值。在参与供应链战略时，非核心企业应该考虑以下问题：

（1）本企业的战略是否与供应链整体战略保持一致；

（2）企业实施供应链战略的进入与退出成本；

（3）供应链内企业之间的合作与信用机制是否建立；

（4）供应链商品运输、仓储、配送等环节是否合理；
（5）供应链商品运输、仓储、配送等环节是否高效；
（6）供应链内企业之间信息沟通机制是否顺畅；
（7）供应链系统信息化是否先进；
（8）供应链的稳定性如何；
（9）供应链的抗风险能力如何。

三、供应链战略的决策过程

供应链战略的决策过程是一个系统化、多步骤的过程，涉及从明确战略目标到绩效评估的多个环节。

（一）明确战略目标

企业应明确供应链战略的具体目标，如降低成本、提高客户满意度、增强灵活性、实现可持续发展等。

（二）市场和竞争分析

企业不仅应研究目标市场的特点和客户需求，预测未来的市场趋势，而且应分析竞争对手的供应链策略，识别自身的优势和劣势，并关注新技术的发展和应用。

（三）内部评估

一是评估企业的内部资源和能力，包括生产、物流、信息技术等。二是审查现有的供应链流程，识别瓶颈和改进空间。三是识别潜在的风险点，如供应中断、价格波动、自然灾害等，评估其对供应链的影响。

（四）合作伙伴关系

一是建立稳定的供应商关系，确保原材料的质量和供应的稳定性。二是与分销商和零售商建立紧密的合作关系，提高渠道效率。三是与供应链上的合作伙伴共同研发新技术和新产品，提升整体竞争力。

（五）技术应用

一是投资先进的信息系统（如 ERP、SCM 软件），实现供应链的透明化和智能化。二是利用大数据和人工智能技术，进行供应链数据分析，支持决策制定。三是通过物联网技术实现供应链的实时监控和管理，提高效率和响应速度。

（六）风险管理

企业应定期评估供应链中的潜在风险，如供应链中断、价格波动等，制定应急预案，如建立备用供应商、储备关键原材料等。

（七）可持续发展

企业应推动环保材料和工艺的应用，减少碳排放和废物产生，同时确保供应链中的劳动权益和社会责任，提升品牌形象。

（八）客户导向

一是深入了解客户的需求和期望，提供定制化的产品和服务。二是建立快速响应机制，缩短交货时间和提高服务质量。三是定期收集和分析客户反馈，持续改进供应链管理。

（九）绩效评估

企业应设定供应链绩效的关键指标（KPIs），如库存周转率、订单交付周期、客户满意度等，定期评估供应链绩效，识别改进机会，实施持续改进措施。

案例链接

鞍山钢铁：构建高质量钢铁供应链体系

鞍山钢铁集团有限公司（以下简称鞍山钢铁）在整合内部物流资源的基础上，积极运用外部物流资源，通过互利共赢的物流战略合作，实现物流业与制造业深度融合发展，构建高质量钢铁供应链体系。

一、主要做法和经验

1. 协同化

鞍山钢铁与国有大型物流企业中铁铁龙、中车联合研发全球首发的特种集装箱，减少物流倒运，降低物流过程对产品的撞伤、硌伤、锈蚀，破解大吨位卷入箱难，无法实现铁水联运、铁路直运的全球难题。

2. 智慧化

一是利用工业互联网平台实现跨工序流程价值链的塑造、产业生态圈的构建和共赢。二是通过供应链平台激发数据要素流通新活力，实现以客户需求为导向，制造端到用户端的交易、生产、仓储、加工和物流等全过程高效协同。三是构建统一采购平台，实现供应链综合成本降低、订单服务满意率提高、重点产品质量合格率提升的目标。

3. 绿色化

一是发挥自身冶金化工废弃物处理和绿色回收物流技术优势，共享资源、服务于国内冶金企业和城市。二是协同“国字号”大型物流企业，通过在供应链上采用绿色物流技术，提升竞争力，增强国际市场抗风险能力。

4. 标准化

一是率先实施煤炭“散改集”运输，实现东北地区钢材集装箱铁路运输。二是实施滚装甩挂运输，促进了国内钢材运输的规范化、统一化、专业化发展。三是搭建多式联运骨干网，全面提升物流全流程运能、运力、运量。四是以“网”的标准化建设为支撑，推进产业智慧协同发展。

二、实施效果

该项目实施以来，3 年内实现降本增效 23 亿元，公司竞争力明显增强。比如，实施煤炭“散改集”运输，损耗大幅降低；从黄骅港至营口港的集港运输时效由原来的平均 10 天减至 4 天；实施多式联运，减少钢材产品在物流过程中锈蚀、撞伤、硌伤等损耗和保险理赔，保险费用降低 1 200 万元；物流信息系统互联互通，累计节约物流费用 600 万元。此外，通过实施供应链绿色化管理，物流各环节中原燃料污染大幅降低，运输废弃物大幅减少，转运流程逐步简化，操作流程趋于规范，供应链各节点绿色化发展水平显著提升。

资料来源：政研室．鞍山钢铁：构建高质量钢铁供应链体系［EB/OL］．国家发展和改革委员会官网，2021-12-17.

任务二　核心竞争力与业务外包

微课

核心竞争力与业务外包

问题引导

企业在供应链管理中如何选择核心竞争力与业务外包？

核心竞争力使企业在供应链中保持领先地位，通过独特的技术和管理能力，提供高价值的产品和服务，满足客户的需求，提高客户满意度和忠诚度。企业通过将非核心业务外包，将资源和精力集中在核心竞争力上，可以更有效地利用有限的资源，提高整体运营效率。例如，小米集团专注于产品设计、品牌建设和互联网营销，将制造和物流业务外包给专业的代工厂和物流公司。通过这种方式，小米集团能够快速响应市场变化，缩短产品开发周期，降低生产成本。那么，企业应如何在两者之间做出选择？

一、认识企业核心竞争力

（一）核心竞争力的定义

核心竞争力（Core Competence）是指企业所拥有的、能够使其在市场竞争中持续保持优势的独特能力或资源。这一概念是由美国学者普拉哈拉德和哈默在 1990 年提出的。核心竞争力是企业内部一系列技能、知识、技术、组织文化和管理实践的结合体，它能够为企业创造持久的竞争优势。

核心竞争力的来源是多方面的，涵盖企业的多个维度，包括技术和创新能力、品牌和市场地位、运营效率、人力资源和组织文化以及客户关系和市场洞察力等。以下是一些典型案例，说明了它们如何构成企业的核心竞争力。

1. 技术和创新能力

企业在技术研发上的投入和能力，如专利数量、研发团队的规模和质量，对企业的核心竞争力具有较大的影响。例如，华为公司在通信设备和智能手机领域取得了巨大成功，主要得益于其在技术研发上的巨额投入。华为公司每年将销售收入的10%以上用于研发投入，建立了遍布全球的研发中心。通过持续的技术创新，华为公司在5G、人工智能、云计算等领域保持领先地位，成为全球领先的通信设备供应商和智能手机制造商。

2. 品牌和市场地位

品牌在市场中的知名度和美誉度能够吸引和保留客户。例如，阿里巴巴集团通过电商平台（如淘宝、天猫）积累了庞大的用户数据和交易数据。通过大数据分析，阿里巴巴集团能够精准地了解消费者需求，优化供应链管理，提供个性化的推荐服务。阿里巴巴集团的品牌认知度和市场占有率使其在电商领域保持领先地位，成为全球最大的电商平台之一。

3. 运营效率

优化的供应链体系能够确保原材料的稳定供应和产品的快速交付。例如，京东集团通过建立覆盖全国的物流网络和高效的供应链管理体系，实现了快速的订单交付和优质的客户服务。京东集团的自营模式和强大的物流能力使其在电商领域具有显著优势，尤其是在大件商品和生鲜食品的配送方面。通过不断优化供应链管理，京东集团能够有效控制成本，提高运营效率，提升用户体验。

4. 人力资源和组织文化

企业具备吸引和留住优秀人才的能力，包括畅通招聘、培训、激励和晋升机制等，能够有效提升核心竞争力。例如，腾讯集团通过提供有竞争力的薪酬和福利，吸引了大量的顶尖人才。腾讯集团的企业文化强调创新和团队合作，激发员工的创造力和积极性。腾讯集团的创新文化和人才管理使其在社交平台、数字内容等领域保持领先地位，推出了微信、QQ等广受欢迎的产品。

5. 客户关系和市场洞察力

企业可以通过CRM系统和个性化服务提升客户满意度。例如，小米集团通过构建生态链，将智能手机、智能家居、互联网服务等多个领域有机结合起来，形成了独特的生态系统。小米集团的互联网思维使其能够快速响应市场变化，通过粉丝社区和社交媒体与用户保持紧密互动，不断优化产品和服务。小米集团的市场洞察力和客户关系管理为其带来了多元化的收入来源和高度的用户黏性。

（二）核心竞争力的特征

1. 独特性

核心竞争力是企业独有的，难以被竞争对手模仿或复制。例如，华为公司的设计能力和用户体验是其独特的核心竞争力。

2. 价值性

核心竞争力能够为企业创造显著的价值，满足客户的需求，提高客户的满意度和忠诚度。例如，亚马逊的物流系统和客户服务是其核心竞争力，为客户提供了快速、便捷的购物体验。

3. 扩展性

核心竞争力可以应用于多种产品或服务，帮助企业进入新的市场领域。例如，谷歌公司的搜索引擎技术不仅应用于搜索业务，还扩展到了地图、邮件、广告等多个领域。

4. 难替代性

核心竞争力不易被其他技术和资源所替代。例如，波音公司在航空领域的工程设计和制造能力是其难以被替代的核心竞争力。

（三）核心竞争力的构建和维护

1. 构建企业核心竞争力

构建企业核心竞争力是一个系统化、多步骤的过程，企业需要在多个方面进行综合努力。

（1）明确战略目标和市场定位。

市场调研：通过市场调研和数据分析，了解行业趋势、客户需求和市场机会。

竞争分析：分析竞争对手的优势和劣势，识别自身的竞争优势和改进空间。

战略规划：制定长期和短期的战略目标，确保核心竞争力与企业战略相匹配。

（2）识别和评估内部资源。

资源盘点：分析企业的内部资源，包括技术、品牌、人力资源、财务资源等。

能力评估：评估企业的现有能力，识别在技术、运营、市场等方面的独特优势和潜在短板。

（3）持续投资。

技术研发：在技术研发上持续投入，推动产品和服务的创新。例如，华为公司每年将销售收入的10%以上用于研发投入。

人才培养：致力于员工培训和发展，建立一支高素质的人才队伍。例如，腾讯集团通过提供有竞争力的薪酬和福利，吸引了大量的顶尖人才。

市场研究：持续进行市场研究和数据分析，了解客户需求和市场趋势，指导产品开发和市场策略。

（4）建立创新文化。

鼓励创新：建立鼓励创新的企业文化，激发员工的创造力和积极性。例如，阿里巴巴集团的企业文化强调客户第一和团队合作，提升了员工的归属感和工作热情。

开放合作：与外部机构（如大学、研究机构、供应商等）建立合作，共同推动技术创新。例如，美的集团与德国库卡机器人公司合作，提升了其在智能制造领域的技术水平。

（5）优化运营效率。

精益生产：引入精益生产和六西格玛等管理方法，提高生产效率和产品质量。例如，丰田汽车公司的精益生产系统是其核心竞争力之一。

供应链管理：优化供应链管理，确保原材料的稳定供应和产品的快速交付。例如，京东集团通过建立覆盖全国的物流网络，实现了高效的订单交付。

成本控制：通过精益管理和规模经济，降低运营成本。例如，沃尔玛通过大规模采购和高效的物流体系，实现了低成本运营。

此外，企业还需要在品牌建设、知识产权保护、战略联盟、持续改进和风险管理等多个方面进行努力。通过这些策略，企业可以建立和维持独特的核心竞争力，从而在激烈的市场竞争中保持优势，实现可持续发展。

2. 维护企业核心竞争力

维护企业的核心竞争力是一个持续的过程，需要企业在多个方面进行系统性的努力。

（1）实施企业战略管理。从时间角度来看，培育核心竞争力不是一日之功，它必须不断提炼升华才能形成。企业要通过对本行业的专注和持续投入，精心培育核心竞争力，将其作为企业的根本战略任务。

（2）加强组织管理体系的建设。客观来说，随着时间的推移，企业核心能力可能会演变为一般能力。这就要求企业安排专职管理队伍全面负责，加强各部门沟通，将各种分散的人力和技术资源组织起来，协同工作，形成整体优势；定期召开企业核心竞争力评价会，保持企业核心竞争力的均衡性。

（3）培育信息化体系。企业在整个生产经营过程中，会不断收到来自企业内外的各种信息。作为重要的战略资源，信息的开发与利用已成为企业竞争力的关键标志。更多、更早地获取信息，并在组织内部准确、迅速地传递和处理信息，是巩固企业核心竞争力的基本条件。

（4）学习和积累知识技能。在企业核心竞争力的维护和巩固上，企业员工的个人知识技能、整体素质与知识技能结构尤为重要。企业要通过各种渠道培训员工技能，积累企业的技术和管理经验，在市场竞争中建立起自己的优势。

二、认识业务外包

（一）业务外包的定义

业务外包是指企业将某些非核心业务活动或功能委托给外部专业服务提供商来完成的一种商业策略。通过业务外包，企业可以将资源和精力集中在核心竞争力上，提高整体运营效率和市场竞争力。

（二）业务外包的优势

（1）降低成本：通过外包，企业可以减少固定成本，如人员工资、办公场地租金等。

（2）提高效率：外部专业服务提供商通常具有更高的专业水平和规模经济优势，能够更高效地完成特定任务。

（3）集中资源：企业可以将更多资源和精力集中在核心业务上，提高核心竞争力。

（4）灵活性：外包使企业能够根据市场需求快速调整业务规模，提高灵活性和响应速度。

（5）获取专业技能：通过外包，企业可以利用外部专业服务提供商的专业技能和经验，提升业务水平。

（三）业务外包的类型

通常而言，外包的业务活动是非核心的、辅助性的或支持性的，如信息技术支持、人力资源、财务和会计、客户服务、物流和供应链管理等。

（1）信息技术外包：将信息技术相关的业务活动外包，如软件开发、系统维护、数据中心管理等。

（2）人力资源外包：将与人力资源管理相关的工作外包，如招聘、培训、薪酬管理、员工福利等。

（3）财务和会计外包：将财务和会计相关的业务活动外包，如账务处理、审计、税务申报等。

（4）客户服务外包：将客户服务相关的业务活动外包，如呼叫中心、技术支持、客户关系管理等。

（5）物流和供应链管理外包：将物流和供应链管理相关的业务活动外包，如仓储管理、运输、配送等。

任务三　供应链战略匹配

微课

供应链战略匹配

问题引导

什么是供应链战略匹配？

保持与企业竞争战略一致，是所有企业制定供应链战略时必须考虑的一个关键性问题。企业在对供应链的各个驱动因素进行权衡以作出准确决策的同时，必须保证此决策与企业的竞争战略以及供应链战略相匹配。战略匹配是指竞争战略与供应链战略拥有相同的目标，即竞争战略设计用来满足的客户优先目标与供应链战略旨在建立的供应链能力目标之间相互协调一致。

一、竞争战略与供应链战略

（一）竞争战略

竞争战略主要关注企业如何在特定的市场环境中，通过选择不同的策略来建立和维持竞争优势。常见的竞争战略包括以下几个：

1. 成本领先战略

成本领先战略是指企业通过降低生产、运营等成本，以低于竞争对手的价格向客户提供产品或服务，从而吸引更多的客户。

2. 差异化战略

差异化战略是指企业通过提供独特的产品或服务特性，与竞争对手区分开来，满足特定客户群体的需求和偏好。

3. 集中化战略

集中化战略是指企业专注于特定的细分市场或客户群体，在该领域内实现独特的定位和优势。

（二）供应链战略

供应链战略是企业为实现长期竞争优势，通过对供应链各环节（供应商、制造商、分销商、零售商及客户）的系统性规划与资源配置，确立的指导供应链构建、运营与协同的总体框架和方向。其核心是通过供应链成员间的高效协作，优化物流、信息流和资金流，在满足客户需求的同时实现成本、效率、响应速度与风险控制的平衡，最终支撑企业整体战略目标的达成。例如，华为公司的供应链战略体现了精简高效、高柔性、精细成本控制、全球化布局和持续创新的特点。华为公司强调合作与共赢，建立内外部客户及供应商的合作伙伴关系，打造健康、平衡、可持续发展的供应链。华为公司建立了需求驱动的供应链体系，通过先进的预测和规划技术，缩短供应链条，确保产品能迅速、准确地送达客户，通过全面预算管理确保成本控制在一定范围内，而精细的库存管理则降低了库存成本。

二、竞争战略与供应链战略的匹配

竞争战略与供应链战略匹配的实现步骤如图 2－1 所示。

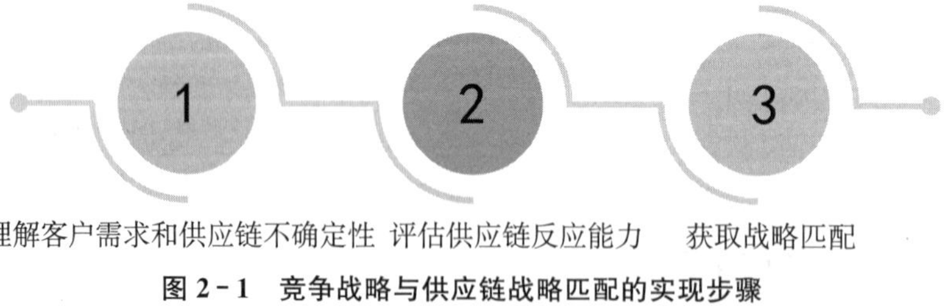

图 2－1　竞争战略与供应链战略匹配的实现步骤

（一）理解客户需求和供应链不确定性

企业应深入了解目标客户群的需求，包括显性需求和隐性需求，以及这些需求的不确定性。通过市场调研、客户访谈等方式，企业可收集和分析客户需求数据，以便为供应链战略的设计提供依据。

企业需要分析供应链不确定性。供应链不确定性主要源于市场需求波动、供应商可靠性、生产能力和物流延迟等因素。企业需要评估这些不确定性因素对供应链的影响，以便制定相应的应对策略。

（二）评估供应链反应能力

企业需要评估供应链反应能力。供应链反应能力是指供应链对市场需求变化的响应速度和灵活性。企业需要评估自身供应链的反应能力，包括库存管理、生产计划、物流配送等方面的效率。

企业需要优化供应链结构。根据评估结果，企业可以优化供应链结构，提高供应链的响应速度和灵活性。例如，通过缩短供应链长度、增加供应链透明度、建立供应商伙伴关系等方式，企业可以提高供应链的可靠性和效率。

（三）获取战略匹配

企业需要匹配供应链反应能力与隐性需求不确定性。当隐性需求不确定性较高时，企业应选择具有较强反应能力的供应链战略；而当隐性需求不确定性较低时，企业可以选择更注重成本和效率的供应链战略。

企业需要制定综合战略。在匹配过程中，企业需要综合考虑竞争战略和供应链战略的目标和约束条件，制定一个既符合市场竞争要求又能够充分发挥供应链优势的综合战略。

企业需要实施与监控战略。制定战略后，企业需要将其付诸实施，并持续监控战略的执行情况。通过建立有效的监控机制和评估体系，企业可以及时发现和解决战略执行过程中出现的问题，确保战略目标的实现。

案例链接

华为公司战略升级与转型路径解析

华为公司战略升级与转型路径的五个阶段如下：

1. 初创期（1987—1998 年）

在初创期，华为公司的战略重点是在高手林立的市场寻求一席生存之地。在跨国公司纷纷进入中国通信市场并占据主导地位、资源有限的情况下，华为公司从代理到自主研发小型程控交换机，实施低成本、农村包围市场等策略，通过高度的战略聚焦寻找生存和发展空间，并逐步迭代产品研发体系。尽管资源有限，但是华为公司非常重视产品品质和研发投入。

2. 规范期（1999—2007 年）

在这一阶段，华为公司提出了打造世界一流企业的战略愿景，同时又要解决管理规模越来越大所带来的问题。华为公司将提升生产与管理能力作为战略路线图的第一步强力推进，通过导入集成研发系统，找到了规范研发过程的流程和方法论，并将客户和市场导向作为研发的重要指标。

3. 市场期（2008—2011 年）

在这一阶段，华为公司在集中管控的管理平台和人才体系的强有力支持下，已经发展成为面向国际市场的全球化企业。华为公司不仅在世界各地建立了研发中心和联合创新中心，同时将产品销售到全球近百个国家和地区。此阶段，企业蜕变成真正面向市场的组织，国际竞争力进一步提升。

4. 品牌期（2012—2016 年）

在这一阶段，华为公司在运营商市场已经位居行业领导地位。如何拓展新的市场以确保企业的可持续发展，成为该阶段战略升级的新挑战。华为公司高层在经过反复论证后，提出了“云管端”战略，开始向手机端发力，实现业务从 2B 向 2C 的战略拓展。

这次战略突破的难点在于，如何处理好原有手机业务与新战略的关系。华为公司原有贴牌手机产品出货量大且利润不菲，但市场口碑较差和影响力较低。与此同时，手机行业刚刚掀起了一场底层技术转型，手机产品正在从基于塞班系统的功能机向基于安卓和苹果智能操作系统的智能机转变。

5. 数字化期（2017 年至今）

2017 年，华为公司明确提出了数字化转型战略，核心目标是：对外提升客户满意度，对内提升企业的综合运营效率。在数字化服务上，华为公司基于无线通信领域历史积累的基站研发数据和大量站点数据，可以从全流程角度缩短网络业务的上线时间，降低成本，提升效益。在研发设计环节，设计人员可以戴着 VR 眼镜和感应手套进行各种场景的虚拟安装，快速迭代优化设计；在工程安装环节，安装前只需一次 3D 扫描就能完成对站点的勘测，解决了频繁上站勘测的问题；在安装验收环节，现场只需拍几张照片，后台就能通过图像识别完成验收，避免了人工上站验收的成本。

资料来源：董小英，晏梦灵，胡燕妮．华为启示录：从追赶到领先［M］. 北京：北京大学出版社，2018.

素养提升

小米打造坚实国产供应链 致力提升“中国智造”

随着 5G 网络的日趋普及，相较于海外手机品牌，国产手机品牌小米、华为、vivo 在信号稳定方面表现得更为优秀，它们作为终端厂家，具有先天本土化的优势，更能与运营商更紧密合作以满足用户需求。

芯片自研稳健前行，研发投入以技术为本

芯片，作为核心技术，是目前国内手机厂商首要的攻坚阵地，需要汇集高精尖人才和投入巨额研发经费，国内手机厂商正逐步稳健走出自主研发创新之路。一款芯片的成与败，需放置于市场的熔炉中不断锤炼，方显真金本色。以小米为代表的国产手机厂商，经过多年深耕，逐步探索出一条自洽的产品供销链路，结合庞大的用户群体，形成了完整的用户使用体验链路。

2021 年，小米公布新一代自研芯片澎湃 P1，这是业界首个谐振充电芯片，也是小米自研的第三款芯片。从 2014 年开始涉及造芯领域，到 2017 年研发出第一款 SoC 芯片澎湃 S1，历时 7 年推出如今的澎湃 P1。据悉，澎湃 P1 历经 18 个月打造，耗资过亿元，由四大研发中心通力合作研发而成。小米、OPPO 等品牌在细分领域逐步进行创新研发，带动业内整体发展，形成完整的国产供应链。

带动国产供应链成长，打造“中国智造”样本

以小米为代表的国产供应链崛起，有力保障了手机制造产业的下游企业生存，为中国企业与国际供应链在高端产品线上展开竞争提供了充足的底气。

坚持融合发展，推进智能制造，小米作为科技企业积极抢占浪潮之巅，坚持用互联网思维推动中国制造行业，紧密团结上下游合作伙伴，带动国产供应链成长，共同探索智能制造的新经济发展模式。作为“中国智造”高质量崛起的新样本，小米的系列举措在业内具有创新借鉴意义。

资料来源：佚名．小米打造坚实国产供应链 致力提升“中国智造”[EB/OL]. 中国证券网，2022－01－11.

项目小结

本项目主要讲述了供应链战略的基本理论，包含供应链战略的定义和特征、核心竞争力、供应链战略匹配等内容。相信你已经获得了丰厚的回报，初步掌握了供应链战略理论的基本知识，并能对特定企业的供应链战略展开分析。

赛证链接

供应链运营 1+X 证书（中级）部分考试题目

1. [单选题] 供应链中的成员在竞争中应建立（　　）。

A. 你死我活的输赢关系　　B. 有各自利益的一般合作关系

C. 双赢策略指导下的战略合作伙伴关系　　D. 不断变动的合同关系

2. [单选题] 在制定生产战略时，以下哪一项是最重要的？（　　）

A. 低成本生产　　B. 灵活性

C. 及时交货承诺　　D. 以上都是

3. [单选题] 在基于战略合作伙伴关系的企业集成模式下，企业在中观层面上主要实现（　　）。

A. 资源优化配置　　B. 信息共享

C. 同步化、集成化的生产计划与控制　　D. 后勤保障

4. [单选题] 供应链管理是跨企业范围的比物料管理更广泛的管理，从（　　）层次上把握最终用户的需要。

A. 业务　　B. 战略　　C. 管理　　D. 效益

5. [单选题] 以下不是供应链的各个成员结成战略合作伙伴关系后所具有的优点的是（　　）。

A. 能够达到更高质量标准，提供优质的产品或服务

B. 能够缩短时间，增强对市场波动反应的灵活性
C. 能够减少制造商生产故障时间，增加生产能力
D. 能够战胜对手，占领整个市场

课后测评

一、单选题

1. 以下不属于供应链中的合作伙伴关系的是（　　）。

A. 供应商　　B. 制造商　　C. 分销商　　D. 竞争对手

2. 在供应链中扮演领导者角色的是（　　）。

A. 核心企业　　B. 制造商　　C. 批发商　　D. 客户

3. 以下不属于常见的竞争战略的是（　　）。

A. 成本领先战略　　B. 供应链战略
C. 差异化战略　　D. 集中化战略

二、判断题

1. 供应链战略的具体目标，包括降低成本、提高客户满意度、增强灵活性、实现可持续发展等。（　　）

2. 客户无法成为企业的核心竞争力。（　　）

3. 客户服务外包是常见的外包业务类型之一。（　　）

4. 竞争战略与供应链战略相匹配可以增强企业竞争优势。（　　）

三、思考题

1. 请思考企业应如何制定供应链战略。

2. 对于一家电子商务企业来说，如何决策是否将其物流业务外包？

3. 思考一家企业如何实现竞争战略与供应链战略的匹配。

实践能力训练

实训内容：登录供应链管理仿真实训平台，以小组为单位分析模拟智能音箱产品供应链战略应包括哪些内容，制定模拟运营企业的供应商管理、库存控制、物流与运输、生产计划、质量控制等方面的战略规划。

实训目的：运用所学知识，学会分析企业的供应链战略内容，并参考成功案例企业，尝试制定符合模拟运营企业的供应链战略。

实训材料：供应链管理仿真实训平台、电脑。

实训要求：

1. 4～5 名学生以小组合作的方式，分析供应链战略的内容。

2. 利用供应链管理仿真实训平台中企业及供应链的业务，撰写供应链战略制定实训报告。

实训步骤：

步骤 1：登录供应链管理仿真实训平台。

步骤 2：分析模拟运营企业及供应链业务。

步骤 3：制定供应链业务战略规划。

步骤 4：撰写供应链战略分析报告。

步骤 5：教师总结和评价各小组的案例分析报告，并提出相应的指导建议。

职业核心能力测评

职业核心能力	评价指标	自测结果
自我管理能力	1. 培养自己的责任心 2. 能够管理自己的时间 3. 所学知识的灵活运用	A [ ]　B [ ]　C [ ] A [ ]　B [ ]　C [ ] A [ ]　B [ ]　C [ ]
合作交流能力	1. 知道如何尊重他人的观点 2. 能够与他人有效沟通 3. 能够获取信息并反馈信息	A [ ]　B [ ]　C [ ] A [ ]　B [ ]　C [ ] A [ ]　B [ ]　C [ ]
解决问题能力	1. 能够有效使用信息资源 2. 能够客观分析事物的现状 3. 能够发现并解决常规问题	A [ ]　B [ ]　C [ ] A [ ]　B [ ]　C [ ] A [ ]　B [ ]　C [ ]
设计创新能力	1. 能够提出有价值的观点 2. 能够运用不同的思维方式 3. 能够制定创新方案并实施	A [ ]　B [ ]　C [ ] A [ ]　B [ ]　C [ ] A [ ]　B [ ]　C [ ]
	学生签字：	教师签字：

项目三
供应链服务与创新

学习目标

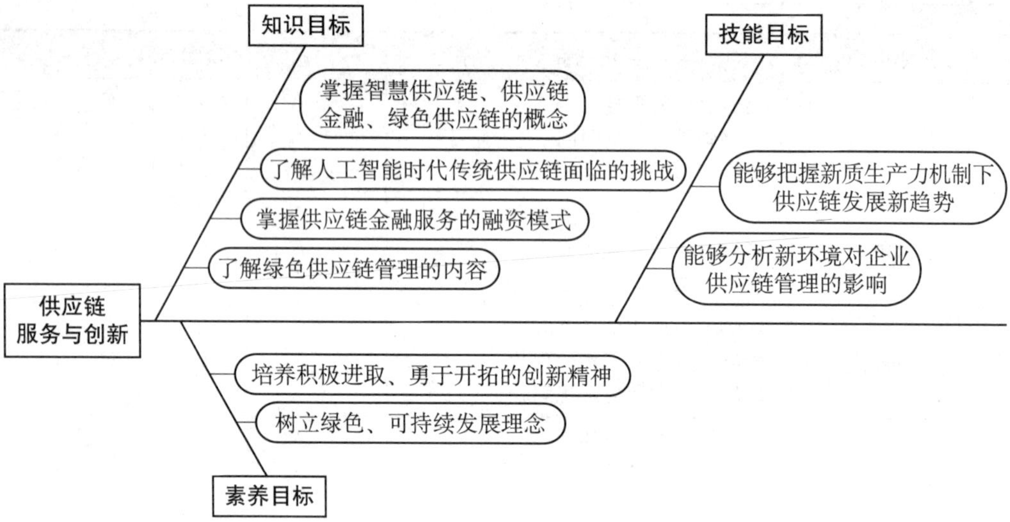

内容框架

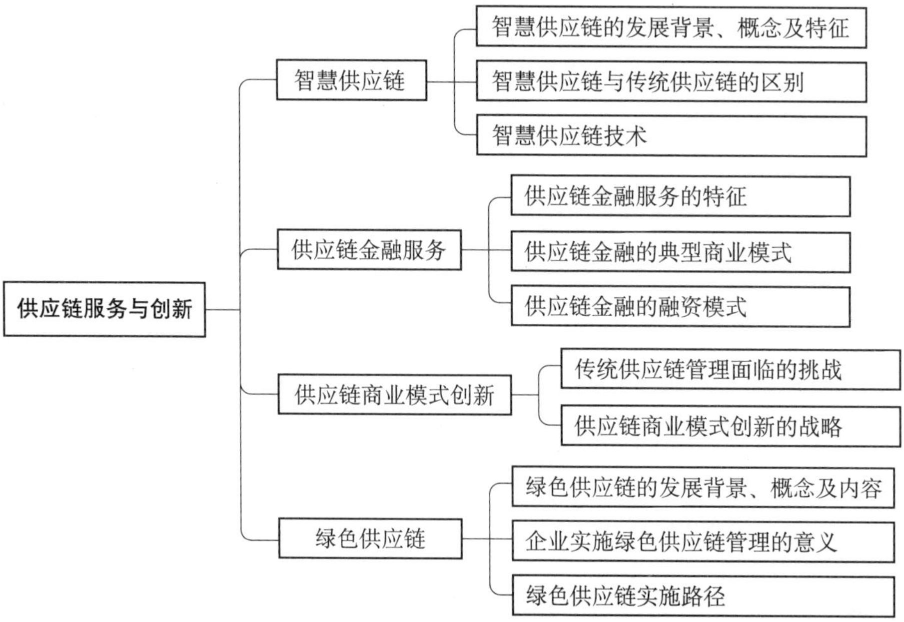

游戏导入

棉花糖挑战

1. 游戏规则

（1）分组：根据现场人数和场地空间来平均分配小组，一般每组为 4 人。

（2）道具：每组棉花糖一袋、棉线一捆、胶带一卷、意大利面 20 根、剪刀一把。

（3）时间：游戏时间可根据实际情况来规定，一般为 18 分钟。

（4）要求：每一组的成员利用上面提供的道具，在规定时间内，搭一座棉花糖塔，棉花糖必须在塔的顶部，完成的小组举手示意，由教师进行测量，测量的高度为棉花糖到桌面距离，最高的小组获胜，组数多的话，可以选出前三名。

注意：棉花糖不能被破坏，意大利面可以剪断，如果不小心折断了，可以换取新的，但必须拿着全部折断的意大利面来换；不能将塔座粘到桌子上，也不能用绳子从天花板吊下来，然后挂上棉花糖计算高度。教师每 5 分钟提醒一次，最后的 3 分钟内每 1 分钟提醒一次。

2. 游戏总结

这个游戏看似挺简单，但是充满了挑战，游戏中有以下几点是值得我们深思的：

（1）团队合作。

（2）利用有限的资源。这个游戏中，只有 18 分钟时间、20 根意大利面。小组成员要清楚所拥有的资源，做好安排，充分利用有限的资源。

（3）目标导向。确定一个正确的目标很重要，目标错了，就会导致错误的结果。

（4）建立原型。建立原型，即最小化可行产品，是指在市场不确定的情况下，通过设计实验来快速检验产品或方向是否可行。只有在假设得到充分验证后，才能投入资源大规模进入市场；否则，应尽快调整方向。经过一系列实践，产品的设计思路将被一次次调整，最终完成正式版的开发。

（5）打破常规。我们需要有丰富的想象力，不要用固定模式思考如何搭成一座“塔”，而应该想象一个能够放上一个棉花糖的“物体”，物体可以是多种多样的。

【小结】我们的生活、工作中存在很多的“棉花糖”——产品设计、准备演讲、撰写报告等。棉花糖挑战带给我们的 5 点启示都能很好地运用其中。我们应先将事情做成，然后思考如何将事情做好；达成目标的途径有很多，试着打破常规，以目标为导向，围绕核心目标在操作中找到解决方案。

任务一　智慧供应链

微课

智慧供应链

问题引导

人工智能时代，供应链如何智慧化？

近年来，人工智能受到了社会各界的广泛关注，无人驾驶汽车频频亮相、智能家居产品走入寻常百姓家等，预示着人类社会即将开启智能化时代。在这种背景下，传统的思维模式、管理理念、商业模式等变得不再适用，大数据、云计算、物联网、人工智能等新一代信息技术引发了诸多领域的变革与颠覆。人工智能时代，如何助推供应链智慧化？

一、智慧供应链的发展背景、概念及特征

（一）智慧供应链的发展背景

全球化发展促使世界各国加速融入全球供应链体系。随着物联网、大数据、人工智能等新技术的飞速发展，新技术催生新工业革命，各行业正发生深刻变革，传统供应链体系的结构与形态也在加速被重塑。我国高度重视产业链供应链的韧性和安全。《国家中长期经济社会发展战略若干重大问题》指出要“优化和稳定产业链、供应链”，党的二十大报告强调“着力提升产业链供应链韧性和安全水平”。

外部环境的变化加上内部转型变革的需求，加速推动供应链创新发展。智慧供应链是传统供应链为顺应新技术发展趋势、有效应对外部风险挑战而形成的新模式，其智慧化和网链协同的特性将在我国智能制造创新发展、大中小企业协作共赢、现代化产业体系建设等方面发挥关键作用。

（二）智慧供应链的概念

“智慧供应链”这一概念最早是由复旦大学博士后罗钢在 2009 年上海市信息化与工业化融合会议上提出的，指通过有机结合日益发展成熟的物联网技术与现代供应链管理的理论、方法和技术，在企业内部以及企业之间构建的智能化、数字化、自动化、网络化的技术与管理综合集成系统。

智慧供应链的核心是通过实现供应链中信息流、物流、资金流的无缝对接，最大限度地消除不对称信息因子的影响，从而从根本上提升企业内外部供应链的运作效率。

（三）智慧供应链的特征

1. 技术的渗透性更强

智慧供应链的运营者和管理者具有更强的技术敏感性和应用能力，会通过各种方式将物联网、移动互联网、人工智能等各种前沿高新技术融入智慧供应链系统中，依托技术创新实现管理变革。

2. 可视化、移动化

以移动互联网、云计算、大数据、人工智能等新一代信息化技术为支撑的智慧供应链，在数据信息获取上更加移动化、智能化、碎片化，在数据呈现上主要表现为图片、视频等可视化的方式。

3. 信息整合性更强

依托高度开放共享的智能化信息网络，智慧供应链系统有效解决了内部成员信息系统的异构性问题，实现了物流、信息流、资金流的无缝对接，从而使供应链中的信息具有更强的整合性与共享性。

4. 协作性更强

信息的高度整合与共享，使企业可以及时、有效地了解供应链内外部的各种信息，并基于实际情况随时与供应链上下游企业进行联系沟通，做出有针对性的调整与协作，从而大幅提升供应链的运作效率与效果。

5. 延展性更强

智慧供应链是以先进的互联网信息化技术为支撑的，供应链中的各类信息具有更强的流动性、整合性与共享性，企业可以随时与供应链上下游的其他成员进行沟通与交互，从而大大增强了供应链的延展性。

二、智慧供应链与传统供应链的区别

智慧供应链在数字化程度、协同程度、运作模式上与传统供应链相比较具有明显优势（见表 3-1）。

表 3-1　传统供应链与智慧供应链的区别

比较项目	传统供应链	智慧供应链
数字化程度	整体水平不高，数据采集、传输、存储、处理、分析、应用的能力弱，供应链各环节数据壁垒严重。	依托物联网、人工智能、5G、区块链、机器人等数字科技赋能，有效解决数据不能开放和共享等问题，对客户需求进行全过程精准分析和有效管理，并快速、主动地响应市场变化。
协同程度	协同程度不高，数据开放和共享难，供应链各环节相对独立，跨层级、跨企业、跨部门、跨系统的资源整合能力弱。	数据开放共享，商流、物流、信息流、资金流实现“四流合一”，注重各环节之间的顺畅对接、密切协作和主动配合，从而实现多方互惠互利。
运作模式	以推动式供应链为主，被动接受市场需求，对市场信息反应不够及时，由于先生产后销售，库存周转周期长，容易产生滞销。	以拉动式供应链为主，主动响应用户需求，及时应对市场变化，先有订单后生产，库存周转期天数大幅缩短。

三、智慧供应链技术

（一）物联网技术

物联网技术以传感技术手段为基础，基于 RFID、EPC 等射频技术自动识别和记录供应链各流程的信息，可以促进物流供应链的可视化。物联网可以为供应链提供实时数据，以帮助制造商和供应商实现更精确的预测和库存管理，从而提高运营效率并降低成本。

（二）可视化技术

可视化技术是通过使用技术设备将产品加工成图片、视频、数字等形式，实现对产品的视觉控制。这样提供了实时的数据可视化展示，使得管理者可以更直观地了解供应链的各个环节，从而更好地进行决策和优化。

（三）感知技术

企业通过技术设备对产品进行智能感知，通过面部、眼球、手势等确定特定身份，通过条码信息确定一物一码等，从而实现质量控制、货物识别等。

（四）云计算

云计算是一种通过互联网提供计算资源和服务的技术。它允许用户随时随地访问和使用云平台上的数据、软件和硬件资源。云计算平台的存储量特别大，通过分布式计算、冗余计算等将数据迅速地处理好并返给用户。

（五）大数据技术

大数据是智慧供应链运用的重要手段，在采购管理中的计划制订、生产过程、运输流程、质检过程中都需要采集数据，进行整理分析，进行控制和决策。

（六）人工智能

人工智能可以自动化完成供应链中的很多重复性、高频次的任务，如物流调度、库存管理、预测需求等，从而提高供应链的运转效率。同时，通过分析大量的数据，人工智能可以准确地预测需求、制订最优的生产计划、优化物流线路等，帮助企业降低成本。此外，人工智能还可以帮助企业进行风险管理和优化决策，提高企业的灵活性和应变能力。

（七）数字孪生

数字孪生是以物理实体真实场景数据为依托，以真实和仿真模型运行数据实时交互优化为机制，自运行的虚拟空间映射模型。数字孪生在供应链管理中的主要功能有：

（1）实现对货物运输过程的全程监控。

（2）通过传感器和大数据分析，企业可以实时了解货物的位置、温度、湿度等信息。

（3）当出现异常情况时，系统能够自动发出警报并采取相应措施。

（4）实时的监控和反馈机制，使得物流供应链更加可靠、高效。

（八）自动化技术

自动化是在仓储、物流作业的存取、搬运、分拣、拣选等各个环节中，通过先进的自动化设备系统，实现作业效率的提升和人工等成本的降低。仓储自动化系统由仓储自动化设备和软件系统两部分组成。

针对不同场景需求，仓储自动化设备分为仓储机器、机械臂、立体库、分拣带、输送机等设备类别。

仓储自动化设备及其应用场景如图 3－1 所示。

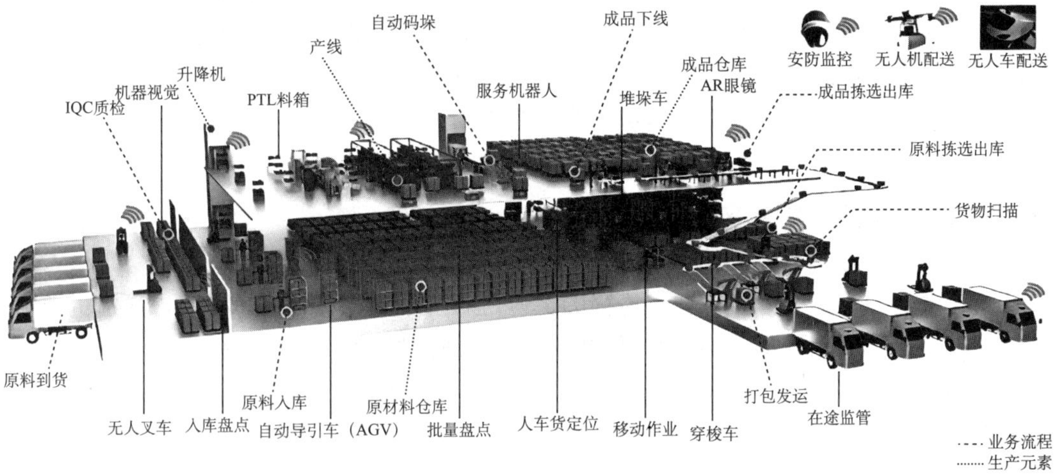

图 3－1　仓储自动化设备及其应用场景

案例链接

全球供应链布局浪潮下企业供应链管理仍面临挑战

顺丰科技是顺丰旗下专注供应链数智解决方案的科技服务商，在无人机及自动化、大数据及产品、人工智能及应用、智慧供应链、综合物流解决方案等科技领域均有布局。通过强大的仓储、运输、数据管理能力，顺丰科技协助客户优化供应链流程，提升物流效率和市场响应速度。

“丰智云”系列产品作为顺丰科技核心的供应链数智化工具，可以提供全场景、全可视、一站式智慧供应链服务，为企业打造一体化、数字化物流供应链基座，提供端到端解决方案和数字化系统。顺丰科技的物流决策大模型“丰知”可以提升相关行业客户物流决策智能化水平，以更优质的效果、更低的服务器资源、更快的计算效率，解决需求预测、多样路径规划、包装方案等供应链决策的问题。顺丰科技的物流大语言模型“丰语”以及多模态相关技术，可以让每个客户都可以快速习得物流供应链行业相关知识以及过往处理经验，成为经验丰富的岗位专家，从而为客户提供更好的服务。

任务二　供应链金融服务

微课

供应链金融服务

问题引导

供应链金融为什么越来越受到企业和客户的欢迎?

供应链金融因其独特的价值和服务模式，越来越受到企业和客户的欢迎。它拓宽了企业的融资渠道，提供了多元化的融资方式，帮助企业根据自身需求选择合适的融资方式，解决资金短缺问题。同时，供应链金融还能降低企业的融资成本，减轻财务压力，提高资金使用效率。此外，通过优化供应链流程，供应链金融有助于企业降低库存成本，提升整体竞争力。

一、供应链金融的产生背景

供应链金融源于供应链管理，传统的供应链管理强调“6R”，即将客户所需的正确的产品能够在正确的时间，按照正确的数量、正确的质量和正确的状态送到正确的地点，从而使总成本最小。然而，随着经济全球化与网络化进程的加速，不同地区、国家、产业、公司之间的隔阂逐步被打破，企业发展不均衡成为全球供应链中的短板，制约了全球供应链的发展。为了增强供应链的稳定性和减少供应链整体的财务成本，新阶段的供应链研究和探索开始强调提升资金流效率，重塑商业流程。在此背景下，供应链金融开始产生。

对于中小企业，供应链金融模式提供了低成本的融资平台与高效率的运营平台；对于大型核心企业，供应链金融模式降低了整体的供应链成本并探索出新的收入增长点；对于传统的金融机构，供应链金融模式探索出全新的风险管理与流动性管理路径，为利率市场化后的金融机构找到了丰富收入来源的通道。随着供应链金融的发展，物流、信息流与资金流将三流合一，供应链整体的资本结构、资本成本、资金流转周期等有待改善的问题都将获得一个整体解决方案，供应链整体绩效将得到有效提升。

案例链接

供应链金融：紧抓机遇　乘势而上

艾瑞咨询发布的《2023年中国供应链金融数字化行业研究报告》显示，2022年中国供应链金融行业规模达到36.9万亿元，其中应收账款模式占比达60%，预计未来5年中国供应链金融行业规模将以10.3%的CAGR（年均复合增长率）增长，2027年将超60万亿元。数字化渗透率从2018年的5%增长到了2022年的30%，预计2027年将达到50%。

近年来，供应链金融行业受到国家层面的多项政策鼓励，是我国融资结构改革、金融服务实体经济、金融服务中小企业的重要抓手。作为发展供应链金融的重要载体，各类地方大宗商品交易场所应紧抓机遇，发挥自身优势，突破难点痛点，成为数字化战场上的主力军。

在科技发展的驱动下，供应链金融领域创新竞相涌现，金融机构、核心企业、科技企业、供应链服务商等多方都在探索如何结合产业场景，以数字技术将产业链上下游的数以千万计的中小微企业贯通连接。单一的业务模式已无法满足产业规模迅速扩张对效率、资金和资源配置的更高要求。目前，各类地方交易场所正在从以交易为主的业务模式转向集交易、仓储、物流、金融等服务为一体的一站式供应链综合服务平台。其中，金融服务作为中小贸易企业的“强心剂”，是促进交易平台发展的核心业务之一。

资料来源：闫碧洁．供应链金融：紧抓机遇 乘势而上［EB/OL］．期货日报网，2024-03-17.

二、供应链金融的概念

供应链金融是指从供应链产业链整体出发，运用金融科技手段，整合物流、资金流、信息流等信息，在真实交易背景下，构建供应链中占主导地位的核心企业与上下游企业一体化的金融供给体系和风险评估体系，提供系统性的金融解决方案，以快速响应产业链上企业的结算、融资、财务管理等综合需求，降低企业成本，提升产业链各方价值。

供应链金融的本质是通过“资金流”与“供应链”的深度融合，将金融资源精准注入供应链薄弱环节，实现核心企业、中小企业与金融机构的“三方共赢”。其核心在于以交易真实性为基石、以多方协同为纽带、以技术赋能为驱动，构建可持续的供应链生态体系。

三、供应链金融服务的特征

（一）参与主体多元化

供应链金融的参与主体不仅包括传统的信贷模式中的金融机构与融资企业，还包括核心企业和物流企业。作为新增的主体，核心企业和物流企业在供应链金融中发挥着重要的作用。

核心企业为供应链金融提供信用支持，它的运营状况对供应链的运行情况有着至关重要的影响；物流企业则扮演中介者、监管者和信息中心的角色，不仅为中小企业提供专业化、定制化的物流服务，还利用质押物为中小企业做担保。除此之外，物流企业还为银行提供仓储监管、质押价格评估和拍卖等中间服务，充分发挥其在物流管理、资产设备以及人才上的优势，弥补了银行等金融机构在质押物监管等方面技能的缺失。

（二）自偿性、封闭性和连续性的特点

自偿性是指企业还款的来源主要是交易所得的货款，通过操作模式的设计，还款企业的销售收入会自动导入银行的特定账户。封闭性是指银行等金融机构通过设置封闭性贷款操作流程来保证款项专用，借款人不能用于其他用途。连续性是指同类贸易行为在

上下游之间会持续发生，在此基础上的授信行为也可以反复进行。

（三）突破了传统的授信视角

供应链金融的授信针对的是整个供应链，授信方式为“1+N”模式，即围绕核心企业寻找供应链中客户的资金需求。这不仅可以大大降低客户的开发成本，而且可以增加企业对银行的依存程度。此外，供应链金融还改变了银行对中小企业的授信方式，使得中小企业融资的门槛变低。银行等金融机构不再考察中小企业的静态财务报表，而考察其在供应链金融中的交易背景。

（四）风险相对可控

供应链金融服务要求资金进行闭合式运作，也就是第二点所说的封闭性。供应链金融要对资金流、商流和物流进行有效控制，使融资运用合理，限制其运用在可控范围之内，按照具体业务逐笔审核发放，并及时回收与监管未来的现金流，达到风险控制的目标。也就是说，在供应链金融服务过程中，资金流、物流都应该按照合同规定的模式来流动，这无疑减少了风险。

四、供应链金融与传统金融的异同

供应链金融与传统金融都是以满足融资需求为目标，但是供应链金融更为灵活，能够为企业提供个性化的解决方案。传统金融与供应链金融的区别如表 3-2 所示。

表 3-2　传统金融与供应链金融的区别

比较项目	传统金融	供应链金融
模式特点	孤立地关注企业和业务本身。 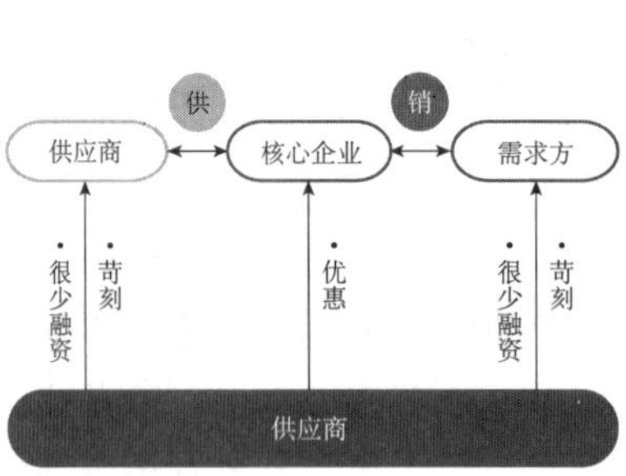	围绕供应链上的核心企业，基于交易过程向核心企业和上下游企业提供综合金融服务。 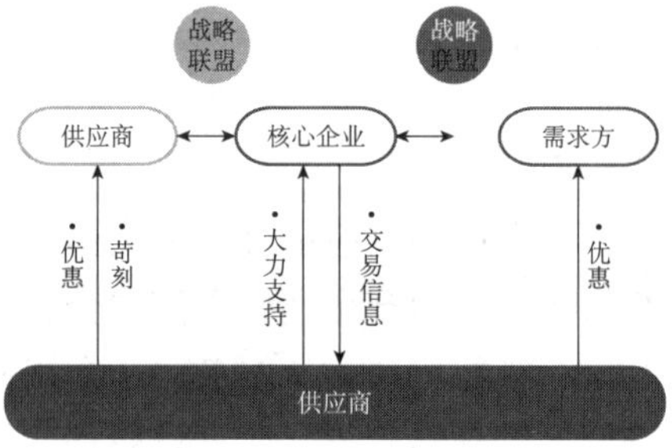
关注点	结果	过程
服务产业	范围较广	实体产业
适用企业规模	以大企业为主	不受企业规模限制，以中小企业居多
保障机制	以授信为保障	以交易数据为保障
授信主体	单个企业	单个或多个企业

续表

比较项目	传统金融	供应链金融
融资渠道	抵押担保、动产抵押	动产抵押、货权质押
融资的及时性	手续多、效率低	高效、及时
达到的效果	解决单个企业的融资困境	盘活整个供应链资产
信息披露	信息披露不充分	闭环交易、信息容易检测
风险对比	道德风险、信用风险高	企业间存在业务合作关系，信用风险低

五、供应链金融的典型商业模式

（一）传统模式：银行＋核心企业

核心企业是关键。商业银行通过核心企业，将服务对象拓展到核心企业上下游的中小企业，拓宽了客户数量，增加了业务空间，优化了信贷结构和盈利模式，并解决了一部分中小企业信贷难的问题。核心企业要有完善的供应链管理体系，对上下游企业建立准入和退出机制，完善奖惩制度，强化与上下游企业的合作关系和信任感。

案例链接

银行＋核心企业的供应链金融模式

招商银行在供应链金融方面的目标定位是“核心客户的核心银行”。在 2024 年 3 月第八届中国供应链金融年会上，招商银行荣获“最佳供应链金融银行”称号。历经 10 余年在供应链金融领域的创新探索，招商银行凭借“行业专业化”经营模式、多样化的产品体系以及“全行服务一家”服务模式，在供应链金融数字化发展的浪潮中稳健前行。招商银行主动融入现代化产业体系建设，助力企业打造健康、稳定的供应链体系，加快形成新质生产力。近 5 年，招商银行供应链金融服务链主及上下游客户超 10 万户，投放金额超 2 万亿元。

在产品体系的建设上，招商银行始终与国家发展步调同频。2023 年 11 月，中国人民银行、金融监管总局等八部门联合印发的《关于强化金融支持举措 助力民营经济发展壮大的通知》特别提出，要鼓励银行业金融机构积极探索供应链“脱核”模式，支持供应链上民营中小微企业开展订单贷款、仓单质押贷款等业务，为核心企业“解绑”。

招商银行在核心企业强确权类型供应链金融产品（国内证、商票、反向保理等）成熟的基础上，积极探索“脱核”模式，分别推出了上游“招链易贷”和下游“经销易贷”产品，进一步优化了客户体验。同时，通过模型创新，实现上下游产业链企业的系统核算，招商银行提升了供应链金融服务方案的完整性与适用性。

多样化的供应链产品体系的建设，得益于招商银行近几年在银企直联、在线风控、审贷模型等诸多金融科技领域的深厚积淀。当前，招商银行正加快从“线上招行”迈向“智慧招行”的步伐，这也将为数字供应链金融发展提供了源源不竭的动力。

（二）物流公司模式

商业银行应对物流公司的业务规模和经营能力进行评估，对资质较好的物流公司直接进行授信，由物流公司直接负责贷款运营和风险管理。物流公司在货物的验收、评估和监管方面具有明显优势，降低了商业银行的贷款风险。

（三）综合电商平台模式

真实的交易数据是核心。电商平台开展供应链金融具有天然的数据优势。企业的真实交易活动在电商平台上完成，电商平台累积了大量、连续的历史交易数据，包括交易对手的履约情况等。贷款发放和还款形成资金闭环，贷款资金流向与交易行为一致，还款来源明确，通过互联网第三方支付完成结算。电商平台模式的资金来自商业银行或者自有资金等。

案例链接

京东的供应链金融

京东的优势在于电子商务平台和物流网络体系，供应链金融业务包括订单融资、入库单融资、应收账款融资、委托贷款以及京保贝等。其中京保贝是京东金融推出的保理融资业务，资金来自京东自有资金，随借随贷，无须抵押担保，贷款额度基于长期贸易往来及物流活动产生的大数据。前提是长期合作、交易质量稳定。该产品门槛低、效率高，京东的供应商凭采购、销售等数据，短时间内即可完成从申请到放款的全过程，从而有效地提高企业资金周转能力。

（四）第三方供应链金融服务平台模式

这是指通过搭建第三方平台，将核心企业、商业银行、保理公司、担保公司、征信机构、增信机构连接在一起，横向一体化，形成供应链金融的生态圈。优质的应收账款资产通过第三方平台对接各资金方，包括商业银行、资产证券化通道和互联网金融平台等。第三方供应链金融服务平台模式采用增信手段将应收账款资产标准化，从而获得更好的流动性。

六、供应链金融的融资模式

供应链金融的融资模式主要有以下几种：

（一）**应收账款融资**

在上游企业对下游企业提供赊销，导致销售款回收放缓或大量应收账款回收困难的情况下，上游企业因资金周转不畅而导致阶段性的资金缺口，上游企业可以通过应收账款进行融资。应收账款融资模式是指上游企业为获取资金，以其与下游企业签订的真实合同产生的应收账款为基础，向供应链企业申请以应收账款为还款来源的融资。

应收账款融资在传统贸易融资以及供应链贸易融资过程中均属于较为普遍的融资方式，通常银行作为主要的金融平台，在供应链贸易业务中，供应链贸易企业在获得保理商相关资质后亦可充当保理商的角色，所提供的应收账款融资方式对于中小企业而言更为高效、专业，可省去银行的繁杂流程且供应链企业对业务各环节更为熟知，同时在风控方面更具针对性。

（二）**存货融资**

存货融资是指以贸易过程中货物进行抵质押融资，一般发生在企业存货量较大或库存周转较慢，导致资金周转压力较大的情况下，企业利用现有货物筹措资金。随着参与方的延伸以及服务创新，存货融资主要表现为以下三种方式：

1. 静态抵质押

供应链企业以自有或第三方合法拥有的存货为抵质押的贷款业务。供应链企业可委托第三方物流公司对客户提供的抵质押货品实行监管，以汇款方式赎回。供应链企业通过静态货物抵质押融资盘活积压存货的资金，以扩大经营规模，货物赎回后可进行滚动操作。静态抵质押业务流程如图 3－2 所示。

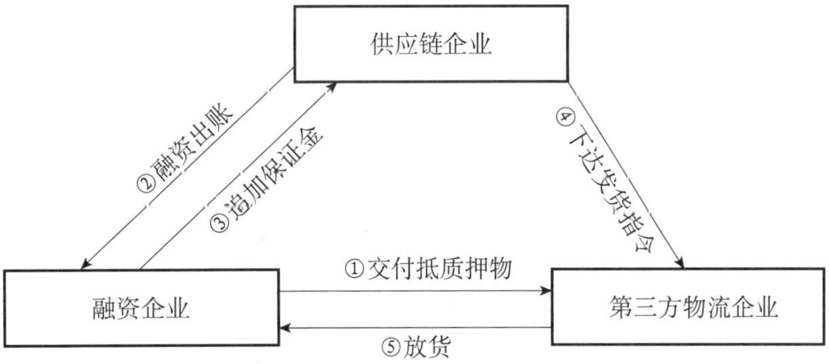

图 3－2　静态抵质押业务流程

2. 动态抵质押

供应链企业可对用于抵质押的商品价值设定最低限额，允许限额以上的商品出库，企业可以货易货，一般适用于库存稳定、货物品类较为一致以及抵质押货物核定较容易的企业，由于可以以货易货，因此抵质押设定对于生产经营活动的影响较小，对盘活存货作用较明显，以货易货的操作通常可以授权第三方物流企业进行。动态抵质押业务流程如图 3-3 所示。

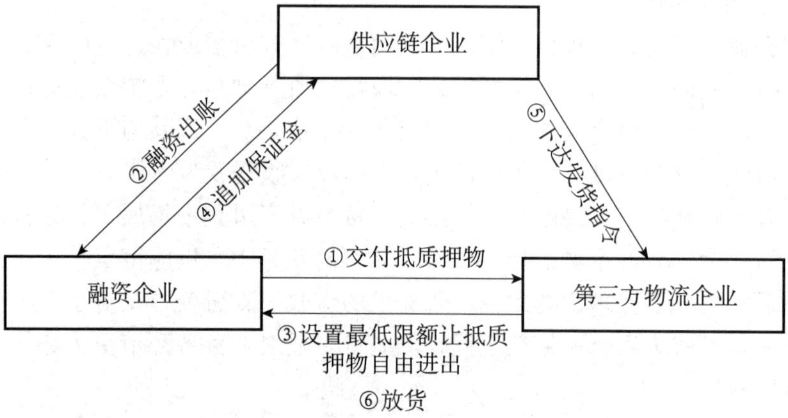

图 3-3 动态抵质押业务流程

3. 仓单质押

仓单质押分为标准仓单质押和普通仓单质押，区别在于质押物是否为期货交割仓单。其中，标准仓单质押是指企业以自有或第三人合法拥有的标准仓单为质押的融资业务，适用于通过期货交易市场进行采购或销售的客户以及通过期货交易市场套期保值、规避经营风险的客户，手续较为简便、成本较低，同时具有较强的流动性，可便于对质押物的处置。标准仓单质押业务流程如图 3-4 所示。

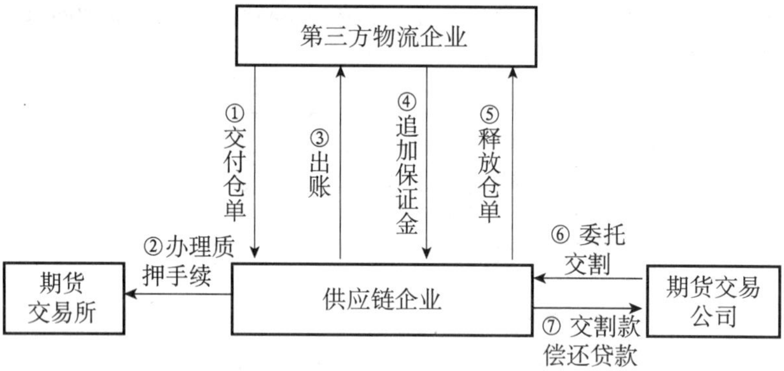

图 3-4 标准仓单质押业务流程

普通仓单质押是指客户提供由仓库或第三方物流提供的非期货交割用仓单作为质押物，并对仓单作出融资出账，具有有价证券性质，因此对出具仓单的仓库或第三方物流公司资质要求很高。

从目前的市场情况来看，在存货融资过程中，供应链企业为避免因市场价格波动或其他因素导致库存积压，在库存环节单纯就库存商品对中小企业进行库存融资的情况较少，更多的是在采购或者销售阶段得益于整体供应链条环节紧扣就可对库存进行控制，因此，中小企业更多地通过其他渠道进行库存融资。

此外，一般供应链业务中因上下游的协调配合，库存周转较快，单独以库存融资情况相对传统贸易融资情况少。

（三）预付款融资

在存货融资的基础上，预付款融资得到发展。在买方缴纳一定保证金的前提下，供应链企业代为向卖方议付全额货款，卖方根据购销合同发货后，货物到达指定仓库后设定抵质押为代垫款的保证。

由于在产品销售较好的情况下，库存周转较快，因此资金多集中于预付款阶段，预付款融资时间覆盖上游排产以及运输时间，有效缓解了流动资金压力，货物到库可与存货融资形成“无缝对接”。

在具体操作过程中，中小企业、上游企业、第三方物流企业以及供应链企业共同签订协议，一般供应链企业通过代付采购款方式对融资企业融资，购买方直接将货款支付给供应链企业。

预付款融资方式多用于采购阶段，其担保基础为购买方对供应商的提货权。目前国内供应链贸易企业中常用的方式为先票/款后货贷款。先票/款后货贷款业务流程如图 3-5 所示。

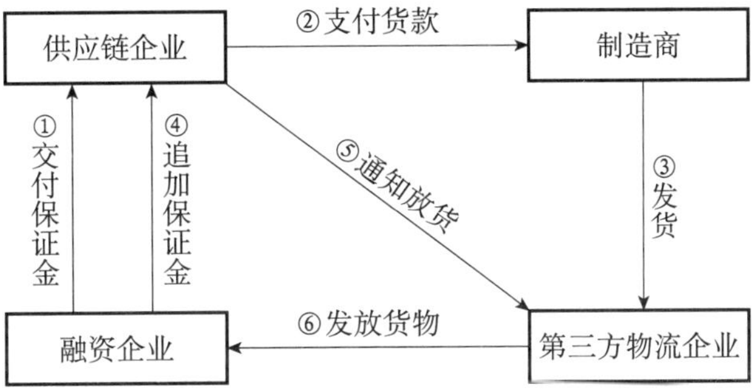

图 3-5　先票/款后货贷款业务流程

任务三　供应链商业模式创新

微课

供应链商业模式创新

问题引导

在当前的商业环境中，如何通过创新供应链商业模式来提升企业的竞争力和市场响应速度？

在当前商业环境中，创新供应链商业模式对于提升企业竞争力和市场响应速度至关重要。供应链企业可以通过优化供应链管理、借助先进的科技手段、构建多元化的供应商体系，增强供应链的灵活性和抗风险能力，这是供应链企业在复杂多变的市场环境中保持竞争力的关键。

一、传统供应链管理面临的挑战

（一）数字化转型的压力

随着物联网、区块链、人工智能等新兴技术的普及，企业需要投入大量资源进行技术引进和整合，以实现数字化转型。数字化转型使得数据成为供应链管理的核心资产，但如何有效地收集、存储、分析和利用这些数据成为企业面临的难题。

（二）供应链透明度的提升

新兴技术使得供应链各环节的信息更加透明，但同时带来了隐私保护的问题。如何在保证信息透明度的同时保护商业秘密和客户隐私成为企业需要权衡的问题。此外，供应链中的信息可能存在虚假或误导性，如何确保数据的真实性和准确性成为企业面临的挑战。

（三）供应链复杂性的增加

新兴技术推动了供应链的全球化发展，使得供应链变得更加复杂和多样化。企业需要处理来自不同国家和地区、不同文化和法律背景下的合作伙伴关系。自 2018 年起，贸易保护主义抬头和贸易大国之间的矛盾激化，原有的全球贸易规则和体系正在解体和重构，全球产业合作模式改变，必将推动全球供应链的深度变革。企业需要对征收关税做好准备和应对，在全球范围内进行资源调配，这增加了供应链管理的难度和成本。

（四）风险管理的难度加大

自然灾害如台风、地震、洪水等不可抗力事件可能导致供应链中断和延误，增加企业的运营风险。随着网络攻击和黑客活动的增加，供应链安全成为企业需要关注的重点。如何保障供应链中的信息安全和物理安全成为企业面临的挑战。

（五）可持续性要求的提高

近年来，消费者对环保产品的需求增加，要求企业在供应链管理中注重环境保护和可持续发展。这就要求企业采取绿色采购、节能减排等措施来降低对环境的影响。

（六）协作与协调的挑战

供应链涉及多个环节和多方参与者，需要协调各方利益和合作关系。新兴技术虽然提供了更好的协作工具和平台，但是增加了协调的难度和复杂性。

二、供应链商业模式创新的战略

供应链商业模式创新是指企业通过对供应链运营过程中的商流、物流、信息流和资金流四种价值流要素的管理创新，实现更高价值的过程。

根据供应链企业对“四流”的运营管理进行商业模式创新定位的不同，相应形成了以“四流”为核心的四种创新战略。

（一）物流管理创新战略

以管理物流为核心的商业模式创新表现在供应链企业通过重新设计内外部相关利益者的交易结构，优化内部的流程管理和组织管理等战略举措来提高物流服务的效率，降低相关物流成本。供应链企业进行物流管理创新是为了提升物流运营的竞争力，包括通过硬件设施的规模化降低边际成本，通过整合不同的交易者设计敏捷的运营流程来提高效率，并且创新出新的管理模式以降低管理成本等，业界由此衍生出敏捷供应链模式。

（二）信息流管理创新战略

以管理信息流为核心的商业模式创新是指供应链企业通过创新各类信息管理模式、应用方案以及运营系统，对产业链中的运营信息资源进行处理、整合、分解和应用，以解决产业链中不同企业间的信息不对称、信息交换以及处理等问题。供应链企业对信息流的管理需要拥有特定或专业的供应链运营解决方案和系统的设计能力，部分供应链企业由于专注于系统解决方案，而转型为第四方物流服务提供商。

（三）商流管理创新战略

供应链企业对商流的管理在运营服务上表现为供需双方提供交易机会和信息乃至提供交易协商的平台，最后促进双方交易过程的管理。供应链企业作为交易双方的服务者和撮合者，由于其拥有广泛的服务对象和可传递信息的系统平台，可以为多方提供准确、快捷的交易需求信息，从而撮合多方交易，获得更高的服务收入。近年来，开展B2B、B2C业务模式的各类电子商务交易平台所提供的线上交易商流管理服务，推动着传统的线下交易模式为降低交易成本和提升交易效率而进行大规模的商业模式创新。

（四）资金流管理创新战略

对资金流的管理表现为供应链企业通过引入金融机构和构建系统投融资平台，盘活滞留在供应链运营相关渠道中的货物价值或存量资金，利用资金进行周转从而获得更高收益。以管理资金流为核心的商业模式创新已日趋成熟，多数供应链企业已经开展此项服务，其中尤其以与金融机构合作开展的供应链金融业务模式应用最为广泛。

案例链接

日日顺供应链服务的创新力

2024年9月10日，第五届中国供应链管理年会于厦门举行，大会同步发布“全国供应链创新与应用典型案例”名单。日日顺供应链凭借自身在数智化领域中展现出的创新与赋能价值，成为18个入选案例之一，获评“全国供应链创新与应用典型案例”，进一步凸显出行业对其在数智化方面创新实践的认可。

日日顺供应链在数智化供应链管理行业中创新探索与实践的示范效应带动上下游企业共同参与供应链创新，共创共赢。日日顺供应链深刻洞察行业发展趋势，一方面积极运用互联网、大数据、人工智能等现代信息技术，建立起以数字化为基础的运营管理能力，实现仓储、运输、末端服务等供应链不同作业环节之间的高效衔接及协同；另一方面顺应现代物流及供应链管理服务的发展趋势，通过产品、服务内容的创新不断打造贴近客户需求的供应链产品及服务，支持产业转型升级。

智能仓储建设

日日顺供应链目前已在青岛、杭州、佛山、南昌等地布局了多座智能仓，特别是在位于即墨的全国首个大件智能无人仓中，凭借全景智能扫描站、关节机器人、龙门拣选机器人等多项定制智能设备，以及5G和视觉识别、智能控制算法等人工智能技术的综合运用，实现了24小时不间断作业，每日自动进出库大件商品超过2万件，显著提升了运营效率。

服务方案创新

基于大件消费品的物流及供应链需求具有高频次、碎片化、高时效、全流程的复杂特点。日日顺供应链以“库存共享”及“从用户最佳体验出发”创新性地推出“统仓统配”的服务方案并持续巩固“送装一体”服务优势。如“统仓统配”服务方案就能够帮助行业客户解决在线上线下全渠道融合过程中不同渠道之间的库存信息不对称问题，进而实现对信息流、商流及资金流的合理规划。

如今，供应链数字化物流上游的改造和效率提升，供应链数字化物流服务趋向进一步提质增效。随着数字化转型的不断深入，日日顺供应链持续开展数智供应链建设，在推动供应链上下游企业的协同发展的同时，也将助力行业构建更加高效、智能的现代供应链体系。

资料来源：佚名．创新引领铸就行业标杆[EB/OL]．东方网，2024-09-11.

任务四　绿色供应链

问题引导

在追求可持续发展的当下，企业如何构建绿色供应链以实现经济效益与环境保护的双赢？

绿色供应链将环境保护、资源节约和健康安全理念贯穿于企业生产的全过程，是绿色制造的重要内容和核心环节。构建绿色供应链，企业需要从源头做起，选择环保材料，优化生产工艺，减少能源消耗和废弃物排放。同时，与供应商建立绿色合作关系，共同推动环保标准的实施。在物流环节，采用低碳运输方式，如电动或混合动力车辆，减少碳排放。此外，利用先进的信息技术提高供应链透明度，实现资源的有效配置和循环利用。通过这些措施，企业不仅能提升品牌形象，还能实现经济效益与环境保护的双赢。

微课

绿色供应链

一、绿色供应链的发展背景

党的十八大以来，党中央、国务院、各部委以及地方各级政府对绿色供应链促进制造业绿色高质量发展的催化作用予以高度重视，先后印发了一系列文件，从绿色供应链各个环节入手引导企业重视并积极参与绿色供应链建设，强化供应链管理。重点行业、龙头企业率先进行绿色供应链管理实践。我国推行绿色供应链，从顶层设计入手，围绕制定规划、完善标准体系、开展试点示范、建立公共平台、规范第三方服务、加强社会参与等方面做了大量工作。我国正式成立了中国绿色供应链联盟，出台了《绿色制造—制造企业绿色供应链管理导则》《绿色供应链管理评价要求》等标准和评价文件。截至 2025 年 7 月，国家层面累计培育绿色供应链管理企业 120 余家；绿色供应链国际合作有序开展，建立了"一带一路"绿色供应链合作平台。中国的绿色供应链正在融入全球，并且成为全球供应链中的重要一环。

二、绿色供应链的概念

依据国家质量监督检验检疫总局（现为国家市场监督管理总局）、国家标准化管理委员会发布的《绿色制造—制造企业绿色供应链管理导则》，绿色供应链是在传统供应链基础上，将绿色制造、产品生命周期管理和生产者责任延伸理念融入企业业务流程，综合考虑企业经济效益与资源节约、环境保护、人体健康安全要求的协调统一的供应链系统。实施绿色供应链管理是提升企业竞争力，实现企业绿色可持续发展的有效途径。

绿色供应链管理是供应链管理技术在绿色制造中的具体应用，是一种以绿色制造理论和供应链管理技术为基础，综合考虑环境影响和资源效率的现代管理模式。绿色供应链管理的最终目标是对环境的副作用最小、资源利用率最高。绿色供应链管理从本质上来说就是在实施供应链管理的同时注重对环境的保护，强调环境与经济的协调发展。

三、绿色供应链管理的内容

绿色供应链管理的内容涉及供应链的各个环节，包括绿色采购、绿色设计、绿色生产、绿色物流、绿色销售、绿色回收等。

（一）绿色采购

企业应尽量选择环保的材料作为原料，从而敦促上游供应商采用对环境友好的技术、材料和生产手段。

（二）绿色设计

绿色设计又称生态设计、生命周期设计，是一种全新的设计理念，是指在设计阶段，着重考虑产品全生命周期的环境属性，包括节能性、可拆卸性、使用寿命、可回收性、可维护性和可重复利用性等。

（三）绿色生产

在产品的生产工艺流程中，企业应通过技术创新、提升管理能力来提高资源和能源利用率；同时，企业应最大限度地避免或减少对人和环境的危害，包括减少辐射、噪声、有害气体及液体排放等。

（四）绿色物流

在整个物流活动中企业应尽量减少有害物质的产生，并使资源得到最充分的利用，关键环节是运输和仓储。企业应通过合理规划、技术创新等方式来降低运输和仓储能耗，提升效率。

（五）绿色销售

通过缩短分销渠道，如采用线上销售，企业可减少分销过程中造成的资源浪费和环境影响。此外，企业应引导消费者树立可持续消费观，选择绿色产品，注重垃圾处理与回收。

（六）绿色回收

企业应综合考虑产品、零部件及包装等的回收处理成本与回收价值，确定最佳回收处理方案，使得绿色供应链形成闭环。

四、企业实施绿色供应链管理的意义

在政策的引导和支持下，融供应端、物流端和消费端为一体的绿色供应链将使传统供应链管理运作方式发生重大变革，也为企业高质量发展带来机遇。企业实施绿色供应链管理的具体意义可归纳为以下几点：

（一）在成本管理方面

企业构建绿色供应链可以减少资源消耗、提升资源的循环利用率，从而降低运营成本和风险。

（二）在产品管理方面

绿色产品将为企业客户带来绿色收益，有助于赢得客户长远信任。因此，企业可通过建立绿色供应链体系，结合低碳理念丰富企业产品组合，提高市场竞争力。

（三）在企业品牌形象方面

建立绿色供应链有助于企业打造低碳文化，传递安全可靠、重视社会责任的形象，保持品牌的市场影响力和活力。

（四）在全球竞争方面

世界上很多国家相继设立环保法规，企业构建绿色供应链有助于规避绿色贸易壁垒，提升全球竞争力。

五、绿色供应链实施路径

（一）明确目标与范围

1. 确定目标

企业需要明确自己的绿色供应链管理目标，这些目标应符合企业的战略规划，并考虑到环境保护责任和社会责任。目标包括减少碳排放、提高资源利用效率、推广环保产品等。

2. 界定范围

企业应明确绿色供应链管理的范围，涵盖从原材料采购、生产、物流、销售到产品回收的全链条。

（二）评估与准备

1. 风险评估

企业应对现有的供应链进行环境保护责任和社会责任风险评估，识别潜在的风险点和改进机会。

2. 内部管理准备

企业应建立专门的绿色供应链管理机构和体系，负责计划的制订、实施和监控。同时，企业应对员工进行环境保护责任和社会责任培训，提高全员环保意识。

（三）制订绿色供应链管理计划

1. 制订计划和目标

企业应根据前期评估结果，制定具体的绿色供应链管理计划和目标，包括行动方案、时间表和预算等。

2. 确定关键供应商

企业应识别并确定在供应链中具有重要地位的关键供应商，与其建立合作关系，共同推进绿色供应链建设。

3. 设定指标与考核体系

企业应确立绿色供应链管理的关键绩效指标（KPIs），如节能减排、资源利用率、环保投入等，并建立相应的考核体系。

（四）实施绿色供应链管理计划

1. 加强供应商管理

企业应对供应商进行环境保护责任和社会责任审核，推动供应商提升环境绩效。同时，企业应与供应商共同制定环保措施，如使用环保材料、优化生产流程等。

2. 实施环保措施

企业应在内部实施一系列环保措施，如节能减排、资源回收利用、清洁生产等。同时，企业应推广环保产品和技术，提高市场竞争力。

3. 监测与评估

企业应建立绿色供应链管理的监测与评估机制，定期对实施效果进行监测与评估，根据评估结果及时调整和完善相关措施。

（五）持续改进与优化

1. 总结经验与教训

企业应对绿色供应链管理实施过程中的经验和教训进行总结和反思，为未来的改进提供参考。

2. 持续优化

企业应根据市场变化、技术进步和环保要求的变化，不断优化绿色供应链管理的策略和措施。

3. 推动行业合作

企业应积极参与行业内的绿色供应链合作与交流，共同推动行业的绿色转型和可持续发展。

案例链接

华为公司如何实施绿色供应链

一、绿色供应链管理顶层设计

1. 绿色供应链发展规划

华为公司注重可持续的产品与解决方案，将生态设计和循环经济要素纳入产品全生命周期管理，并建立循环经济商业模式，开展循环经济实践，实现资源可持续利用。

2. 绿色供应链管理机构

华为公司成立了可持续发展委员会，委员来自研发、制造、采购、人力资源、交付等部门，引导公司走可持续发展之路。

二、开展绿色供应链管理

1. 推行绿色采购

华为公司建立了绿色采购认证管理体系，对采购的产品和服务进行绿色认证，不采购违反环保法律法规企业的产品或服务。华为公司将供应商的可持续发展绩效与采购份额、合作机会挂钩。对于绩效表现好的供应商，在同等条件下华为公司会优先采购这些供应商的产品或服务。

2. 开展绿色供应链管理试点

2014 年，华为公司实施了“深圳市绿色供应链”试点项目，提出以市场为导向的绿色供应链模式，通过节能、环保改造提升企业市场竞争力。

3. 开展绿色供应商管理

华为公司的绿色供应商管理分为供应商选择、绩效评估、合作三方面内容。在绩效评估过程中，华为公司建立了问题处理和退出机制。在供应商选择过程中，华为公司将可持续发展要求纳入供应商认证和审核流程，所有正式供应商都要通过供应商认证。

三、实施成效

在绿色采购方面，华为公司积极与客户、行业协会、政府环保部门、民间环保组织等利益相关方进行沟通，持续提升绿色供应链透明度，连续多年被公众环境研究中心（IPE）评为绿色供应链国内品牌第一名。

资料来源：佚名．华为如何实施绿色供应链［EB/OL］．中国绿色供应链联盟官网，2021－12－02．

素养提升

供应链管理者的时代使命：在数字与绿色的浪潮中锻造未来竞争力

这是一个供应链革命的时代！当 AI 算法以毫秒级速度预测全球市场需求，当数字孪生技术让万里之外的库存尽在掌握，当绿色标准成为国际贸易的“通行证”时，供应链管理正经历着前所未有的深刻变革。作为新时代的供应链管理者，我们不仅面临着技术迭代的挑战，更肩负着推动产业升级、实现可持续发展的时代使命。

在数字化浪潮中，被动等待就意味着被淘汰。智慧供应链的先行者们已经用行动告诉我们，掌握物联网、大数据、人工智能等前沿技术，已不再是加分项，而是生存发展的必备技能。我们应该拥抱技术变革，将创新思维融入供应链的每个环节，用数字化的力量重构业务流程，在智慧供应链的赛道上抢占先机。可持续发展不是负担，而是新的竞争力源泉。让我们从每个采购决策做起，从每次运输优化着手，将绿色理念贯穿供应链全生命周期，为子孙后代留下更美好的地球家园。

面向未来，供应链管理需要平衡技术创新、安全韧性和可持续发展等多重目标。这要求管理者既要把握数字化机遇，又要构建稳健的供应链体系，同时践行绿色发展理念。供应链的价值重构将持续推动产业升级和商业创新。

项目小结

本项目主要讲述了供应链服务与创新，包含智慧供应链、供应链金融服务、供应链商业模式创新、绿色供应链等内容。通过努力学习，相信你已经获得了丰厚的回报，初步掌握了供应链服务和发展新趋势，希望你能秉持创新理念，不断精进求索。

赛证链接

供应链运营 1+X 证书（中级）部分考试题目

1. ［单选题］供应链管理利用（　　）全面规划供应链中的商流、物流、信息流、资金流等，并进行计划、组织、协调与控制。

A. 微电子技术　　B. 多媒体技术

C. 光纤和卫星通信技术　　D. 计算机网络技术

2. ［多选题］为了摆脱传统的生产与经营模式，企业采取了许多先进的单项制造技术和管理方法，如计算机辅助设计和（　　）。

A. 准时生产制　　B. 制造资源计划（MRPⅡ）

C. 顾客跟踪制　　D. 柔性制造系统

E. 绿色制造

3. ［多选题］数据仓库的技术结构包括以下几个部分？（　　）

A. 信息的获取和储存　　B. 数据的转换和集成

C. 数据的可视化和展示　　D. 现场维修管理

E. 服务台管理

4. ［单选题］以下哪种融资模式不是供应链金融的常见形式？（　　）

A. 预付款融资　　B. 应收账款融资

C. 存货质押融资　　D. 个人消费贷款

5. ［单选题］以下哪种说法不符合供应链金融的特点？（　　）

A. 还款来源自偿　　B. 操作封闭且风险可控

C. 融资过程完全依赖核心企业信用　　D. 特定授信用途

课后测评

一、单选题

1. 智慧供应链系统如何帮助企业应对市场变化？（　　）

A. 通过增加库存来减少缺货风险　　B. 依赖传统的人工预测方法
C. 实时分析数据并快速调整策略　　D. 忽视市场趋势，保持现状
2. 以下哪项不是智慧供应链管理的优势？（　　）
A. 提高供应链透明度　　B. 加速决策过程
C. 增加运营成本　　D. 提升客户服务质量
3. 在智慧供应链中，RFID 技术主要用于实现什么功能？（　　）
A. 货物实时追踪　　B. 库存自动化管理
C. 预测市场需求　　D. 供应链金融风险管理
4. 以下哪项不属于供应链服务创新可能带来的好处？（　　）
A. 缩短产品上市时间　　B. 增加不必要的复杂性
C. 提高库存周转率　　D. 增强供应链的可视性
5. 绿色供应链的核心价值观是什么？（　　）
A. 最大化股东利益　　B. 可持续发展
C. 最小化生产成本　　D. 最大化市场份额

二、判断题

1. 在绿色供应链管理中，频繁更换生产设备有助于提升供应链的整体环保绩效。（　　）
2. 环保实践和可持续性是企业实施绿色供应链时筛选合作伙伴的重要考量因素。（　　）
3. 供应链金融只能为大型企业提供融资服务。（　　）
4. 供应链金融 2.0 时代是线下业务虚拟化的阶段。（　　）
5. 在供应链金融中，物流企业只扮演“中介者”的角色。（　　）

三、思考题

1. 什么是供应链金融？它具有哪些特点？
2. 供应链金融的融资模式有哪些？
3. 与传统供应链相比，智慧供应链具有哪些优势？
4. 绿色供应链的实施内容有哪些？

实践能力训练

实训内容：登录供应链管理仿真实训平台，模拟智能音箱供应链的运营，针对供应链运营中出现资金短缺等经营困境，试分析供应链各级企业如何应用供应链金融予以解决。

实训目的：运用所学知识，解决供应链管理仿真实训平台中的供应链企业资金短缺困境，进而掌握供应链金融的商业模式和融资模式等知识。

实训材料：供应链管理仿真实训平台、电脑。

实训要求：

1. 小组成员分工协作，模拟智能音箱产品的供应链运营；
2. 分析运营企业的财务状况及融资需求；
3. 分析运营企业可以采用何种供应链金融商业模式以及融资模式；
4. 结合以上内容，撰写供应链金融实施方案。

实训步骤：

步骤 1：登录供应链管理仿真实训平台。

步骤 2：分析运营企业的财务状况及融资需求。

步骤 3：制定运营企业的融资策略。

步骤 4：撰写供应链金融实施方案。

步骤 5：教师总结和评价各小组的案例分析报告，并提出相应的指导建议。

职业核心能力测评

职业核心能力	评价指标	自测结果
自我管理能力	1. 培养自己的责任心 2. 能够管理自己的时间 3. 所学知识的灵活运用	A [ ]　B [ ]　C [ ] A [ ]　B [ ]　C [ ] A [ ]　B [ ]　C [ ]
合作交流能力	1. 知道如何尊重他人的观点 2. 能够与他人有效沟通 3. 能够获取信息并反馈信息	A [ ]　B [ ]　C [ ] A [ ]　B [ ]　C [ ] A [ ]　B [ ]　C [ ]
解决问题能力	1. 能够有效使用信息资源 2. 能够客观分析事物的现状 3. 能够发现并解决常规问题	A [ ]　B [ ]　C [ ] A [ ]　B [ ]　C [ ] A [ ]　B [ ]　C [ ]
设计创新能力	1. 能够提出有价值的观点 2. 能够运用不同的思维方式 3. 能够制定创新方案并实施	A [ ]　B [ ]　C [ ] A [ ]　B [ ]　C [ ] A [ ]　B [ ]　C [ ]
	学生签字：	教师签字：

项目四
构建供应链

学习目标

- 构建供应链
  - 知识目标
    - 熟悉典型供应链结构模型
    - 掌握基于产品的供应链设计策略
    - 了解延迟策略
    - 熟悉QR、ECR等供应链管理方法
    - 理解供应链失调和“牛鞭效应”
  - 技能目标
    - 能够分析企业内外部环境并确定供应链结构
    - 能够根据产品类型进行供应链设计
    - 能够找出供应链失调原因，并采用合适的方法予以解决
    - 能够根据综合分析结果，选择合适的供应链管理方法
  - 素养目标
    - 树立开放共享、合作共赢的理念
    - 具备强烈的市场意识和敏锐的洞察力

内容框架

- 构建供应链
  - 认识供应链结构
    - 供应链链状结构模型
    - 供应链网状结构模型
  - 供应链设计
    - 供应链设计的概念和意义
    - 供应链设计应考虑的因素
    - 供应链设计的原则
    - 供应链设计的内容
    - 供应链设计的策略
  - 供应链管理方法
    - 快速反应（QR）
    - 有效客户反应（ECR）
    - 作业成本法
  - 供应链失调
    - 供应链失调和“牛鞭效应”的概念
    - 供应链失调的原因
    - 供应链失调的影响
    - 供应链失调的解决方法

游戏导入

啤酒游戏

1. 游戏规则

可通过微信扫描右侧二维码登录啤酒游戏界面。

微信扫码关注

(1) 货物归属：

当前角色发货后，货权即刻归属于下游方，存货成本也相应归属于下游方。上游方发货后，货权即刻归属于当前角色，存货成本也相应归属于当前角色，但是未到货的货量不允许发货。

(2) 计费规则：

销售收入：当前角色向下游方发货后，即获得与发货箱量对应的销售收入。

采购成本：上游方向当前角色发货后，即支付与上游方发货箱量对应的采购成本。

存货成本：当前角色的库存箱量对应的存储成本（包含上游方已经发货且未抵达的货物数量），1 元/周×箱数。

缺货成本：下游方向当前角色的订货总箱量扣减已经发货箱量为本周缺货箱量（包括本周发货箱量），4 元/周×缺货箱数。

注：销售收入与采购成本的差价为 20 元/箱。

2. 游戏参数设置

在“游戏参数设置”界面，进行游戏参数设置：

(1) 游戏人数设置：可根据参与游戏人数设置供应链长度。

(2) 客户需求曲线：系统提供了四种市场模型，建议初学者从平稳性开始。

(3) 供应链信息透明模式：该选项设置后，游戏过程中所有角色的库存、订货、到货信息均共享给所有角色。

(4) 游戏时间设置：根据参与者的熟练程度，可选择以 30 秒或 60 秒为一周的执行时间。目前可设置的总执行周数范围为 10～30 周。

完成以上内容设置后，点击“创建游戏”按钮，即可完成游戏创建。

【小结】啤酒游戏还原了供应链失调导致的“牛鞭效应”场景，给参与者以下启示：首先，加强信息沟通和共享是提高供应链效率的关键；其次，理解和应对“牛鞭效应”，通过更精确的需求预测和管理来减少库存和缺货问题；最后，培养系统化的思考方式和结构性解决问题的能力，以应对供应链中的复杂问题。

任务一　认识供应链结构

微课

认识供应链结构

问题引导

如何准确认识供应链结构?

在全球化贸易日益紧密的今天，如何全面、深入地认识一个复杂供应链的结构，包括其上游供应商、中游制造商、下游分销商及最终用户的连接模式?

一般而言，供应链结构模型包括链状结构（分静态链状结构和动态链状结构）、网状结构以及石墨层状结构等几种模型。其中，链状结构和网状结构是较常见的供应链结构模型。

一、供应链链状结构模型

结合供应链的定义与结构，不难发现链状结构相较于其他结构更简单。当供应商、制造商、分销商、零售商和用户在一条线上时，就形成供应链的链状结构。原材料来自供应商，经过采购、供应、生产、分拨、配送，产品到达用户。供应链链状结构模型如图 4－1 所示。

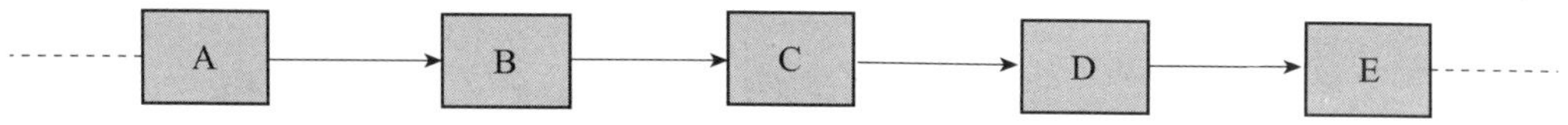

图 4－1 供应链链状结构模型

如果将满足用户需求的各个环节都抽象成一个个节点，则众多的节点连接起来就形成供应链。链状供应链结构的缺陷明显，企业不仅面临供应中断的风险，不利于产品快速、大幅度覆盖市场，还存在信息的扭曲与失真，因而在实务中很少有企业采用，除非是为了加强对供应链的控制。

（一）供应链的方向

在供应链上除了流动着物流、商流和信息流外，还存在资金流。物流的方向一般是从供应商流向制造商，再流向分销商。在特殊情况下如产品退货，产品在供应链上的流向与上述方向相反。我们依照物流的方向来定义供应链的方向，以确定供应商、制造商和分销商之间的顺序关系。为方便分析，产品退货、损坏返修等非正常情况予以省略。图 4－1 的箭头方向即表示供应链的物流方向。

（二）供应链的级别

在链状结构模型中，假如将 C 点定义为制造商，则 B 为 C 的一级供应商，A 为 C 的二级供应商；同样，D 为 C 的一级分销商，E 为 C 的二级分销商，以此类推。通常而言，企业可能有多级供应商或多级分销商，这与企业所在的行业及企业管理者对供应链的设计有关。了解多级供应商和多级分销商的概念，有利于从整体上把握供应链的运行状况。

二、供应链网状结构模型

事实上，在一个行业中同类企业往往不止一家，如链状结构模型中 C 的同业竞争者可能有 $C_1 \cdots C_n$ 等 n 家，C 的供应商也可能不止一家，而是有 $B_1 \cdots B_n$ 等 n 家，分销商也可能有

$D_1 \cdots D_n$等n家。于是链状结构就演变成了网状结构，如图 4－2 所示。

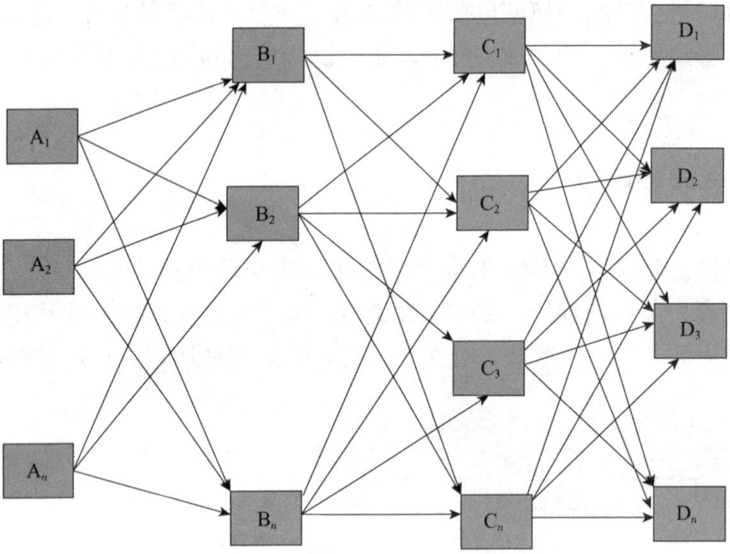

图 4－2　供应链的网状结构模型

网状结构模型更能说明企业经营运作中产品的复杂供应关系。从图 4－2 不难看出，供应链不是一条单一的链条，供应链中包含原材料供应商、制造商、批发商、分销商、配送中心、承运人和最终用户等参与主体。供应链网络中的企业并非独立地运作，因业务联系而形成很多交叉点，交叉的程度因行业企业而异。

下面以服装企业供应链为例，说明供应链的网状结构（见图 4－3）。

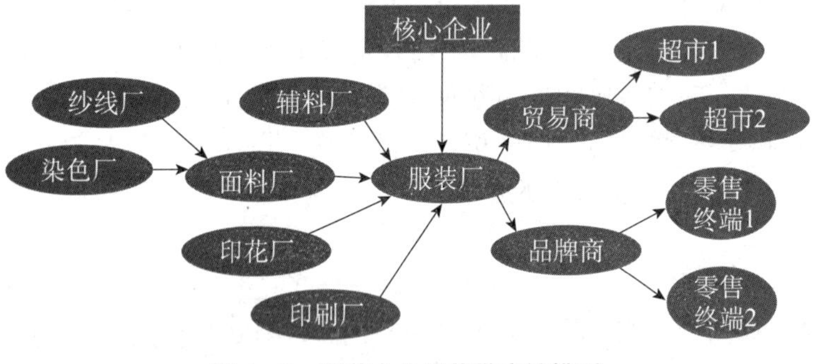

图 4－3　服装企业网状供应链模型

在网状结构模型中，各参与体之间存在着联系，这些联系有强有弱，并且总在不断地变化。网状结构模型更有利于我们对供应链的整体把握。相对于链状结构模型而言，网状结构模型更为复杂。

（一）入点和出点

在网状结构模型中，物流以有向流动的方式从一个节点流向另一个节点。物流从特定节点处补充流入，并从其他节点处分流流出。我们将这些物流进入的节点称为入点，将物流流出的节点称为出点。出点相当于矿山、油田、橡胶园等原始材料提供商，入点相当于用户。图 4－4 中 A 节点为出点，F 节点为入点。

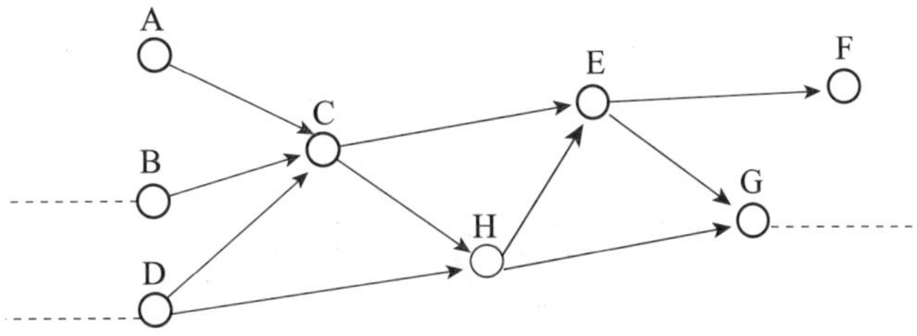

图 4－4　出点和入点

对于有的厂家既为入点又为出点的情况，出于对网链表达的简化，将代表这个厂家的节点一分为二，变成两个节点：一个为入点，一个为出点，并用实线将其框起来。如图 4－5 所示，A_1 为出点，A_2 为入点。

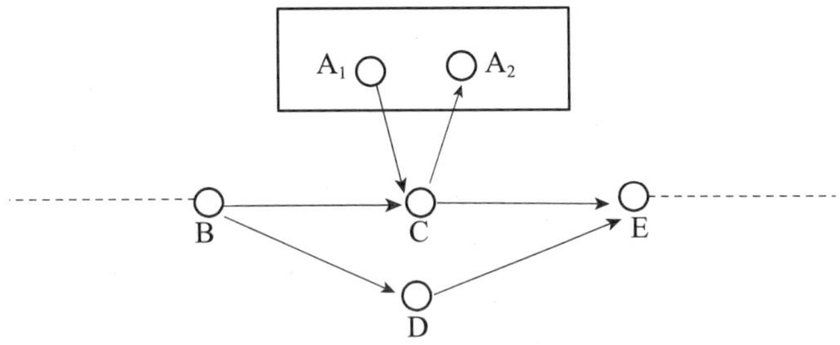

图 4－5　既为入点又为出点

同样地，如有的厂家对于另一厂家既为供应商又为分销商，也可将这个厂家一分为二，甚至一分为三或更多，变成两个节点：一个节点表示供应商，另一个节点表示分销商，也用实线将其框起来。如图 4－6 所示，B_1是 C 的供应商，B_2是 C 的分销商。

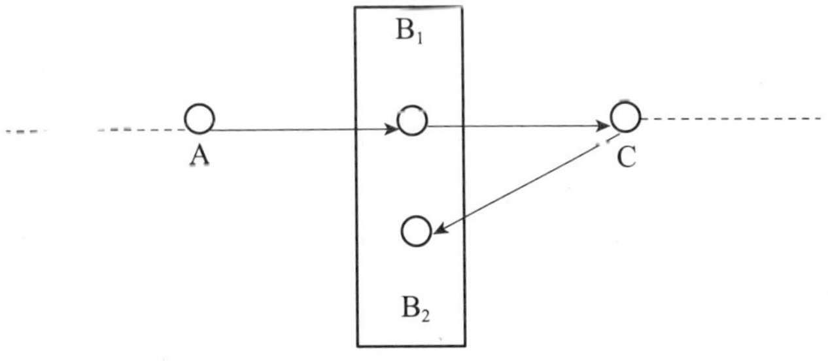

图 4－6　既为上游供应商又为下游客户

（二）子网

有些厂家规模较大、内部结构较复杂，与其他厂家相联系的只是其中一个部门，而且内部存在产品供应关系，用一个节点来表示这些复杂关系显然不行，这就需要将表示这个厂家的节点分解成很多相互联系的小节点，这些小节点构成一个网，称为子网（见

图 4－7)。

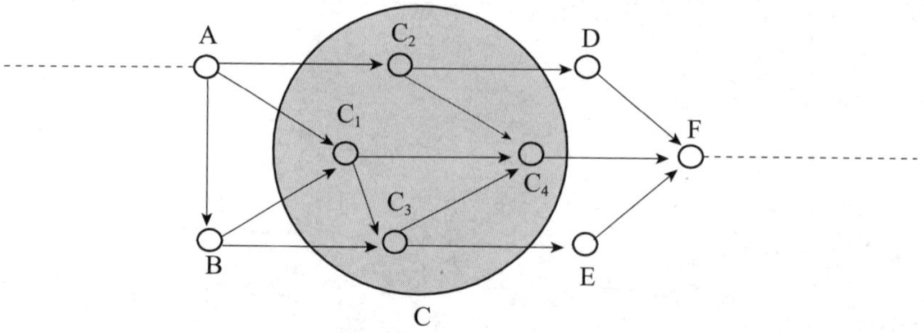

图 4－7　子网

在引入子网概念后，研究图 4－7 中 C 与 D 的联系时，需要将 C 节点内部分解成很多相互联系的小节点，以便更好地分析。子网模型适用于描述企业集团的结构。

（三）虚拟企业

借助以上对子网模型过程的描述，我们可以将为了完成共同目标、通力合作并实现各自利益的厂家形象地看成一个厂家，这就是虚拟企业（见图 4－8）。

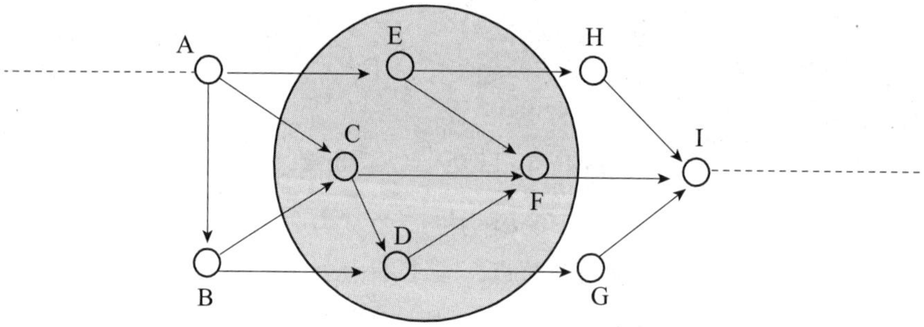

图 4－8　虚拟企业

虚拟企业是在经济交往中，一些独立企业为了共同的利益和目标在一定时间内结成的相互协作的利益共同体。虚拟企业组建和存在的目的是获取相互协作而产生的效益，一旦这个目的已完成或利益不存在，虚拟企业即不复存在。

案例链接

汽车供应链大变迁：结构从链状到网状，新“链主”角逐戏上演

100 多年来，汽车供应链一直是非常稳定的结构，而如今却处于非常不稳定的状态。

供应链结构从链状向网状变化

过去，整车企业一直有着自己的“舒适区”。传统的造车模式依托的是链状供应链结构，信息一级一级地传递。如今，链状供应链结构的缺陷正在被放大，产业链的“缺芯”问题让其中的矛盾凸显出来。从芯片厂到整车厂，不再像过去那样将信息层级传递下去，取而代之的是整车厂与芯片厂直接沟通，如此不仅能提高信息传递的效率，而且能让整车厂更好地管控芯片。事实上，与整车厂之间打破沟通壁垒的不只是芯片厂，而是几乎所有关键环节的供应商。当前，汽车供应链正在由链状走向网状。

各方博弈新“链主”角色

在链状传统结构下，整车厂是汽车供应链毫无疑问的“链主”。而在网状新结构下，整车厂作为汽车供应链“链主”的地位开始动摇。

一些头部零部件企业在智能化的环节成为汽车技术或者供应链实质性的主导者。以供应商身份切入汽车赛道的科技巨头华为公司就正在谋求产业链的主导者地位。目前，华为公司的智能驾驶和智能座舱技术已成为赛力斯、极狐、阿维塔等车企的重要竞争力，同时华为公司也大力介入这些车企的研发、制造、营销等各环节。这在传统汽车供应链中是难以想象的局面。

资料来源：濮振宇．汽车供应链大变迁：结构从链状到网状，新“链主”角逐戏上演［N］．经济观察报，2023-11-04.

任务二　供应链设计

微课

供应链设计

问题引导

企业如何设计高效、灵活的供应链？

有效构建供应链是企业成功进行供应链管理的基础，科学、合理地设计供应链则是有效构建供应链的前提。在全球化背景下，企业应如何设计高效、灵活的供应链结构，以应对市场需求快速变化、产品更新迭代加快、成本控制压力增大及供应链中风险上升的挑战？

一、供应链设计的概念和意义

供应链设计是指对现有供应链各成员之间关系的分析、定位和规划，以明确彼此之间的分工与合作、责任与义务以及彼此之间在信息流、物流、资金流等各方面的运行机制。

设计和构建一个有效的供应链对于企业的成功至关重要。有效率和有效益的供应链可以增强企业的运作柔性，降低运作成本，提高客户服务水平，提升企业竞争力。

二、供应链设计应考虑的因素

（一）客户优先

供应链必须具有高度柔性和快速响应能力，能够满足客户的现实需求和潜在需求。

（二）价值创造的重点

任何企业都不可能包揽供应链的所有环节。企业须明确自己在供应链中的定位优势，根据自己的优势来确定自己的位置，制定相关的发展战略。

（三）供应商的选择与管理

对供应商的选择与管理构成了供应链价值体系的一个重要环节。企业不仅要明智地选择适合自己的供应商，还需要对供应商进行监督、培养。

（四）资源的配置

资源配置包含在供应链运作的整个流程中，包括原材料的采购、产成品与半成品的制造、生产设备的更新、仓库的设置、运输能力的配置以及人员配置等多个方面。

三、供应链设计的原则

（一）上下沟通原则

上下沟通原则是指自上而下与自下而上相结合的原则。自上而下即从全局到局部，是设计目标和任务逐级分解的过程。自下而上则是从局部到全局，是设计方案的系统集成的过程。在进行供应链设计时，一般由企业供应链管理者（如供应链总监）根据企业所在的产品市场领域以及客户的产品与服务需求特性进行供应链规划，再结合采购与供应、生产运作、分销（拨）、客户服务以及物流等相关职能领域的业务流程特点进行详细设计。在供应链运营过程中，企业还要充分利用自下而上不断反馈的信息，对供应链进行优化、整合。因而供应链的设计与优化是自上而下与自下而上两种策略的有机结合。

（二）简洁性原则

供应链节点应是简洁且具有活力的，能实现业务流程的快速组合。企业对于供应商的选择应以简洁性为原则，通过与少数的供应商建立战略伙伴关系，推动实施准时生产制。企业应以精益思想为指导设计生产系统，实现从精细的制造模式过渡到精细的供应链这一目标。

（三）互补性原则

供应链各个节点的选择应遵循互补性原则，实现资源共享的目的。互补性原则强调供应链各环节成员应通过资源、能力和优势的相互补充，形成协同增效的整体系统。其本质是通过差异化能力的有机整合，创造“1+1>2”的系统价值，而非简单的资源叠加。

（四）协调性原则

由于供应链业绩的好坏取决于供应链合作伙伴关系是否和谐，因此建立战略合作伙伴关系是实现供应链最佳效能的保证。企业应充分发挥系统成员和子系统的能动性、创造性以及系统与环境的总体协调性。只有和谐、协调的系统，才能发挥最佳的效能。

（五）动态性原则

供应链中的各构成要素都在动态地发生变化，导致了很大程度的不确定性。企业需要预见各种不确定因素对供应链运作的影响，减少信息传递过程中的信息延迟和失真。企业应增加透明度，减少不必要的中间环节，提高预测的精度和时效性，这对降低不确定性的影响都是极为重要的。

（六）战略性原则

企业应基于战略性角度设计供应链，以减少不确定性的影响。从供应链战略管理的角度考虑，供应链设计的战略性原则还体现在供应链发展的长远规划和预见性上，供应链的系统结构发展应与企业的战略规划保持一致，并在企业战略指导下进行。

（七）创新性原则

企业想要产生一个创新的系统，就要敢于打破各种陈旧的思维框架，运用新的角度、新的视野审视原有的管理模式和体系，进行大胆的创新设计。

企业需要注意的问题包括：一是创新与企业战略目标保持一致；二是要从市场需求的角度出发，发挥企业的能力和优势；三是发挥人员的创造性，集思广益，并与其他企业协作，发挥供应链整体优势；四是建立科学的供应链和项目评价体系，进行技术经济分析和可行性论证。

四、供应链设计的内容

（一）选择供应链成员

供应链成员囊括了直接或间接地为满足客户需求、从原产地到消费地的所有企业和组织。因此，供应链成员的选择是供应链设计的基础。

（二）设计网络结构

整个供应链网络结构由供应链成员、成员间的联系及供应链工序连接方式组成，网络本身体现了供应链成员及其分布和成员间的相互关系。

供应链网络结构设计的重心是保证网络能够合理利用和分配资源，提升物流效率，从而达到提高供应链整体价值的目的。

（三）设计组织机制和管理程序

各成员企业必须从供应链整体出发，设计相关的组织机制和管理程序。核心企业的组织机制和管理程序是整个供应链效率的关键。

（四）制定供应链运行基本规则

供应链运行的基本规则主要包括协调机制、信息开放与交互方式、生产物流的计划与控制体系、库存的总体布局、资金结算方式、争议解决机制等。

五、供应链设计的策略

供应链设计的策略主要包括基于成本的供应链设计策略、基于产品的供应链设计策略、面向大规模定制的供应链设计策略、面向供应链管理的产品和过程设计策略等。

（一）基于成本的供应链设计策略

该策略是根据供应链总成本优化的原则来选择供应链节点，实现最佳的供应链节点组合的一种设计策略。该策略的要旨是：在特定的时间期限内，综合考虑供应链的物料成本、劳动力成本、运输成本、设备成本及其他变动成本等因素，同时考虑经验曲线、相关国家的汇率、通货膨胀等影响成本的因素来完成供应链的设计。基于成本的供应链设计策略主要注重供应链运作成本的降低，可能会导致次优的结果。基于成本的供应链设计策略的步骤如图 4－9 所示。

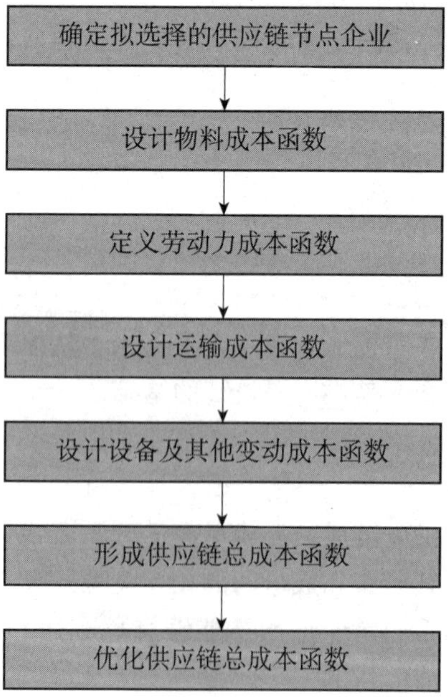

图 4－9　基于成本的供应链设计策略的步骤

（二）基于产品的供应链设计策略

该策略比较成熟、应用较广，其提出者费舍尔认为，供应链的设计要以产品为中心。供应链的设计者首先要清楚客户对产品的需求，包括产品类型、需求特性等。此外，企业还应该明确不同类型供应链的特征，在此基础上，设计出与产品特性相一致的供应链。

传统意义上，企业设计生产系统时，主要考虑制造企业的内部环境，侧重于生产系统的可制造性、质量、效率以及服务性等因素，对企业外部环境因素考虑较少。在供应链管理环境下，企业不仅要考虑内部因素对产品制造过程的影响，还要考虑供应链对产品成本和服务的影响。供应链管理扩大了原来的企业生产系统设计范畴，将影响生产系统运行的因素延伸到了企业外部，与供应链上的所有企业都联系起来，因而供应链系统设计就成为构建企业系统的一个重要方面。但是供应链也可能由于设计不当而导致失败，因此最重要的是企业必须设计出与产品特性相一致的供应链，这就是基于产品的供应链设计策略。

1. 产品类型与供应链类型

不同的产品类型对供应链设计有不同的要求，依据边际利润、需求特性等要素将产品分为功能型产品和创新型产品。

（1）功能型产品。功能型产品是指满足基本功能需求的产品，这种产品有较为稳定且可预测的市场需求，生命周期较长，不经常更新换代，竞争激烈，如日用品等。

（2）创新型产品。创新型产品是指增加了特殊功能的产品，或技术与外观上具有创新性的产品，这种产品需求较难预测，生命周期较短，在市场上容易被竞争对手模仿，如时尚品等。

功能型产品和创新型产品的区别如表 4－1 所示。

表 4－1　功能型产品和创新型产品的区别

比较项目	功能型产品	创新型产品
需求方面	可预测	很难预测
产品生命周期	大于 2 年	3～12 个月
边际贡献率	5%～20%	20%～60%
产品种类	少（每类产品有 10～20 个型号）	多（每类产品有众多型号）
平均预测失误率	约 10%	40%～100%
平均缺货率	1%～2%	10%～40%
季末降价率	0%	10%～25%
按订单生产需要的提前期	0.5～1 年	1～14 天
市场竞争程度	竞争激烈	因创新而有竞争优势

此外，我们可以将供应链分为效率型供应链和反应型供应链。

（1）效率型供应链。其核心是消除一切形式的浪费，以尽可能节约产品成本，在市场上形成比竞争对手更有力的价格优势。

（2）反应型供应链。其核心是提高产品的可得性，以尽快满足复杂多变的需求，充分利用每一个新的市场机会。

效率型供应链和反应型供应链的对比如表 4-2 所示。

表 4-2　效率型供应链和反应型供应链的对比

比较项目	效率型供应链	反应型供应链
基本目标	以最低的成本有效地满足可预测的需求	对不可预测的需求做出快速反应，以减少缺货、降价等，并使库存最小化
生产方面	有效控制生产成本，保持较高的平均利润率	配置多余的缓冲能力，容易实现产品的切换
库存策略	实现高周转，使整个供应链的库存最小化	配置零部件或成本的缓冲库存
提前期策略	尽可能缩短提前期	大量投资以缩短提前期
供应商选择标准	根据成本和质量选择	根据速度、柔性、质量选择
产品设计策略	绩效最大化而成本最小化	利用模块化设计以尽可能延迟产品的差异化

2. 基于产品的供应链设计策略匹配

根据两类产品的特性以及两种类型供应链的特征，就可以设计出与产品类型相一致的供应链。基于产品的供应链设计策略匹配如表 4-3 所示。

表 4-3　基于产品的供应链设计策略匹配

分类	效率型供应链	反应型供应链
功能型产品	匹配	不匹配
创新型产品	不匹配	匹配

表 4-3 中的四个元素代表四种不同的产品类型与供应链类型的组合，从中可以看出产品和供应链的特征，管理者据此就可以判断企业的供应链类型是否与产品类型相匹配。显然，这四种组合中只有两种是有效的，即效率型供应链与功能型产品相匹配以及反应型供应链与创新型产品相匹配的组合。

上述供应链设计思想主要考虑了产品类型及需求特性，忽略了供应特性（如供应市场的复杂度与不确定性）。事实上，在不同的行业及不同的产品市场领域，企业所面临的供应风险是不同的。如果综合考虑需求的不确定性以及供给的不确定性，上述供应链设计策略矩阵可以进一步得到优化。

3. 基于产品的供应链设计步骤

基于产品的供应链设计主要有以下八个步骤（见图 4-10）。

（1）分析市场竞争环境。这一步骤的目的在于厘清产品市场具体情况，包括当前的

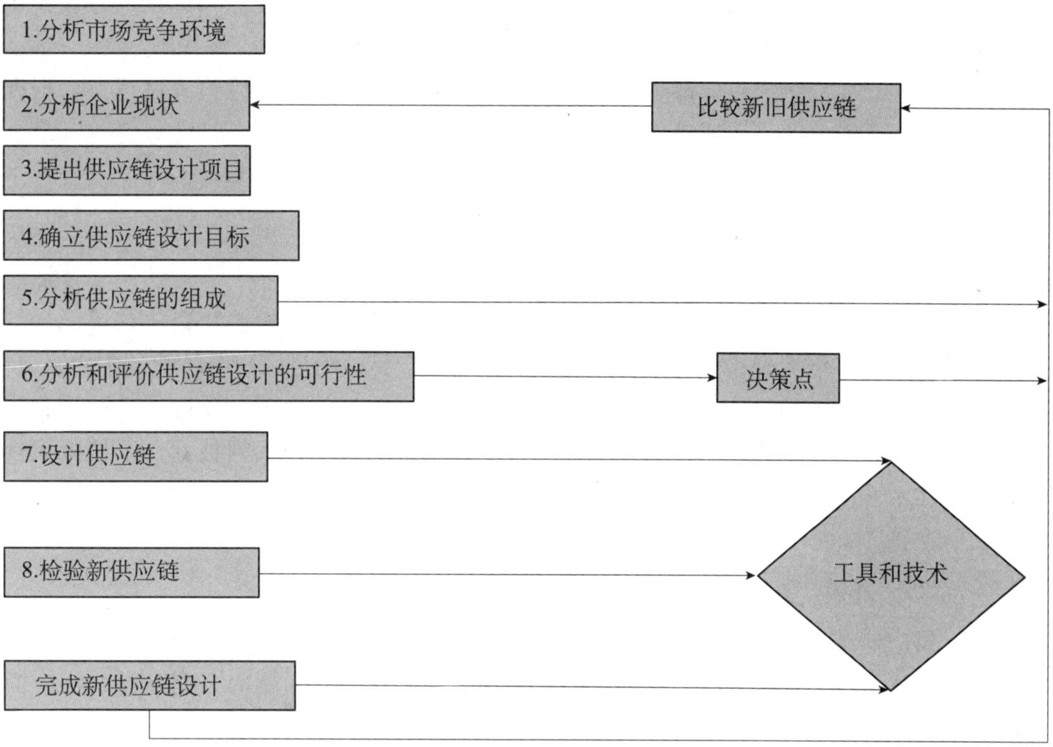

图 4-10　基于产品的供应链设计步骤

产品需求是什么、产品类型和特征是什么。企业通过调查卖主、客户和竞争对手，提出诸如客户想要什么、市场占比等问题，以确认客户的需求和因卖主、客户和竞争对手产生的压力，同时对于市场的不确定性进行分析和评价。

（2）分析企业现状。这一步骤着重于研究供应链开发的方向，分析、找到、总结企业存在的问题及影响供应链设计的阻力等因素。

（3）提出供应链设计项目。在这一步骤中，企业针对存在的问题提出供应链设计项目，分析其必要性。

（4）确立供应链设计目标。这一步骤的主要目标不仅包括获得高水平服务和低库存投资、低单位成本两个目标之间的平衡，还包括进入新市场、开发新产品、开发新的分销渠道、改善售后服务水平、提高客户满意度、降低成本、降低库存与提高工作效率等目标。

（5）分析供应链的组成。在这一步骤中，企业要提出供应链的基本框架，分析供应链中的成员组成，主要包括工厂、设备、工艺，供应商、制造商、分销商、零售商及客户的选择与定位，并确定选择与评价的标准。

（6）分析和评价供应链设计的可行性。在可行性分析的基础上，企业应结合实际情况为开发供应链提出技术选择建议和支持。方案的可行性决定着开始下一步设计或重新设计。

（7）设计供应链。这一步骤主要解决的问题包括供应链的成员组成，原材料的来源、生产设计、分销任务与能力计划、信息管理系统设计、物流管理系统设计等。在供应链设计过程中，企业要广泛地应用许多工具和技术，包括归纳法、流程图法等。

(8) 检验新供应链。供应链设计完成以后，企业应进行测试、检验或试运行，根据运行状况决定是否修改设计或正式运行。

(三) 面向大规模定制的供应链设计策略

1. 面向大规模定制的供应链的概念

大规模定制结合了大规模生产和定制生产两种模式的优势，能够使企业在不牺牲经济效益的前提下，以大规模生产的方式提供定制化的产品，满足客户个性化的需求。

面向大规模定制的供应链是指在高效率、大规模生产的前提下，通过产品结构和制造过程的重组，运用现代技术、柔性技术、供应链管理技术等一系列技术，以接近大规模生产的成本和速度，为单个客户和小批量、多品种市场定制任意数量的产品的一种生产模式。

2. 面向大规模定制的供应链的特点

(1) 供应链结构不稳定。在大规模定制中，市场需求呈现个性化、易变性的特点，企业为了抓住机遇，会根据自己的核心能力，选择与之在资源和能力方面互补的供应商结成联盟，共同满足客户需求。而当市场需求发生变化，原来的供应商实力不足时，企业会寻找新的供应商，结成新的联盟。供应商的稳定程度与市场的稳定程度有直接的关系。

(2) 以客户需求拉动为主。由于在大规模定制中，最终产品的生产与销售是完全根据客户的订单安排的，因此在面向大规模定制的供应链的下游环节，供应链是市场需求拉动型供应链，而非生产推动型供应链，从而减弱了供应链中由需求预测而引起的“牛鞭效应”。

(3) 以提高对客户需求的反应速度为主要目标，是一种敏捷供应链。在大规模生产中，企业以预测数据为依据安排生产，生产在需求之前，供应链追求的目标是提高供应链的效率和降低成本。在大规模定制中，供应链以客户订单为依据安排定制产品的生产，与大规模生产相比，存在时间上的劣势。因此，如何快速且低成本地向客户提供定制化的产品，是面向大规模定制的供应链需要解决的问题。

(4) 一种基于互联网的信息技术密集型供应链。企业实施大规模定制生产模式，需要依赖以互联网为代表的信息技术，以及依靠电子商务为客户提供一对一的服务。通过互联网，供应链中各节点相互连接，能够加速信息传递和共享，使从获取客户订单到定制生产的分配在瞬间完成。

3. 面向大规模定制的供应链驱动模式

大规模定制以低成本为客户提供定制化的产品，其供应链管理既追求供应链的精益，又追求供应链的敏捷，因此，面向大规模定制的供应链驱动模式为推拉结合模式，如图 4-11所示。

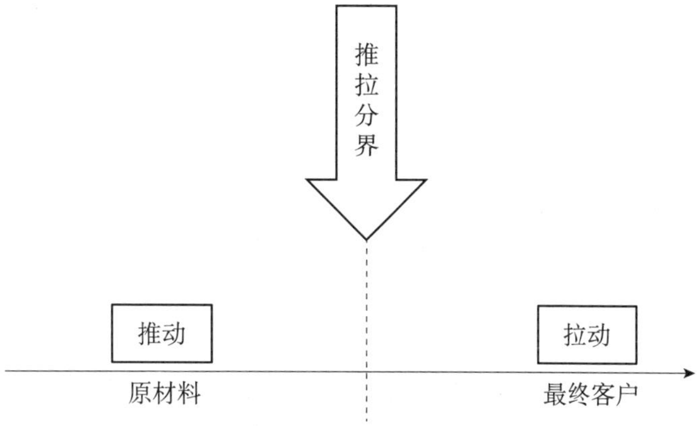

图 4-11　面向大规模定制的供应链推拉模式示意图

在面向大规模定制的供应链中存在客户订单分离点。在该客户订单分离点之前，供应链的驱动模式为生产推动型；在该客户订单分离点之后，供应链的驱动模式变为订单拉动型。面向大规模定制的供应链中存在客户订单分离点的理论依据在于：虽然客户需求千差万别，但是所有需求都存在共性成分，通过对产品结构和制造过程进行重组，定制产品中的共性成分可通过大规模生产方式生产出来，而个性成分可通过定制方式生产出来。

对于不同行业、不同产品、不同程度的客户定制化要求，客户订单分离点在面向大规模定制的供应链中的位置各不相同。一般来说，客户订单分离点越接近供应链下游节点，面向大规模定制的供应链就能越充分地利用大规模生产的优势，同时可以对客户的个性化需求做出快速反应，从而降低大规模定制的成本和提高大规模定制的速度。

案例链接

COSMOPlat 服装行业大规模定制——助力服装企业大规模定制转型升级

海尔集团通过其工业互联网平台卡奥斯（COSMOPlat），助力服装企业实现从大规模制造向大规模定制的转型。

- 实施过程

提供从交互、设计、营销、采购、生产、物流到售后的全流程解决方案。

通过实施服装行业大规模定制解决方案，助力多家服装企业实现转型。

- 核心特点

智能化生产：利用大数据、云计算等技术实现智能排产、智能仓储等。

用户交互：通过 OMS 定制下单系统、AI 量体等技术实现客户个性化定制下单。

协同制造：整合行业资源，实现供应链高效协同。

- 成果

提高了服装企业的生产效率、产品质量和客户满意度。

降低了库存积压和生产成本。

（四）面向供应链管理的产品和过程设计策略

1. 便于包装和运输的产品设计

便于包装和运输的产品设计的目的是确定产品结构和产品包装设计，使产品可以有效包装和储存。产品结构和产品包装设计会直接影响物流成本。产品包装紧凑、尺寸规范，有利于运输车辆的配载，提高运输车辆的装载利用率，提高存储空间的利用率，从而降低物流费用。

2. 串行工程和并行工程

传统上，许多企业采用串行工程法来管理产品开发和生产流程，然而，随着市场需求的多样化和快速变化，这种方法逐渐显露出其局限性。相比之下，并行工程以其独特的优势在供应链管理中得到了越来越广泛的应用。

（1）串行工程的概念及局限性。串行工程是指产品设计、工艺设计、制造资源计划、车间生产过程计划与生产控制等过程按照严格的先后顺序进行，每个阶段完成后才能进入下一个阶段。这种方法的优点在于流程清晰、易于管理，但在供应链管理中却存在明显的局限性，如产品开发周期长、信息孤岛、市场响应慢等。

（2）并行工程的概念及在供应链管理中的优势。并行工程是对产品及其相关过程（包括制造过程和支持过程）进行并行、集成化处理的系统方法和综合技术。与串行工程相比，并行工程在供应链管理中展现出了显著的优势。

1）缩短产品开发周期。并行工程强调各阶段之间的并行作业和交叉反馈，通过同时开展设计、工艺、制造等多个环节的工作，有效缩短了产品开发周期。这不仅提高了企业的市场响应能力，还降低了因延误市场投放而带来的机会成本。

2）增强协同性。并行工程促进了设计、制造、市场等部门之间的协同合作，打破了信息孤岛现象。通过信息共享和实时沟通，各部门能够及时了解彼此的需求和变化，共同解决产品开发过程中的问题。

3）提高产品质量。在并行工程中，设计阶段就充分考虑了制造过程、质量保证等约束因素，减少了设计与制造之间的脱节现象。同时，通过多部门的协同努力，企业可以及时发现并纠正产品设计中的潜在问题，提高产品质量。

4）降低成本。并行工程通过缩短产品开发周期、减少修改和调整次数、优化资源配置等方式，有效降低了产品开发成本。此外，由于产品质量的提升和市场响应速度的加快，企业还可以获得更高的市场回报。

（3）并行工程在供应链管理中的实践。在实际应用中，企业可以通过以下方式实施并行工程以优化供应链管理。

1）建立跨部门协作机制。企业可成立跨部门协作小组或项目团队，确保设计、制造、市场等部门之间的紧密合作和信息共享。

2）采用模块化设计。企业可通过模块化设计简化产品结构和生产流程，提高生产效率和灵活性。模块化设计还有助于实现产品的快速定制和升级换代。

3）引入先进的信息技术。企业可利用 ERP、PLM（产品生命周期管理）等应用解决方案实现供应链各环节之间的数据集成和信息共享，提高供应链的透明度和协同性。

4）实施精益生产。与精益生产系统相结合，企业可实现采购、生产、销售、配送等环节的精益组织与管理；同时，企业可通过剔除不增值环节、消除浪费、降低成本和提高生产率等方式提升供应链的整体效率。

5）加强供应商管理。企业可与供应商建立战略合作伙伴关系，共同参与产品设计和质量控制过程，通过信息共享和协同作业实现供应链的快速响应和高效运作。

案例链接

建筑项目中的并行工程

某地区的一家大型建筑公司承接了一个住宅小区的建设项目。该项目总共包括 10 栋建筑物的建设，涉及土地开发、设计、施工和装修等多个环节。

在传统的工程项目中，各个环节是串行进行的，即一个环节完成后才能进行下一个环节。然而，由于该项目的复杂性和限期的要求，传统的串行方式已经无法满足该项目的需求，因此建筑公司决定采用并行工程的方式来加快工程进度。

首先，建筑公司成立了一个项目管理小组。该项目管理小组负责对整个项目进行统筹规划。小组人员根据项目的时间要求和资源分配情况，确定了各个环节的并行工程方案。

土地开发环节是整个项目的第一步，建筑公司将该环节分成了三个子环节：用地审批、平整土地和基础设施建设。为了加快进度，建筑公司决定同时进行这三个子环节的工作。建筑公司聘请了专业的工程师团队来负责用地审批和基础设施建设，并与当地政府和供应商建立了紧密的合作关系，确保各个子环节能够顺利进行。

接下来的设计环节也采用了并行工程的思想。建筑公司聘请了多个设计团队，每个团队负责设计一栋建筑物。建筑公司设立了一个设计审核小组，负责对每个团队的设计进行审查和修改。这样一来，设计团队可以并行地进行设计工作，大大缩短了设计时间。

施工环节也采用并行工程方式进行。建筑公司将整个施工过程分成了多个子任务，并对每个子任务进行资源优化和进度管理。在施工过程中，建筑公司采用了先进的施工技术和设备，提高了工作效率并减少了施工时间。同时，建筑公司与供应商保持密切的合作关系，确保施工现场的物资供应和施工进度的同步进行。

最后的装修环节也进行了并行工程处理。建筑公司聘请了多支装修队伍，每支装修队伍负责一栋建筑物的装修工作。为了提高效率，建筑公司采用了标准化的装修方案，并与供应商建立了长期合作关系，确保装修材料的充足供应。

通过并行工程的方式，该建筑公司成功地加快了工程项目的进度，并在规定的时间内顺利完成了整个项目。并行工程不仅缩短了工程周期，还提高了工作效率和质量，获得了客户的高度赞扬。

通过上述案例，我们可以看到，并行工程在工程项目中的应用具有显著的优势。它能够加快工程进度、提高效率和质量，并满足项目的时间要求。然而，实施并行工程也需要有良好的组织和管理能力，以确保各个环节的协调和顺利进行。只有在整个项目团队的共同努力下，才能够实现并行工程的目标和效果。

3. 模块化设计和生产

模块化设计和生产是现代制造业中的一种重要方法，它通过将复杂的产品或系统分解为多个独立、可互换、可重复使用的模块，以提高生产效率、降低成本、增强产品的灵活性和可扩展性。以下是对模块化设计和生产的详细阐述。

（1）模块化设计的定义及应用领域。模块化设计是指将产品的某些要素组合在一起，构成一个具有特定功能的子系统，然后将这个子系统作为通用模块与其他产品要素进行多种组合，构成新的系统，以满足市场的不同需求。这种方法有助于缩短产品研发与制造周期，增加产品系列，提高产品质量，并快速应对市场变化。

模块化设计广泛应用于计算机硬件和软件、汽车工业、医疗器械、航空航天、家具设计、电子产品等多个领域。例如，在汽车制造业中，模块化设计可以将整车分解为发动机、底盘、车身等模块，这些模块可以独立设计和生产，最终组装成一辆完整的车辆。在电子产品制造业中，模块化设计可以将电子产品分解为处理器、显示屏、电池等模块，这些模块同样可以独立设计和生产，最终组装成完整的电子产品。

（2）模块化生产的定义。模块化生产是指将产品或系统分解为一系列独立且可互换的模块，这些模块可以按照特定的规则和标准进行组合，以实现不同的功能和用途。模块化生产的核心思想是标准化、互换性和组合性，它通过将产品或系统划分为一系列标准化的模块，提高了生产效率，降低了成本，改善了产品质量。

例如，比亚迪作为电动汽车行业的领军企业，其秦 Pro 车型在生产过程中广泛采用了模块化生产理念。秦 Pro 通过组合不同平台与动力系统，可衍生出燃油、插混和纯电版本，实现一车多用的目标。模块化生产提高了生产效率，降低了生产成本，同时也使得比亚迪能够更灵活地适应不同市场和消费者的需求。

任务三　供应链管理方法

微课

供应链管理方法

问题引导

企业如何有效管理供应链？

在供应链日益复杂的背景下，有哪些创新的供应链管理方法能够帮助企业更好地协调供应商、制造商、分销商和消费者之间的关系，以实现资源的最优配置、提升整体运营效率，并有效应对潜在的市场波动和风险挑战？

一、快速反应

（一）快速反应的提出背景

自20世纪70年代后期开始，美国纺织服装的进口量急剧增加，美国纺织与服装企业面临与国外企业的激烈竞争。20世纪80年代，美国生产的鞋子、玩具以及家用电器在市场上的占有率下降到20%，美国纺织品进口总额占据整个市场的40%。某公司调查发现，尽管美国纺织与服装行业的各个部分都在高效运作，但是系统的整体效率却十分低。在整个纺织与服装行业的供应链中，从原材料获取到消费者购买的周期为66周，其中仅有5%的时间用于加工和制造，其余95%的时间都用于储存、装卸、等待加工和运输。这样冗长的供应链不仅增加了各种附加费用，而且会因产品数量过多或过少而造成巨大损失。该公司提出通过信息共享、制造商与零售商之间的合作建立起能对消费者需求做出迅速反应的快速反应系统。在经济全球化与信息技术加快发展的冲击下，企业必须建立能够快速应对外部环境变化的反应系统，以维持竞争优势。

（二）快速反应的概念、原理及特点

1. 快速反应的概念

快速反应（Quick Response，QR）是指供应链成员企业之间建立合作伙伴关系，利用电子数据交换（Electronic Data Interchange，EDI）等信息技术进行信息交换与信息共享，通过高频率、小数量配送方式补货，以实现缩短交货周期、减少库存、提高客户服务水平和企业竞争力为目的的一种供应链管理策略。

2. 快速反应的原理

快速反应的重点是对消费者的需求做出快速响应，它影响一家企业能否及时满足客户的服务需求。信息技术提高了在尽可能短的时间里交付货物和减少存货的能力，可以在一定程度上避免传统的按预测而过度储备存货的情况。快速反应需要零售商和供应商密切合作，通过共享POS（销售终端）系统信息，联合预测未来需求，发现新产品营销机遇等对消费者的需求做出快速反应，从而实现销售额增长、客户服务最佳化以及库存量、商品缺货、商品风险最小化的目标。从业务操作的角度来讲，贸易伙伴需要利用EDI来加快信息的流动，并重组业务活动以使成本最小化。有统计表明，在补货中应用快速反应策略可以使交货前置时间缩短75%。

3. 快速反应的特点

（1）快速响应。快速反应的核心在于对市场需求和客户订单的快速响应。这要求供应链中的各个环节能够高效地协同工作，以最短的时间完成从接收订单到交付产品的整个过程。

（2）高效的信息流。快速反应依赖于实时、准确的信息流。通过先进的信息技术系统，供应链成员能够实时共享订单、库存、销售等数据，从而减少信息传递的延误

和误差。

（3）紧密的供应链协作。快速反应强调供应链成员之间的紧密协作。制造商、分销商、零售商等需要建立战略合作伙伴关系，共同应对市场变化，确保供应链的顺畅运作。

（4）灵活的生产和配送。为了满足快速变化的市场需求，快速反应要求制造商具备灵活的生产能力，能够根据订单变化迅速调整生产计划。同时，配送系统也需要具备高度的灵活性，以实现小批量、高频次的配送。

（5）减少库存积压和风险。借助快速反应策略，企业可以减少库存积压和过剩的风险。由于能够快速响应市场需求，企业可以避免因过度生产造成的浪费，同时降低库存成本。

（6）提升客户满意度。快速反应能够确保产品及时到达市场，满足消费者的需求，从而提升客户满意度。在竞争激烈的市场环境中，快速反应成为企业赢得客户信任和忠诚度的关键因素。

案例链接

ZARA的供应链改善方法

管理全程供应链，实现信息一体化

ZARA凭借供应链全程管理的精准严格控制，使整个供应链的流通速度达到最快和效率达到最高，从而大大消除了需求预测更新、限量供应和短缺博弈等因素，从根源上消除了“牛鞭效应”。

IT支持业务，运用ERP系统

IT有效支持的范围涉及收集客户的需求信息、服装信息的标准化、产品信息和库存管理以及分销管理等，在这些业务中融入IT的支持，使业务处理的时效性和准确性大大加强。

订货少量多次，实行按单制造MTOⅡ（Make to Order Ⅱ），提升生产线柔性

ZARA的订货模式：ZARA的专卖店每周订货两次，专卖店经理会根据现有的销量和需求下订单。专卖店的少量多次订货能够消除批量订购产生的不利影响，从某种程度上能有效地减弱“牛鞭效应”。

（三）快速反应的实施步骤与实施条件

1. 快速反应的实施步骤

（1）条码和EDI。零售商首先必须安装通用商品代码（EAN码）读取、POS扫描等技术设备，以加快POS机收款速度、获得更准确的销售数据并使信息沟通更加通畅。

（2）固定周期补货。企业利用基于过去和目前销售数据及其可能变化的软件定期预测补货情况，同时考虑目前的存货情况和其他一些因素，以确定订货量。自动补货是由零售商、批发商在仓库或店内进行的。

（3）先进的补货联盟。这是为了保证补货业务的流畅。零售商和消费品制造商联合起来检查销售数据，制订关于未来需求的计划，在保证有货和减少缺货的情况下降低库存水平。零售商可借助制造商的渠道管理存货，以加快库存周转速度，提高投资毛利率。

（4）零售空间管理。这是指根据每个店铺的需求模式来确定其经营商品的花色品种和补货业务。一般来说，对于花色品种、数量、店内陈列及培训或激励售货员等决策，消费品制造商也可以参与制定。

（5）联合产品开发。这一步骤主要针对服装等生命周期较短的产品。制造商和零售商联合开发新产品，两者关系的密切程度超过了购买与销售的业务关系，缩短了从新产品生产完成到新产品上市的时间。

（6）QR 的集成。通过重新设计业务流程，企业将前五步的工作和整体业务结合，以支持企业的整体战略。这一步骤要求零售商和制造商重新设计组织体系、业绩评估系统、业务流程和信息系统，设计的中心应围绕消费者而不是传统的企业职能。

2. 快速反应的实施条件

（1）改变传统的经营模式，革新企业的经营意识和组织结构。企业必须改变只依靠自身的力量来提高经营效率的传统经营意识，要树立通过与供应链各方建立战略合作伙伴关系，努力运用各方资源来提高经营效率的现代经营意识。零售商在垂直型 QR 系统中起主导作用，零售店铺是垂直型 QR 系统的起点。POS 数据等销售信息与成本信息的相互公开和交换有助于提高各个企业的经营效率。供应链各方企业明确垂直型 QR 系统内各个企业之间的分工协作范围和形式，避免重复作业，建立有效的分工协作框架；利用信息技术实现事务性作业无纸化和自动化，改变传统事务性作业的方式。

（2）开发和应用现代信息处理技术。现代信息处理技术包括商品条码技术、物流条码技术、电子订货系统、POS 数据读取系统、EDI 系统、预先发货清单技术、电子支付系统、供应商管理库存系统、连续补给程序等。

（3）与供应链各方建立战略合作伙伴关系。建立战略合作伙伴关系的具体内容包括以下两个方面：一是积极寻找和发现战略合作伙伴；二是在战略合作伙伴之间建立分工和协作关系。合作的目标是既要削减库存，又要避免缺货现象的发生，降低商品风险，避免出现大幅度降价现象，减少作业人员并简化事务性作业。

（4）改变传统企业对商业信息封闭的做法。企业将销售信息、库存信息、生产信息、成本信息等与合作伙伴交流分享，各方在此基础上共同发现问题、分析问题和解决问题。

（5）缩短产品生产周期，降低产品库存。企业应缩短产品生产周期，进行多品种、小批量生产和多频率、小数量配送，降低零售商的库存水平，提高客户服务水平。在产品实际需求将要产生时，企业可采用准时制生产方式组织生产，降低供应商的库存水平。

二、有效客户反应

（一）有效客户反应的提出

有效客户反应（Efficient Consumer Response，ECR）的产生可归结于20世纪商业竞争的加剧和信息技术的发展。20世纪90年代以后，美国食品杂货行业中零售商和制造商的交易关系，由制造商占据支配地位转换为零售商占据主导地位。在供应链内部，零售商和制造商为取得供应链主导权展开了激烈的竞争，使得供应链各环节的成本不断转移，供应链整体成本提高。美国食品营销协会联合可口可乐公司、宝洁公司对供应链进行调查，在改进供应链管理的详细报告中提出了ECR的概念体系，被零售商和制造商采用，广泛应用于实践。

（二）有效客户反应的原理

有效客户反应是以满足客户需求和最大限度地降低物流费用为原则，能及时做出准确反应，使提供的物品供应或服务流程最佳化的一种供应链管理策略，是供应商和零售商为消除系统中不必要的成本和费用，给客户带来更高利益而进行密切合作的一种战略。与纺织与服装行业不同，食品杂货行业经营的产品多数是功能型产品，产品生命周期相对较长（生鲜食品等除外），因订购产品数量过多或过少造成的损失相对较小。纺织与服装行业经营的产品多属于创新型产品，每一种产品的生命周期相对较短，因订购产品数量过多或过少造成的损失相对较大。

ECR的最终目标是建立一个具有高效反应能力和以客户需求为基础的系统，使零售商及供应商以业务伙伴方式合作，提高供应链的效率，从而降低整个供应链系统的成本、库存等，同时为客户提供更好的产品和服务。

（三）有效客户反应实施的四大要素

ECR实施的四大要素如图4-12所示。

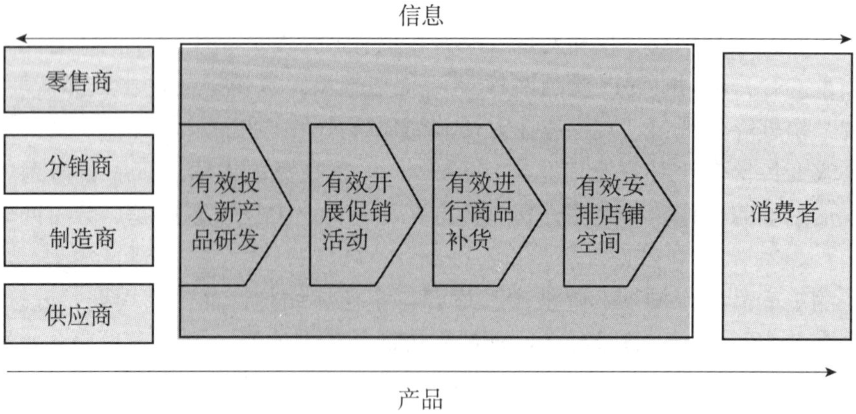

图4-12 ECR实施的四大要素

1. 有效投入新产品研发

供应商及制造商应有效地开发新产品，制订产品生产计划，以降低成本。

2. 有效开展促销活动

首先，零售商及分销商可通过 POS 实时数据和市场分析，精准筛选高弹性、高关联商品及滞销品，制定有针对性的选品策略；其次，协同供应商提前规划库存并建立应急补货通道，保障供应稳定性；最后，实时监控销量、库存等指标，动态调整促销力度（如补货、赠品），确保毛利率达标。

3. 有效进行商品补货

零售商及分销商应确保货架始终有货，并减少缺货现象。这包括利用电子数据交换、以需求为导向的自动连续补充和计算机辅助订货等技术手段来优化补货系统的时间和成本。通过实时跟踪销售数据和库存情况，零售商及分销商可以及时调整补货策略，以满足市场需求并保持较低的库存水平。

4. 有效安排店铺空间

零售商及分销商应运用 ECR 系统提高货物的分销效率，使库存和商店空间的利用率最优化，同时在有限的空间内选择最佳的陈列方式，增加畅销产品，减少滞销产品。

（四）ECR 系统的技术要素

ECR 作为一个供应链管理系统，需要将信息技术、物流技术、营销技术和组织革新技术有机结合起来作为一个整体使用（见图 4－13），以实现目标。

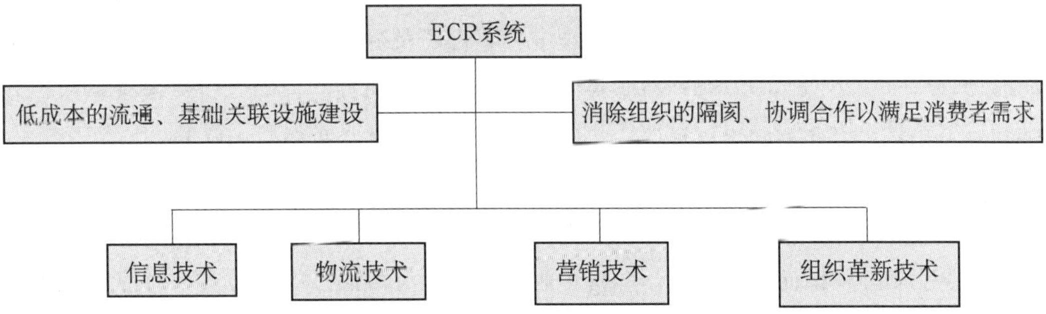

图 4－13　ECR 系统的技术要素

1. 信息技术

在数据采集上，由 POS 系统实时收集销售数据，数据传输依靠 EDI 实现高效信息共享，库存管理则借助 WMS 精准把控。供应链各方企业还运用数据分析技术挖掘需求，通过 CPFR 软件协同供应链计划实施，并运用网络技术保障各环节信息实时交互，提升运营效率。

2. 物流技术

应用在 ECR 系统的主要物流技术包括以下几种：

(1) 自动补货。自动补货是基于计算机信息技术，快捷、准确地获取客户的需求信息，预测未来商品需求，并据此持续补充库存的一种技术。

(2) 越库配送。越库配送是物品在物流环节中，不经过中间仓库或站点存储，直接从一个运输工具换载到另一个运输工具的物流衔接方式。

(3) 连续补货计划。连续补货计划是利用及时、准确的销售时点信息确定已销售的商品数量，根据零售商或分销商的库存信息和预先规定的库存补充程序确定发货补充数量和配送时间的计划方法。

(4) 联合库存管理。联合库存管理是供应链各方企业共同制订库存计划，并实施库存控制的库存管理方式。

(5) 配送资源计划。配送资源计划是指在需求配送计划的基础上提高配送各环节的物流能力，达到系统优化运行目的的企业内物品配送计划方法。

(6) 协同计划、预测与补货。供应链各方企业应用一系列的信息处理技术和模型技术，提供覆盖整个供应链的合作过程，通过共同管理业务过程和共享信息来改善零售商和供应商之间的计划协调性，提高预测精度，最终达到提高供应链效率、减少库存和提高客户满意度的目的。

3. 营销技术

(1) 商品类别管理。零售商及分销商应以商品类别为管理单位，寻求整个商品类别收益最大化。

(2) 店铺空间管理。零售商及分销商应对店铺的空间安排、各类商品的展示比例、商品在货架上的布置等进行最优化管理。在 ECR 系统中，店铺空间管理和商品类别管理同时进行，相互作用。在综合店铺管理中，零售商及分销商应对该店铺的所有类别的商品进行货架展示面积的分配，对于每个类别下的不同品种的商品进行货架展示面积分配和展示布置，以便提高单位营业面积的销售额和单位营业面积的收益率。

4. 组织革新技术

(1) 企业内部革新技术：指在企业内部的组织革新方面，将采购、生产、物流、销售等按职能划分为横向组织形式，即将企业经营的所有商品按类别分类，对应每一类商品设立一个管理团队，以这些管理团队为核心构成新的组织形式。

(2) 企业间革新技术：指组成供应链的企业间需要建立双赢型的合作伙伴关系。具体而言，供应链各方企业都需要在各自企业内部建立以商品类别为管理单位的组织。

(五) ECR 的实施效益

1. 提高销售额

通过 ECR 的实施，企业能够更准确地把握市场需求，优化产品组合和促销策略，从而提高销售额。根据欧洲某供应链管理机构的调查报告，实施 ECR 后，制造商的预期销售额可以增加 5%以上。

2. 降低成本

ECR通过优化供应链管理、减少库存、提高物流配送效率等手段，显著降低了企业的运营成本（见表4-4）。

表4-4 ECR带来的企业成本和费用的节约

成本和费用类型	ECR带来的节约
商品成本	损耗降低，制造费用降低，包装费用降低，更有效的材料采购
营销费用	促销费用降低，产品导入失败可能性减小
销售采购费用	现场和总部的费用降低，简化了管理流程
后勤费用	更有效地利用了仓库和运输力量，仓库空间要求降低
管理费用	减少了办事员和财务人员的数量
店铺经营费用	自动订货，单位面积的销售额更高

3. 提升客户满意度

企业通过ECR提高了客户满意度和忠诚度。这意味着企业能够更迅速地满足客户的期望，提供他们所需的产品和服务，从而增强客户对企业的信任和好感。

4. 促进供应链协同

ECR强调跨部门、跨企业的协作与信息共享，这有助于实现产品从生产到销售的高效、快速、低成本流动。通过建立高效的供应链协同机制，企业能够更好地应对市场变化，提高整个供应链的效率和效益。

三、作业成本法

企业进行供应链优化时，需要及时获取供应链各环节的成本信息并进行综合分析。传统的财务会计制度和成本核算系统难以准确地计算供应链中的各项成本，运用作业成本法（又称ABC成本法）可以对整个供应链中的成本耗费进行系统的核算，从而为供应链管理决策提供更有价值的成本信息依据。

（一）基本概念

1. 资源费用

资源费用是指企业在一定期间内开展经济活动所发生的各项资源耗费。这些资源既包括建筑物、设备、材料、商品等有形资源，也包括信息、知识产权、土地使用权等无形资源，以及人力资源耗费和其他各种税费支出等。

2. 作业

作业是指企业基于特定目的执行的任务或活动，它是连接资源和成本对象的桥梁。

作业既可以是具体的任务或活动，也可以是一类任务或活动的泛指。

（二）作业成本法的原理

作业成本法以作业消耗资源、产出消耗作业为原则，通过追踪和分配资源费用至各项作业，再进一步将作业成本追溯或分配至各成本对象，最终完成成本计算。

（三）作业成本法的计算步骤

1. 确认作业并分类

不同类型的企业拥有不同的作业活动领域，从而形成不同的成本计算基础。例如：生产型企业可将作业活动分为原材料采购、储存、生产领用、人工准备、机器准备、设备启动、机器设备生产加工、包装和运输、入库等；商品流通型企业可将作业活动分为商品订货、商品采购、商品运输与检验入库、仓储、商品出售与商品售后服务等。企业应确认各种与费用的产生有关的作业活动，并进行恰当的分类。

2. 明确成本动因

在确认作业活动的基础上，按照不同的作业跟进各作业活动所使用的构成间接费用的各种资源，即成本动因。成本动因是引起成本发生的原因。企业应识别每项价值活动的成本动因，为改善价值活动和强化成本控制提供有效途径。

3. 选择分配标准

企业应根据跟进的各类作业资源，选择分配作业间接费用的标准。例如：原材料搬运作业的作业分配标准是原材料领用数量；机器设备生产加工活动的作业分配标准是生产活动所耗用的机器工时数；商品验收入库作业的作业分配标准是验收入库的商品数量。

4. 分配作业成本

企业应按照确定的作业分配标准，在各项作业之间分配作业成本，以确定各项作业的作业成本。

5. 计算产品成本

企业应根据各项作业的作业成本，按照产品所耗用的作业资源，计算产品的作业成本，包括各类产品的总成本和单位成本。

任务四　供应链失调

微课

供应链失调

问题引导

何为供应链失调？

供应链失调对企业运营和市场竞争力有着很大影响。供应链中的任何一个小环节出现问题都可能导致整个链条的堵塞，进而影响企业的生产效率、成本控制和交货时间。企业应如何有效识别供应链中的潜在失调风险？在面临供应链失调时，有哪些策略可以帮助企业快速响应并降低损失？从长远来看，企业应该如何构建更加稳健、灵活的供应链体系，以增强抵御未来潜在风险的能力？这些问题对于企业在激烈的市场竞争中保持优势地位至关重要。

供应链管理的关键就在于供应链各节点企业之间的连接和合作，以及相互之间在设计、生产、竞争策略等方面良好的协调。如果供应链的所有节点企业都采取能促使总利润提升的行为，则供应链的协调性就会得到改善。供应链协调要求供应链的每个节点企业都考虑自身行为对其他节点企业的影响。

一、供应链失调和“牛鞭效应”的概念

（一）供应链失调

供应链失调有两种可能性：一种是由于供应链不同节点企业的目标发生冲突。如果供应链的每个节点企业都归属不同的所有者，每个节点企业又都努力追求自身利益的最大化，则不同节点企业的目标可能发生冲突，就会导致供应链整体利益受损。目前，供应链各节点企业通常归属于不同的所有者。例如，福特汽车公司拥有多个供应商，这些供应商又各自拥有自己的一批供应商。另一种引起供应链失调的原因是信息在不同节点企业之间传递的过程中发生扭曲。由于完整信息在节点企业之间无法共享，因此当信息在供应链内流动时，就会发生扭曲。而这种扭曲由于供应链产品的多样性而夸大。例如，福特汽车公司制造了多种不同的车型，车型的日益多样化使得福特汽车公司难以协调与数以千计的供应商和销售商之间的信息交换。福特汽车公司面临的根本性挑战就是：在所有权分散化和产品日益多样化的前提下，如何实现供应链的协调。

（二）“牛鞭效应”

20 世纪 80 年代，宝洁公司在考察其畅销品——尿不湿的订货规律时，发现零售终端的销量相当稳定，销售的波动性并不大。但当宝洁公司考察分销商的订货量时发现波动性明显增大了。有趣的是，宝洁公司进一步考察向供应商订货时，发现订货量变化更大。供应链上各级订货量的波动如图 4-14 所示。

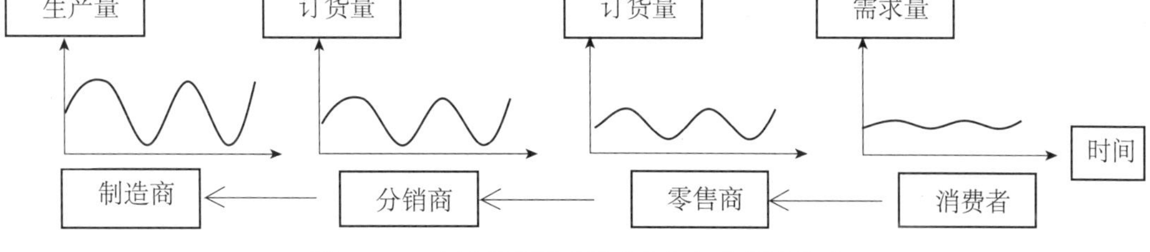

图 4-14 宝洁公司供应链上各级订货量的波动

有学者将上述现象称为“牛鞭效应”。“牛鞭效应”是供应链上的一种需求变异放大

现象，是供应链上的信息流从终端客户向原始制造商传递的时候，由于无法有效地实现信息的共享，使得信息被扭曲而逐渐放大，导致需求信息出现越来越大的波动。这种信息扭曲的放大作用在图形显示上很像一根甩起的牛鞭（见图 4 - 15），因此被称作“牛鞭效应”。

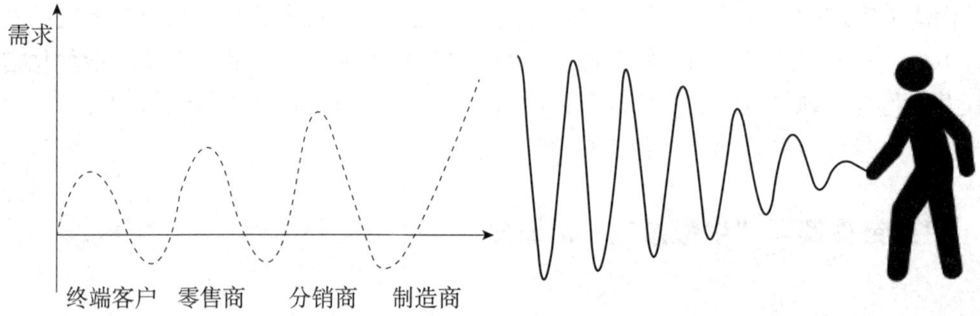

图 4 - 15 “牛鞭效应”示意图

“牛鞭效应”扭曲了供应链内的需求信息，供应链上不同节点企业对需求状况有着截然不同的估计，其结果导致供应链失调。

二、供应链失调的原因

（一）目标冲突

供应链不同阶段的目标不一致：如果供应链的不同阶段属于不同的所有者，那么它们的目标可能不一致。每个阶段的所有者都努力追求自身利益的最大化，从而导致供应链整体绩效的降低。例如，采购部门希望通过过量采购获得数量折扣，但这会增加库存成本；运输部门希望通过规模效应降低运输成本，但这同样会增加库存成本并降低客户服务水平。

（二）激励机制的不当设计

在供应链中，给予不同环节或参与者的激励措施可能导致总体利润下滑。例如，运输部门经理的薪酬只与单位货物的平均物流成本挂钩，这可能会促使运输部门经理尽量运用规模经济来降低物流成本，但这增加了库存成本，使得总体利润下降。

（三）信息传递延迟和扭曲

供应链中的信息在传递过程中可能发生延迟和扭曲。由于供应链产品的多样性和复杂性，这种扭曲可能会被夸大。例如，在宝洁公司的案例中，原材料订单的波动幅度在供应链上游被放大，但到了下游零售商销售阶段，波动幅度却减小了。

（四）信息共享的缺乏

供应链中的各个实体之间信息共享不足，导致需求信息在传递过程中被曲解。每家企业都根据从下游企业收到的订单流来预测需求并付诸实施，这进一步加剧了需求波动。

（五）需求波动

需求波动是供应链失调的一个重要原因。制造商为了响应需求波动而不断调整生产计划，这种调整会沿着供应链向上游传递，导致供应商也面临生产计划的不确定性。

（六）产能投资不足或过剩

供应商的产能投资可能低于预期需求或过度投资。产能投资不足会导致产品延迟推出、延时交付等问题，而产能过剩则可能导致资源浪费和成本增加。

（七）物流问题

物流是供应链中的关键环节。运输成本、运输时间以及运输过程中的货物损失都可能影响供应链的效率。物流问题如运输延误、货物损坏等都会加剧供应链的失调。

（八）缺乏灵活的供应链策略

供应链策略缺乏灵活性，无法快速响应市场变化或突发事件，也可能导致供应链失调。例如，缺乏备选供应商、单一分销渠道等都会增加供应链中断的风险。

案例链接

“牛鞭效应”是怎么产生的？

假如零售商的历史最高月销量为 1 000 件，但下月正逢重大节日，商场会进行促销活动，为了保证不断货，零售商会在月最高销量基础上再追加 10%，于是零售商向其上级批发商下订单 1 100 件。批发商汇总该区域零售商的销量为 10 000 件，为了保证零售商临时订货需求又追加 15%订货量，于是向制造商下订单 11 500 件。收到订单的制造商虽然明知订单中有“夸大”的成分，但为了保证批发商的需求，于是不得不至少按 11 500 件投产，并且为了稳妥起见，在考虑毁损、漏订等情况后，又加量生产。这样一层一层地增加数量，导致需求信息出现越来越大的波动。

三、供应链失调的影响

供应链失调对供应链的运营和绩效会产生多方面的影响，这些影响主要体现在生产成本、物流成本、补给供货期、劳动力成本以及整体利润和服务质量上。

（一）生产成本和物流成本增加

供应链失调往往导致“牛鞭效应”，即需求波动在供应链中逐级放大。这使得制造商需要保持较高的生产能力以应对不确定的需求，但这种能力在订单较少的时期会大量闲置，降低了设备利用率，从而增加了商品的生产成本。

库存成本上升，为了应对增大的需求变动性，供应链每个成员都需要保有比正常情况下更高的库存水平，这直接导致了库存成本的增加。

物流成本提高，运输需求与订单的完成密切相关，“牛鞭效应”导致运输需求随时间剧烈波动，因此需要保持剩余的运力以满足高峰期的需求，从而提高了物流成本。

（二）补给供货期延长

生产计划难以安排，需求的变动性加大使得制造商及原材料供应商的生产计划难以安排，往往出现当前生产能力和库存不能满足订单需求的情况，导致补给供货期延长。

（三）劳动力成本增加

送货和进货的劳动力需求波动，原材料供应商、制造商送货的劳动力需求随着订单的波动而波动，经销商和零售商进货的劳动力需求也存在类似的波动，从而增加了供应链内送货和进货相关的劳动力成本。

（四）整体利润下降

成本增加导致利润压缩，上述生产成本、物流成本和劳动力成本的增加，以及库存积压等问题，都会直接压缩供应链的整体利润。供应链中不同环节或参与者的激励措施可能导致总体利润下滑。

（五）服务质量降低

响应速度减慢：由于补给供货期的延长和劳动力成本的增加，供应链的响应速度可能会减慢，导致客户满意度下降。

缺货情况增多：过大的订单波动使得供应链中的成员难以按时满足所有订单，增加了缺货的概率，从而降低了服务质量。

四、供应链失调的解决方法

（一）激励措施和目标保持一致

企业可以通过使激励措施和目标保持一致来实现供应链的协调，使供应链每个成员的行为都以供应链总利润最大化为目标。企业内部要实现决策协调，必须确保每个部门用以评估决策的目标与企业总体目标相吻合。

（二）提高信息的准确度

管理者可以通过提高供应链上不同节点企业之间可获得信息的准确度来实现供应链

的协调。供应链各节点企业之间共享销售数据能够缓解“牛鞭效应”。一旦销售量数据得以共享，如果要实现完全的协调，则供应链上不同节点企业必须联合进行预测和规划。

（三）优化订单管理

通过订单管理优化缓解供应链失调，企业需采取以下一系列措施：一是优化订单批量与频率，拆分大订单为小批量订单，设置动态最小订单量，应用移动平均法平滑波动，建立订单缓冲池。二是缩短交付周期，压缩承诺交货期，建立紧急订单绿色通道，实施 JIT 交付，优化物流网络布局。三是加强订单协同管理，实现订单信息实时共享，联合制订订单计划，实施 CPFR 机制，设置自动补货触发点。四是应用数字化工具，部署智能订单管理系统，推行电子订单处理，提升订单处理效率与准确性，增强供应链各环节协同，减少信息失真与需求放大效应。

（四）设计定价策略以稳定订单规模

设计定价策略是缓解供应链失调的关键手段。企业可通过动态定价实时调整价格，高峰期提价抑制需求、低谷期降价刺激消费，平滑需求波动。可供企业采取的定价策略有：差异化定价，针对不同渠道或区域实施阶梯价格，引导需求流向资源过剩区域，平衡供需分布；价格锚定，通过长期合约或保底价稳定供应商预期，减少因短期波动导致的囤货或减产；捆绑定价，将滞销品与畅销品组合销售，加速库存周转并避免单一商品大幅降价冲击利润。这些策略通过价格信号调节供需关系，减少信息失真和反应过度，从需求端反向优化供应链资源配置，最终缓解“牛鞭效应”和供需错配问题。

（五）构建战略伙伴关系和信任机制

一旦在供应链内构建了战略伙伴关系和信任机制，管理者便更容易采取上述杠杆来缓解“牛鞭效应”，实现供应链协调。各节点企业之间相互信任，共享准确信息，有助于降低成本，在供应链内实现供需平衡。良好的合作关系往往能降低供应链各节点企业之间的交易成本。交易成本的降低及准确信息的共享有助于缓解“牛鞭效应”。

案例链接

开市客供应链的独到之处：简化的价值

自 1983 年在华盛顿州西雅图创立以来，开市客（Costco）这家以仓储批发俱乐部零售起家的企业已经蜕变为全球零售业的重要力量。截至 2023 财年，Costco 已在全球开设 800 余家仓储式会员店，展现出强大的市场覆盖能力。2023 年财报显示，Costco 实现总营收 2 422.9 亿美元。Costco 的供应链管理哲学是其能够持续以竞争力十足的价格提供高品质产品的关键。Costco 深谙供应链简化之道，通过减少不必要的复杂环节，实现运营的高效与成本的优化。这种简化不仅让Costco能够向会员持续传递价值，更让其有能力将节省下来的成本转化为消费者的实际利益，确保顾客总能以优于传统零售的价格获得心仪的商品。

1. 简化流程

Costco与供应商建立了紧密的合作关系，共同优化托盘的堆叠和包装方式。通过深入实施“零接触”政策，Costco确保了在整个供应链流程中，产品始终保持在托盘上，减少了不必要的搬运环节，从而大幅提升了效率。

2. 减少SKU

与传统零售商动辄上万种产品不同，Costco平均维持约3 700个SKU。通过限制SKU数量，Costco显著降低了供应链的复杂性。

3. 发展自有品牌

通过推出Kirkland Signature等一系列自有品牌产品，Costco不仅为会员提供了卓越的质量和价值，还进一步增强了对供应链的控制能力。这种策略不仅减少了Costco对外部供应商的依赖，提高了利润率，同时也巩固了Costco在零售市场的领先地位。

素养提升

合作共赢：一个人可能走得更快，但一群人才能走得更远

在现代工作环境中，团队合作已成为成功的关键因素。团队合作能够整合不同的才能和资源，提高工作效率，促进创新和协同，实现共同的目标。然而，要实现高效的团队合作并不容易，需要有一种积极的合作哲学和行动准则。以下策略有助于团队实现共赢：

（1）建立共享的愿景和目标：团队成员应该共同明确团队的使命和目标，共享愿景，从而在工作中保持一致性和奋斗方向。

（2）培养良好的沟通和协作能力：团队成员应该积极主动地沟通，分享信息、意见和想法。同时，团队成员还应该培养良好的协作能力，学会在团队中相互支持、倾听和合作，共同解决问题和完成任务。

（3）建立信任和共享责任：建立信任的关键是诚实、透明和守信用。此外，团队成员还应该共担责任，将个人的成功与整个团队的成功联系在一起。每个成员都应该承担自己的责任，积极参与团队的工作，并愿意为团队的目标而努力。

（4）促进多样性和包容性：团队应该鼓励成员展示自己的独特之处，并尊重和包容不同的意见和观点。通过接纳多样性，团队能够更好地应对挑战，找到更好的解决方案。

（5）建立有效的决策和问题解决机制：团队成员应该共同制定决策的流程和方法，并确保决策的公正和透明。同时，团队还应该建立有效的问题解决机制，鼓励成员主动提出问题、寻求帮助，并共同努力找到解决方案。

项目小结

本项目重点介绍了构建供应链的相关基本理论，涵盖了供应链结构模型、设计策略、管理方法以及供应链失调等方面的内容。相信通过本项目学习，你已初步掌握了构建供应链所需的基本知识，并具备了针对特定企业和产品进行供应链设计的能力。

赛证链接

供应链运营职业技能竞赛考试题目（作业成本法）

众物智联物流与供应链集团某电商仓储分部 A 同时服务于甲、乙、丙三个客户，其中甲客户为自营业务，乙客户、丙客户为第三方卖家。月末时其物流总成本、资源成本、员工总工作时间以及甲、乙、丙客户订单及占用资源分别如表 4－5、表 4－6、表 4－7、表 4－8 所示。

表 4－5　物流总成本　　　　单位：元

支付形态	支付明细	相关费用
维护费	固定资产折旧	120 000
人工费	单证处理人员（5 人）	16 000
	货物验收人员（5 人）	16 000
	货物进出库作业人员（6 人）	20 000
	仓库管理人员（5 人）	21 500
材料费	工具费	20 200
一般经费	办公费	7 000
	水电费	900

表 4－6　资源成本　　　　单位：元

费用	订单处理	货物验收	货物进出库	仓储管理	合计
人工费	16 000	16 000	20 000	21 500	73 500
折旧费	10 000	10 000	40 000	60 000	120 000
工具费	6 000	2 000	6 200	6 000	20 200
办公费	2 000	1 000	2 000	2 000	7 000
水电费	2 000	1 800	2 000	4 000	9 800
合计	36 000	30 800	70 200	93 500	230 500

表 4-7　员工总工作时间

员工类别	总工作时间（小时/月）
单证处理人员（5 人）	900
货物验收人员（5 人）	900
货物进出库作业人员（6 人）	1 080
仓储管理人员（5 人）	900

表 4-8　甲、乙、丙客户订单及占用资源

项目（单元）	甲客户	乙客户	丙客户	合计
月订单总数（份）	600	360	240	1 200
占用托盘总数（个）	1 000	600	600	2 200
货物进出库总工时（小时）	600	300	180	1 080
租赁仓库面积（平方米）	16 000	10 000	8 000	34 000

根据以上资料，完成以下任务：

1. 请从备选项中选出最适合的成本动因，填入对应的空格（见表 4-9）。

A. 人工工时　　B. 托盘数量　　C. 订单数量　　D. 租赁仓库

表 4-9　作业动因

作业	成本动因
订单处理	
货物验收	
货物进出库	
仓储管理	

2. 使用作业分配系数计算公式，计算分配系数并填入表 4-10。

作业分配系数=作业成本/作业量

表 4-10　作业分配系数

作业	订单处理	货物验收	货物进出库	仓储管理	合计
作业成本	36 000	30 800			230 500
作业量	1 200				
作业分配系数	30				

3. 填写并计算客户实际服务成本（见表 4-11）。

表 4-11 客户实际服务成本

作业	作业分配系数	实际耗用成本动因数			实际成本		
		甲	乙	丙	甲	乙	丙
订单处理	30	600	360	240	18 000	10 800	7 200
货物验收							
货物进出库							
仓储管理							
合计						66 200	49 300
总计					230 500		

课后测评

一、单选题

1. 按市场需求模式将产品分为两类，下列属于功能型产品的是？（　　）

A. 流行服装　　B. 电脑　　C. 手机　　D. 钢铁

2. 下列哪项策略适用于创新型产品的供应链设计？（　　）

A. 大批量生产，降低单位成本　　B. 保持大量库存以应对需求波动

C. 缩短提前期，提高市场反应速度　　D. 采用标准化生产流程

3. 在模块化设计和生产中，模块化设计的优势不包括哪一项？（　　）

A. 提高生产效率　　B. 降低运输成本

C. 增加生产过程中的复杂性　　D. 提高产品质量

4. 下列哪项不属于供应链失调的原因？（　　）

A. 目标冲突　　B. 信息传递延迟和扭曲

C. 缺乏灵活的供应链策略　　D. 高额的广告宣传费用

5. 供应链失调可能导致以下哪种后果？（　　）

A. 生产成本和物流成本降低　　B. 库存积压减少

C. 补给供货期缩短　　D. 整体利润下降

二、判断题

1. 传统汽车企业供应链一直采用网状结构。（　　）

2. 在快速反应（QR）系统中，企业需要通过 EDI 等信息技术实现信息共享。（　　）

3. 效率型供应链的核心目标是降低库存成本。（　　）

4. 在基于产品的供应链设计策略中，功能型产品通常采用反应型供应链。（　　）

5. 供应链失调一定导致“牛鞭效应”。（　　）

三、思考题

1. 简述供应链网状结构与链状结构的主要区别。

2. 什么是“牛鞭效应”？它对供应链管理有何影响？

3. 有效客户反应（ECR）系统的核心要素有哪些？

4. 请解释大规模定制与供应链管理的关系，并给出实例。

5. 请阐述供应链失调的主要原因，并给出相应的解决方法。

实践能力训练

实训内容： 登录供应链管理仿真实训平台，根据前期的运营效果以及当下的市场环境，分析供应链运营中是否存在失调现象，优化供应链运营策略，选择恰当的供应链管理方法。

实训目的： 运用所学知识，分析供应链运营中存在的失调现象，在优化与改进中，掌握基于产品的供应链优化设计策略、QR、ECR等供应链管理方法。

实训材料： 供应链管理仿真实训平台、电脑。

实训要求：

1. 小组成员分工协作，模拟智能音箱产品的供应链运营。

2. 通过软件对以下市场相关历史数据及基础信息进行调研。

（1）智能音箱的配件基础信息调研（可截屏产品的BOM图）。

（2）合作伙伴关系调研。请将系统中你所选择的上下游供应链合作伙伴（企业名称）、所在城市、企业类型、供应/采购商品等信息填入下表中。

企业编号	企业名称	所在城市	企业类型	供应/采购商品
例：A1001	ABB	上海	分销商	主控芯片

（3）判断所经营产品属于哪种产品类型（创新型产品还是功能型产品）以及所匹配的供应链战略（效率型供应链还是反应型供应链），回答判断的依据（可从产品生命周期、需求的可预测性等方面分析）以及所匹配的供应链战略实施要点。

3. 通过对经营数据的分析，判断在供应链运营中是否存在供应链失调现象；若存在，说明其产生的原因。

4. 结合以上内容，撰写供应链运营优化方案。

实训步骤：

步骤1：登录供应链管理仿真实训平台。

步骤2：收集运营企业的产品、市场、合作伙伴、库存等数据。

步骤3：分析运营企业是否存在供应链失调现象。

步骤4：采用基于产品的供应链设计策略，对供应链进行优化。

步骤5：撰写供应链运营优化方案。

步骤6：教师总结和评价各小组的案例分析报告，并提出相应的指导建议。

职业核心能力测评

职业核心能力	评价指标	自测结果
自我管理能力	1. 培养自己的责任心 2. 能够管理自己的时间 3. 所学知识的灵活运用	A [ ]　B [ ]　C [ ] A [ ]　B [ ]　C [ ] A [ ]　B [ ]　C [ ]
合作交流能力	1. 知道如何尊重他人的观点 2. 能够与他人有效沟通 3. 能够获取信息并反馈信息	A [ ]　B [ ]　C [ ] A [ ]　B [ ]　C [ ] A [ ]　B [ ]　C [ ]
解决问题能力	1. 能够有效使用信息资源 2. 能够客观分析事物的现状 3. 能够发现并解决常规问题	A [ ]　B [ ]　C [ ] A [ ]　B [ ]　C [ ] A [ ]　B [ ]　C [ ]
设计创新能力	1. 能够提出有价值的观点 2. 能够运用不同的思维方式 3. 能够制定创新方案并实施	A [ ]　B [ ]　C [ ] A [ ]　B [ ]　C [ ] A [ ]　B [ ]　C [ ]
	学生签字：	教师签字：

第二部分
运营篇

项目五
供应链需求预测

学习目标

- 供应链需求预测
  - 知识目标
    - 理解需求预测的概念
    - 掌握影响需求的因素
    - 明晰提高预测准确性的方法
  - 技能目标
    - 能够运用常用的基本预测方法
    - 能够及时分析市场并进行分析判断
  - 素养目标
    - 具有责任意识和担当精神
    - 勇于突破困局

内容框架

- 供应链需求预测
  - 认识需求管理
    - 需求管理的概念
    - 影响需求的因素
    - 需求预测的动机
    - 需求预测的特征
  - 掌握需求预测方法
    - 需求预测方法的分类
    - 供应链需求预测的步骤
    - 定性预测方法
    - 定量预测方法
  - 提高需求预测精度
    - 引入预警机制
    - 利用大数定律
    - 减少信息延迟并设置提前期

游戏导入

需求波动游戏

一、游戏意义和目的

游戏通过模拟真实市场的不确定性，帮助参与者理解供应链动态、协作与风险管理的核心逻辑。其目的是培养应对需求波动的策略思维，优化库存、生产和物流决策，减少“牛鞭效应”，提升供应链韧性。游戏强调团队协作、数据分析和快速响应能力，最终实现降本增效与客户满意度提升。

二、游戏注册及规则说明

1. 执行规则

可扫码登录游戏。每个参与人员作为需求的一个环节，通过随机抽取需求数，结合自身库存数，将库存数转移到下一环节。转移规则：第一个环节为无限库存环节，抽取多少需求数，就转移多少库存到下一环节，第二个环节之后均为有限库存环节，抽取的需求数和库存数进行比较，取需求数和库存数的较小值传递到下个环节。库存数转移后如还有剩余未清除，可累计进入下一轮库存转移中。

微信扫码关注

2. 游戏参数设置

每组人数设置：需求波动游戏的波动链条越长效果越明显，建议每组参与人员不少于5人。

需求区间设置：确定需求波动的范围，点击即可选择，有三种区间可选，建议玩三轮进行比较。

游戏时间设置：可由授课教师自行安排每次游戏的周期数，建议设置为10～15个轮次。

游戏分享设置：游戏发布后，会在启动界面给出“发布编号（6位编码）”，参与人员输入系统给出的“发布编号”才能参与游戏。

3. 开始游戏

游戏创建者启动游戏后，自动进入游戏操作界面，系统根据参与人员加入游戏的先后顺序分配其所处的环节。参与人员点击“执行”按钮，即完成本轮操作，要求在进度条未完成前点击完毕，否则本轮轮空，需求数为0。

三、游戏数据分析

当前游戏结束后，会自动跳转到“游戏数据统计”页面，点击其中任意一组，即可进入该组统计页面中。数据统计内容为每轮执行的总输入量和总输出量，排除中间环节的内容。

任务一　认识需求管理

微课

认识需求管理

问题引导

如何有效地进行需求管理？

在供应链管理中，需求管理是至关重要的环节。它涉及识别、记录、分析、验证和控制项目需求的过程。那么，如何有效地进行需求管理呢？需求管理是一个系统化过程，需要项目团队在项目全过程中持续关注和优化。通过有效的沟通、记录、分析、验证和变更控制，项目团队可以确保项目需求得到满足，从而提高项目成功的可能性。

一、需求管理的概念

需求管理是指以客户为中心，以客户的需求为出发点，集中精力来估计和管理客户需求，并试图利用该信息制定生产决策，以实现客户效用最大化的一种活动。供应链的重点是供给和需求之间的协调，包括产能、速度、信息、库存缓冲、批量等的协调。通过需求与供给管理，将这些内容组合在一起并协调运行，是供应链管理的重点。

（一）供应链需求的来源

1. 独立需求

独立需求是指外界或消费者对制成品或最终产品的市场需求，即企业所承接市场的订单需求，因为它的需求量是由市场所决定的，企业本身只可根据以往的经验法则予以预测，而无法加以控制或决定，所以称为独立需求。

2. 相关需求

相关需求是指由对既定产品或服务的需求所引致的对与其直接相关的某种产品和服务的需求。例如，汽车底盘装配线一次批量生产所需的汽车底盘需要提前 2 天将所有的零部件配齐，则对提前期为 2 天的所有零部件的需求就是非独立需求。

对于独立需求，由于它受到较少的限制，企业完全可以充分发挥自己的主动性和能动性去采取多种有效的方式来调节和控制，加强与上下游企业间的合作与信息共享，提高自己在供应链上的预见性，加快响应市场变化的速度，改进组织结构和规章制度及优化业务流程等。对于相关需求的管理，受到的限制较大，如资源的限制。但是这种需求却是必须要得到满足的，否则，就会影响订单和交货的完成，企业常常在资源不足的情况下采用业务外包的方式来满足。

（二）供应链需求管理的内容

需求管理主要由需求预测、需求计划、需求监控与关键绩效评估等部分组成。

需求预测是成功实现需求管理的第一步，它是制订需求计划的依据和基础。需求预测的精确度越高，需求计划的可靠性和可行性也就越高。企业借助需求计划来实时地支持供应链目标，协调与需求相关的其他业务环节，并使它们之间不断交流信息。需求监控与关键绩效评估组件可以为管理者提供例外的分析信息，它与供应链管理其他组件集成，使用多维的功能为需求管理提供所需的关键信息，监控与评估该计划的执行进程，并对例外情况发出警告，及时通知管理者防止意外发生。

（三）供应链需求的特征

需求具有不确定性。供应链管理思想使企业从关注自身生产转变为关注市场需求。在这种环境下，如果要管理一个需求拉动的供应链，就要了解和把握市场需求信号，并及时做出准确的预测。多样化产品、竞争环境、产品周期的缩短等都注定了需求的多样化和不确定性。

1. 需求的时间性与空间性

需求的时间性表现为需求是随时间而变化的，这种变化归因于市场销售量的增长或下降、需求模式的季节性变化以及多种因素导致的波动。需求的空间性表现为管理者在规划设施位置、平衡物流网络中的库存水平、按地理位置分配运输资源时，需要知道需求所发生的空间位置。

2. 需求的不规则性与规则性

不同产品的市场需求随时间变化的模式是不同的。需求的变动既可能是规则的，也可能是不规则的。导致需求模式规则性变动的因素有长期趋势、季节性因素和随机性因素等。如果随机波动在时间序列变化部分中的占比很小，利用规则性预测方法就可以得到较好的预测结果。

3. 需求的独立性与派生性

需求的独立性是指需求来自一些独立的客户，这些客户多数是独立采购，其采购量只占企业分拨总量的很少一部分。需求的派生性是由某一特定的生产计划要求派生出来的，这是一种从属性的需求。例如：从某供应商处购买新轮胎的数量就是汽车厂商要生产的新汽车数量的一定的倍数。

4. 需求的不确定性与可预测性

在瞬息万变的动态市场中，需求不仅包括一般产品和服务需求，还包括个性化的产品和特殊的服务需求。需求受季节、宏观经济形势、气候等环境因素以及本企业与竞争对手的产品价格、促销、新产品或替代产品等企业行为因素的影响。需求预测通常是比较困难的，但是企业在一定条件下可以做出有效预测。客户需求会受到一系列因素的影响，如果能够确定这些变化因素是如何影响未来需求的，那么在一定程度上这些需求就是可以进行预测的。

二、影响需求的因素

对企业产品或服务的需求是市场上众多因素作用的结果。其中有些因素是企业可以影响甚至决定的，而另外一些因素则是企业无法控制的。

企业在需求预测过程中，面临的内部影响因素包括产品的广告措施、推销手段、企业的商业信誉、产品或服务的设计、信用政策及产品质量等；而企业面临的外部影响因素包括竞争对手的行为、商业周期、消费者偏好、消费者的购买行为及购买时间等。常见的影响需求的因素包括以下几个：

（一）商品自身的价格

一般情况下，一种商品的价格越高，那么消费者对该商品的需求就会越少；如果该商品的价格降低，那么消费者的需求则会增加，商品价格与消费者需求成反比。例如：小红每天都会喝一杯咖啡，咖啡的价格为20元一杯，但是今天早上她去买咖啡时，发现咖啡价格涨到了30元一杯，小红便决定今天把咖啡换成其他饮品或者不喝了，那么小红对于咖啡的需求就减少了。

（二）消费者收入

一般情况下，如果消费者的收入增加，就会增加对某种商品的需求；如果消费者的收入减少，则会减少对某种商品的消费，消费者收入与需求成正比。例如：小红以前一个月的工资是5 000元，她每天都会喝一杯20元的咖啡，但是后来她的工资降到3 000元一个月，在咖啡的价格以及其他因素都没变的情况下，小红便会减少对咖啡的购买。

（三）相关商品的变化

相关商品分为两种：一种是替代品，另一种是互补品。

替代品是指两种商品互相替代，满足消费者的同一需求。如小明现在要从重庆去西藏旅游，他既可以坐火车也可以坐飞机，火车和飞机就是替代品。替代品是如何影响消费者需求的呢？小明要去西藏旅游，在他准备去的时间点，飞机的价格上涨，而火车的价格没有变化，所以小明选择了坐火车，对于火车的需求增加，对飞机的需求减少。我们将飞机定为该商品，火车就是替代品，当该商品（飞机）价格上涨时，消费者就会减少需求，转而增加对替代商品（火车）的需求，故该商品的价格与替代品的需求成正比。

互补品是指两种商品互相补充才能满足消费者的需求，如羽毛球和羽毛球拍。如果该商品（羽毛球）的价格上涨，那么消费者对羽毛球的需求就会下降，同样对于互补品（羽毛球拍）的需求也会减少，反之则会增加，故该商品的价格变化与互补品的需求成反比。

（四）消费者对于商品的价格预期

如果消费者预期某商品的价格会上涨，那么消费者现在对于该商品的需求则会增加，反之则会减少。例如：中秋节来临时，月饼的价格会暴涨，很多消费者会提前购买月饼，等到中秋节到来时，就不需要再购买了。

（五）消费者的偏好

如果消费者对某商品的偏好度高，对于该商品的需求量也会增加，反之则减少。例如：小张对芒果过敏，也就是小张对芒果的偏好度特别低，他不会购买芒果，所以小张对芒果的需求就会很低。

三、需求预测的动机

需求预测是指基于历史数据、市场趋势、消费者行为分析等多维度信息，对未来一段时间内产品或服务的需求量进行预估的过程。这一过程不仅关乎生产计划的制订，还直接影响物料采购、库存管理、物流配送等多个供应链环节。因此，准确的需求预测是供应链高效运作的前提和基础。需求预测的根本原因是供应链的响应能力有限。响应周期越长，响应能力越有限，对需求预测的依赖就越高，这也意味着需求预测应尽早规划；而需求预测越早，准确度就越低，这就陷入了死循环。所以，缩短供应链的响应周期，提高供应链的响应能力，是提高预测准确度、更好地匹配需求与供给的关键。

案例链接

李宁公司的供应链需求预测

李宁（荆门）产业园由李宁体育用品有限公司及其核心供应商、配套材料商共同投资兴建。这几家核心供应商组建了服装集团和鞋业集团，在该产业园内从事服装和鞋类生产。李宁公司负责物流基地和研发中心的建设，成为价值链和供应链的管理者和分配者。李宁公司将供应商、制造商、物流中心、配送中心和分销商等参与体有效地整合在一起，以实现成本最低、效率最高的目的。为了能够及时捕捉市场需求变化的信息并对需求做出快速响应，这些供应链参与体必须协同预测需求。图 5－1 反映了李宁公司的供应链需求预测的过程。

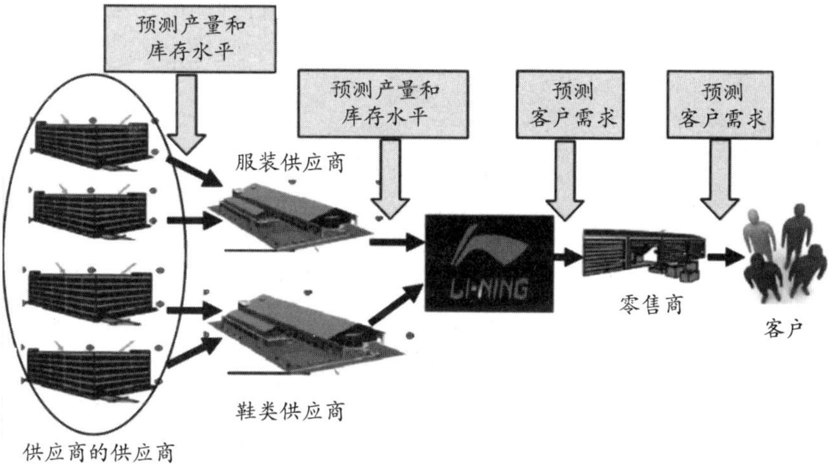

图 5－1　李宁公司的供应链需求预测过程

四、需求预测的特征

企业在需求预测的过程中以及利用预测结果时要注意，需求预测具有以下特征：

（一）预测结果不是精确的

预测过程受到预测人员的能力、所收集数据的准确性和完整性、预测方法的适用性及参数的选择以及其他相关因素的影响，导致预测结果不精确。在供应链的决策中，除了预测结果之外，还需要注意预测误差的情况。

（二）长期预测的精度低于短期预测的精度

预测是根据现有情况对未来进行的推测，目标时间离当前时间越远，受到的当前的各种相关因素的影响就越小。供应链企业越来越重视整个供应链对于市场的响应速度，响应时间越短，预测结果就越精准，所起的作用也就越大。

（三）综合性预测的结果比离散型预测的结果更准确

预测的目标对象越小，各种相关因素对预测的影响就越大。在未来，任何一个因素的随机性变化都会对预测结果产生较大的影响。预测的目标对象越大，抗影响的能力就越强，在未来，任何一个因素的随机性变化对预测结果的影响也就相对较小。所以，预测一个国家未来的经济总量比预测一家企业未来的经济状况更准确。

（四）“牛鞭效应”影响需求预测精度

供应链中各级企业往往会提升订货量来应对市场的风险，那么企业越靠近供应链上游，离最终用户的需求也就越远，这种增加订货量应对风险的效应，即供应链中的“牛鞭效应”，也就更为明显。此时，对供应链上游的企业进行预测的结果误差值就会越大，准确预测的难度也就越大。

案例链接

基于精准需求预测的连锁便利店运营

7－ELEVEn公司是日本零售业巨头、世界最大的连锁便利店集团之一。它的成功在很大程度上是因为采用了多频次小批量的补货方式。7－ELEVEn公司利用短期预测的准确性高的特点来改善经营绩效，能在几个小时内对市场需求做出快速反应。例如，零售店经理需要在每日上午10点向配送中心下达补货通知，配送中心能确保在当天晚上7点准时交货。这样，零售店经理就只需要预测当天晚上的需求量，预测的提前期只有9个小时。由于预测提前期的缩短，零售店经理就可以更加准确地把握有关商品的销售信息，以及天气状况、竞争对手的促销等情况。相应地，零售店经理的需求预测准确率就比提前一周甚至三天预测的准确率高得多。

任务二　掌握需求预测方法

微课

掌握需求预测方法

问题引导

如何进行需求预测？

在供应链管理中，进行需求预测是一个系统的、复杂的过程，它涉及多个步骤和不同的方法。企业需要明确目标、收集数据、选择方法、建立模型、应用模型、评估结果和撰写报告等。通过科学的方法和系统的流程，企业可以提高需求预测的准确性和可靠性，为决策提供有力支持。

一、需求预测方法的分类

（一）按预测的时间跨度分

1. 短期预测

短期预测是根据市场需求变化的现实情况，以旬、周为时间单位，对 1～6 个月内的需求量（销售量）进行的预测。

2. 中期预测

中期预测是指对未来 3～5 年的预测，一般是对经济、技术、政治、社会等影响市场长期发展的因素，经过深入调查分析后，所作出的未来市场发展趋势的预测，它可以为编制 3～5 年计划提供科学依据。

3. 长期预测

长期预测一般是对 5 年以后的预测，是为制定经济发展的长期规划并预测市场发展趋势，为综合平衡、统筹安排长期的产供销比例提供依据而作出的预测。

（二）按主客观因素所起的作用分

1. 定性预测方法

定性预测方法是指预测者依靠熟悉业务知识、具有丰富经验和综合分析能力的市场人员、业务主管与相关领域的专家，根据已掌握的历史资料和直观材料，运用上述人员的经验和分析判断能力，对未来需求进行预测的方法。该方法是基于有根据的推测或根据专家的知识、智慧与经验进行预测，简单易行、方便、灵活，可以较快地得出预测结果，常用于预测市场需求的变化趋势。但该方法易受预测者主观因素的影响，易受预测者的知识、经验和主观判断能力的限制，缺乏对需求变化的精确描述。当对预测对象的数据资料掌握不充分或缺乏历史数据（如新产品研究开发之前的需求预测）、预测影响因素复杂且难以进行定量预测时，该方法是不错的选择。定性预测方法包括专家预测法、主观概率法、部门主管讨论法、销售人员估计法（市场人员意见汇集法）等。

2. 定量预测方法

定量预测方法是指预测者根据比较完备的历史销售数据等统计资料，运用一定的数学方法对统计数据进行科学的分析、处理，找出预测目标与有关变量之间的规律性联系，用于预测未来需求的一种预测方法。定量预测方法的主要特点是充分利用统计资料并建立数学模型来进行需求预测。这类预测方法偏重对未来需求的量化分析、描述与判断，更多地依据历史性统计资料来预测需求，较少受预测者主观因素的影响，因而预测结果比较客观。定量预测方法主要包括时间序列分析法和因果关系分析法两大类预测方法。其中，时间序列分析法包括移动平均法（简单移动平均法、加权移动平均法）和指数平滑法（简单指数平滑法、趋势矫正指数平滑法）等；因果关系分析法包括回归分析法（一元回归分析法、多元回归分析法、线性回归分析法、非线性回归分析法）和经济计量法等。

从定性预测方法和定量预测方法的优点和缺点中我们不难发现，两者并非相互排斥，而是相互补充的，因而在实践中应该将两者结合起来使用。

二、供应链需求预测的步骤

供应链需求预测一般包括以下六个步骤，如图 5-2 所示。

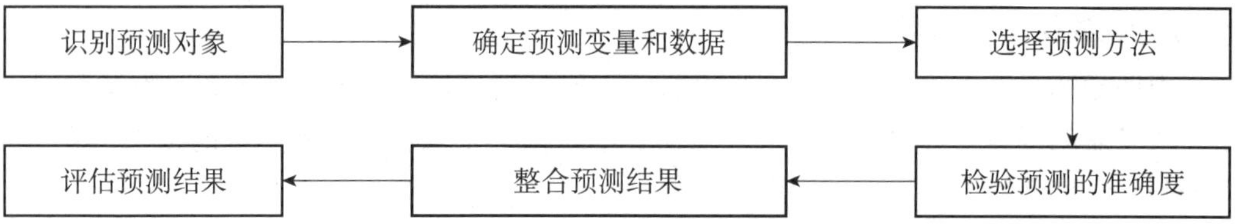

图 5-2 供应链需求预测的步骤

（一）识别预测对象

供应链需求预测通常是利用历史数据预测未来需求。因此，首先要明确预测对象。在供应链的不同环节或企业的不同管理职能上，预测对象往往不同。例如，营销部门通常预测市场变化的趋势；销售部门一般预测各细分市场上特定目标客户群体的需求量（销售量）；生产部门一般是为了有效制订并管理生产计划而预测每种产品的产量；财务部门通常预测的是销售额，并据此编制预算；物流部门一般预测对产品组的物流需求，并据此编制运输、配送等物流计划，目的是提高物流运作的效率，降低物流运作的成本。

（二）确定预测变量和数据

与预测有关的数据和信息包括以下几个方面。

（1）需求量：对某种产品（或服务）的市场总需求量。

（2）供应量：消费者或客户可获得的产品数量。

（3）产品（或服务）特性：影响需求的产品（或服务）特性。

（4）市场竞争情况：目标企业与主要竞争对手的市场占有率、竞争对手（包括替代竞争对手）的降价、促销等信息。

（5）历史销售数据：目标企业的历史销售数据。

（6）促销计划：目标企业的促销计划。

（三）选择预测方法

供应链需求预测的方法主要包括定性预测方法、定量预测方法以及计算机仿真（模拟）等方法。每一种预测方法都有其优点、缺点和适用范围。例如，如果需求有季节性特征，就应该选择融合了季节性因素的预测方法。同时，预测者还可以采用自上而下或自下而上以及两者相结合的预测方法。自上而下的预测方法是首先对产品组的需求进行预测，然后再对单品（基本储存单元/库存持有单元/每个库存单元，SKU）的需求进行预测；自下而上的预测方法则相反，先预测对单品的需求，再预测对产品组的需求。一般而言，多种预测方法并用，可以提高预测的准确性。

（四）检验预测的准确度

准确度反映的是预测值与真实值之间的吻合程度。此外，预测者还可以用偏差来衡量预测结果偏离实际需求量的程度。如果偏差过大（持续过高或过低），可能的原因之一是预测方法选择不当。

（五）整合预测结果

由于供应链的不同环节或企业的不同职能部门预测的对象不同，因此可以先按照职能进行预测，再整合预测的结果，以提高预测的准确性。尽管从理论上讲，这些环节或部门预测的结果应该相同，但事实上，由于预测主体不同，各预测主体采用的预测方法不同，预测使用的数据不同，多种因素往往会导致预测的结果不一致。

（六）评估预测结果

预测结果应由供应链各级管理人员进行评估，以确保结果的正确性和合理性。通过评估，企业可以发现问题，分析原因，不断完善预测的过程和所使用的数据。为此，企业应确定需求预测和绩效评估方法，以评价需求预测的准确性与时效性。一般而言，企业可以用平均预测时间来衡量需求预测的时效性，以反映需求预测工作的效率；可以用需求预测偏差率来衡量需求预测的准确性。公式如下：

$$\begin{aligned}\text{需求预测偏差率} &= (\text{需求预测值} - \text{实际需求量})/\text{实际需求量} \times 100\% \\ &= (\text{预测销售量} - \text{实际销售量})/\text{实际销售量} \times 100\%\end{aligned}$$

案例链接

A 电子商务企业的需求预测和绩效评估

A 电子商务企业根据需求预测的结果从供应商那里进货。供应商的供应提前期是两个月。因此，A 电子商务企业必须在售卖季开始前两个月进行需求预测。在售卖季结束后，A 电子商务企业的管理人员将实际销售量和预测销售量进行比较，以判断需求预测的准确程度。接下来，管理人员分析了需求预测误差产生的原因，并采取有效措施来减少误差，或对预测值进行修正，使其尽可能与实际需求量一致。

三、定性预测方法

（一）专家预测法

专家预测法是指由专家来进行需求预测的一种方法。专家预测法的突出特点是参加预测的人员必须是与预测问题有关的专家，即具有专业知识、精通业务、在预测领域经验丰富、富有创造性和分析判断能力的人。专家预测法包括专家会议法、头脑风暴法和德尔菲法三种。

1. 专家会议法

专家会议法是组织有关专家进行调查研究，通过座谈、讨论得出预测结论的一种预测方法。具体而言，这种方法是根据预测的目的和要求，向一组经过严格挑选的专家提供相应的背景资料，通过会议的形式对预测对象及其前景进行分析与评估，进而在综合专家分析与判断的基础上，对需求变化趋势做出准确的推断。

2. 头脑风暴法

除了采用专家会议法外，还可以采用头脑风暴法来组织召开专家会议并进行需求预测，即组织各类专家相互交流思想和观点，畅所欲言，在不受约束的情况下充分发表自己的意见，在头脑中进行智慧碰撞，产生新的思想火花，使预测观点不断集中和深化，从而提炼出符合实际的预测方案。

采用头脑风暴法进行需求预测，会议组织的方法与专家会议法的区别在于要遵循 4 条规则，即不批评别人的意见、提倡自由地思考、提出的方案越多越好、提倡在别人方案的基础上进行改进或与之结合以形成更优的预测方案。

头脑风暴法包括直接头脑风暴法和质疑头脑风暴法两种类型。直接头脑风暴法是按照头脑风暴法的规则，通过召开一组专家会议，对所预测的问题进行创造性思维活动，从而得出满意方案的一种方法。质疑头脑风暴法则是同时召开两组专家会议，其中一组专家会议按照直接头脑风暴法来实施，提出预测方案的设想；另一组专家会议则对第一组专家会议的各种设想进行质疑，从而形成更科学、更可行的预测方案。

3. 德尔菲法

德尔菲法是按照一定的程序，采用“背靠背”的方式反复征询专家小组成员的意见，经过几轮意见征询与信息反馈，使各种不同的意见渐趋一致，最后经汇总并采用数理统计的方法进行收敛，得出比较合理的预测结果，供决策者参考的预测方法。该法主要有 3 个特点：匿名性、反馈性与收敛性。在运用德尔菲法进行需求预测时，由协调者以函件形式，向互不见面的有关专家发出问题表，要求专家对所列问题做出明确回答。收回的答案经协调者归纳、整理和分析后，再将结果以函件形式发送给有关专家，如此反复进行多轮沟通。在此期间，专家可以根据上轮归纳的结果，修改或坚持自己的意见，并提出坚持或修改的理由。采用该法须运用特制的调查表格，并将结果进行整理、综合和归纳。

（二）主观概率法

主观概率是预测者凭经验或预感估算出来的概率。它与客观概率不同。客观概率是人们根据事件发生的客观性统计出来的概率。在很多情况下，预测者没有办法准确计算事件发生的客观概率，而只能用主观概率来取代。主观概率法是一种实用性很强的统计预测方法，可以用于供应链需求预测。运用该法进行需求预测主要包括四个步骤：准备相关资料、编制主观概率调查表、汇总整理、判断预测。

（三）部门主管讨论法

该法是将企业中与需求预测有关的各级主管（如市场部经理、营销部经理等）召集起来，让他们对未来需求及其变化趋势或特定目标市场的需求进行预测。在此基础上，将各级主管预测的意见汇总、研究、分析并综合处理，得出最终的预测结果。

（四）销售人员估计法

由于销售人员直接与用户打交道，他们对市场情况比较熟悉，对商品是否畅销比较了解，清楚地知道消费者对商品（或服务）的需求规格、品种与款式，因此，可以由销售人员对需求进行预测，再将预测值汇总分析并综合处理，得到最终的预测结果。

四、定量预测方法

（一）时间序列分析法

时间序列是指同一经济现象或特征值按时间先后顺序排列而成的数列。时间序列分析法是运用数学方法找出数列（历史数据）的发展趋势或变化规律，并使其向外延伸，预测市场需求未来变化趋势的一类预测方法。简言之，时间序列分析法是根据历史数据的特征来预测未来需求。

时间序列分析法的应用范围比较广泛，如对商品销售量的平均增长率的预测、季节性商品的供求预测、产品生命周期预测等。当需求模式不变、市场条件稳定、历史数据真实可靠时，使用时间序列分析法预测需求比较奏效。该类方法常用于短期需求预测。

1. 简单移动平均法

当需求模式稳定，即需求既没有季节性变化，也没有趋势性变化时，可以用简单移动平均法来预测需求。简单移动平均法是将若干期历史数据作为计算的依据，在每次预测时增加一期最新的数据，同时剔除最早的一期数据，将计算期的历史数据求算术平均值，将其作为当期的需求预测值。该法能有效消除预测中的随机波动。同时，选择最佳的历史数据区间对提高预测结果的准确性也很关键。

计算公式如下：

$$F_t=(\sum_{i=1}^{n}A_{t-i})/n=(A_{t-1}+A_{t-2}+\cdots+A_{t-n})/n$$

式中：

F_t ——当期的需求预测值；

A_{t-i} ——第 i 期的需求观测值；

n ——移动平均的时期个数（计算均值所用的时期数）。

【例题 5-1】

简单移动平均法的应用

某商场 2014 年至 2023 年出售手机的数量如表 5-1 所示。根据销售数据，使用 $n=6$ 的简单移动平均法对 2023 年手机的销售情况进行预测。

表 5-1　某商场手机销售数量

时期/年	销量/台
2014	2 000
2015	2 200
2016	2 500
2017	2 900
2018	2 800
2019	3 200
2020	3 100
2021	3 700
2022	4 000
2023	4 200

解：根据计算公式，2023 年的手机销售预测值 F_{2023} 应为：

$$F_{2023}=(A_{2017}+A_{2018}+\cdots+A_{2022})/6$$
$$=(2\,900+2\,800+3\,200+3\,100+3\,700+4\,000)/6=3\,283\text{（台）}$$

由计算结果可以看出，预测结果为 3 283 台，实际结果为 4 200 台，两者之间有一定差距。通过分析发现，除了时间序列分析法本身具有的滞后特征之外，还与 n 的取值有关。一般来说，n 越大，表示考虑过去历史数据的长度就越长，那么近期数据对移动平均值的影响就越小，这与实际情况并不相符，因此需选择合适的 n 值。另外，由于简单移动平均法消除了季节性、周期性和随机性变动等因素的影响，因此预测结果往往比较粗糙。

2. 加权移动平均法

简单移动平均法同等对待历史数据，各数据的权重相同。但事实上，越是近期的数据，对预测的参考价值越大，权重应该越大。对于那些存在季节性变化的需求来说，在预测时，季节性数据的权重也应该更大。由于加权移动平均法能区别对待历史数据，因此准确性要优于简单移动平均法。经验法和试算法是选择权重的最简单方法。

计算公式如下：

$$F_t = \sum_{i=1}^{n} \omega_i A_{t-i} = \omega_1 A_{t-1} + \omega_2 A_{t-2} + \cdots + \omega_n A_{t-n}\ ,\ \sum \omega_i = 1$$

式中：

F_t ——当期的需求预测值；

A_{t-i} ——第 i 期的需求观测值；

ω_i ——第 i 期数据的权重。

【例题 5-2】

加权移动平均法的应用

根据表 5-1 中提供的数据，某商场手机销售量在 2020 年至 2023 年的影响权重赋值分别为 0.1、0.2、0.3、0.4，利用加权移动平均法预测 2024 年的手机销售量。

解：根据计算公式，

$$F_{2024} = \sum_{i=1}^{4} \omega_i A_i = 0.1 \times 3\ 100 + 0.2 \times 3\ 700 + 0.3 \times 4\ 000 + 0.4 \times 4\ 200$$
$$= 3\ 930\ (台)$$

所以，该商场 2024 年手机的销售量预测值是 3 930 台。

如果选择 $n=3$，对 2021 年至 2023 年销售权重赋值分别为 0.1、0.3、0.6，那么加权平均预测 2024 年的手机销售量为 4 090 台；如果选择 $n=2$，对应 2022 年和 2023 年的销售权重赋值为 0.3、0.7，则加权平均预测 2024 年的手机销售量为 4 140 台。

3. 指数平滑法

简单移动平均法和加权移动平均法都必须有大量连续的历史数据，才能进行需求预测。有时，仅仅根据上一期的历史数据就能预测当期的需求。换言之，当需求没有季节性或趋势性等变化时，可以使用指数平滑法来进行需求预测。该法无需大量连续历史数据，建立数学模型容易，计算过程简单，预测的准确度较高，但预测的误差有传递性。

在进行指数平滑时，加权系数的选择是很重要的。α 的大小确定了在新预测值中新数据和原预测值所占的比重。α 值越大，新数据所占的比重就越大，原预测值所占的比重就越小。新预测值是根据预测误差对原预测值进行修正而得到的，α 的大小则体现了修正的幅度，α 值越小，修正幅度越小，反之就越大。因此，α 值应根据时间序列的具体性质在 0～1 之间选择。具体如何选择，一般可遵循下列原则：

（1）如果时间序列波动不大，比较平稳，则 α 应取小一点，如 0.1～0.3，以减小修正幅度，使预测模型能包含较长时间序列的信息。

（2）如果时间序列具有迅速且明显的变动倾向，则 α 应取大一点，如 0.6～0.8，使预测模型的灵敏度高一些，以便迅速跟上数据的变化。

在使用指数平滑法时，应多取几个 α 值进行试算，看哪个预测值误差较小，就采用哪个 α 值作为权重。

计算公式如下：

$$F_t = F_{t-1} + \alpha(A_{t-1} - F_{t-1}),\ 0 < \alpha < 1$$

式中：

F_t ——当期的需求预测值；

F_{t-1} ——上一期的需求预测值；

A_{t-1} ——上一期的需求观测值；

α ——平滑系数。

【例题 5-3】

指数平滑法的应用

假设某产品的长期需求相对稳定，平滑系数 $\alpha = 0.05$，并假设上个月的预测值为 1 050件，而上个月的实际需求量是 1 000 件。请预测本月的需求量。

解：$F_t = F_{t-1} + \alpha(A_{t-1} - F_{t-1}) = 1\ 050 + 0.05 \times (1\ 000 - 1\ 050) \approx 1\ 048$(件)

本月该产品的需求预测值是 1 048 件。

（二）因果关系分析法

因果关系分析为管理者提供了利用外部数据进行预测的机会。在因果预测的情况下，预测者通常已经意识到需求与其他一些变量之间的紧密关系。例如，国家财政改革的资金需求与利率密切相关，利率下降一般情况下会导致对资金需求的增加；许多产品的销售与建筑业紧密相关，计划建筑规模的一个预测因子是准许使用的建筑数量。这类预测方法是从事物变化的因果关系出发，运用统计方法寻求市场变量之间依存关系的一类预测方法。

因果关系预测中线性关系的方程如下：

$$Y = a + bX$$

式中：X 为自变量；Y 为因变量；a 为截距；b 为斜率。

在进行需求预测时，因变量 Y 是需求，自变量 X 是用来预测需求的变量，斜率 b 的计算公式如下：

$$b=\frac{\sum XY-n\overline{X}\,\overline{Y}}{\sum X^2-n\overline{X}^2}$$

式中：X 为自变量；Y 为因变量；$\overline{X}$ 为 X 的均值；$\overline{Y}$ 为 Y 的均值；n 为数据点的个数；b 为斜率。

截距 a 的计算公式如下：

$$a=\overline{Y}-b\overline{X}$$

式中：$\overline{X}$ 为 X 的均值；$\overline{Y}$ 为 Y 的均值；a 为截距；b 为斜率。

【例题 5－4】

因果关系分析法的应用

假设某地区从 2014—2023 年大尺寸电视机的销售量和新结婚户数的资料如表 5－2 所示：

表 5－2　某地区 2014—2023 年大尺寸电视机销售量与新结婚户数统计

年份	新结婚户数（万户）x	大尺寸电视机销售量（千台）y	xy	x^2	y^2
2014	200	70	14 000	40 000	4 900
2015	215	74	15 910	46 225	5 476
2016	235	80	18 800	55 225	6 400
2017	250	84	21 000	62 500	7 056
2018	275	88	24 200	75 625	7 744
2019	285	92	26 200	81 225	8 464
2020	300	100	30 000	90 000	10 000
2021	330	110	36 300	108 900	12 100
2022	350	112	39 200	122 500	12 544
2023	360	116	41 760	129 600	13 456
合计	2 800	926	267 390	811 800	88 140

预计 2024 年该地区的新婚户数为 430 万户，要求预测该年大尺寸电视机的销售量。

1. 绘制散点图

我们将电视机的销售量作为因变量 y，将新结婚户数作为自变量 x，根据表 5－2 中的数据绘制散点图（见图 5－3）。

由散点图可知，y 随 x 的增加呈线性增长趋势，故可以考虑用因果关系进行预测。

2. 计算回归系数 a、b

$$b=\frac{\sum XY-n\overline{X}\,\overline{Y}}{\sum X^2-n\overline{X}^2}=\frac{26\ 739-10\times 280\times 92.6}{81\ 180-10\times 280^2}=0.33$$

$$a=\overline{Y}-b\overline{X}=92.6-0.33\times 280=0.2$$

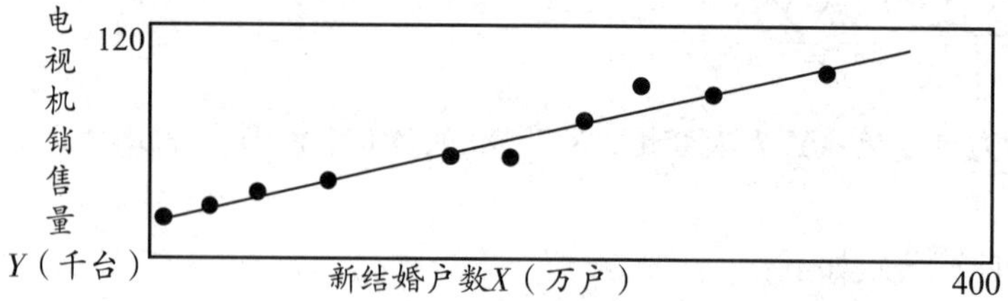

图 5-3　散点图

3. 确定 X 和 Y 的因果关系

$$Y=a+bX=0.2+0.33X$$

4. 确定 2024 年大尺寸电视机的销售量

$$Y=0.2+0.33\times 430=142.1\text{（千台）}$$

综上所述，每一种预测方法都有其优点、缺点和适用范围。多种预测方法结合使用，得到的综合预测结果比仅仅使用一种预测方法更准确。例如，仿真法是通过计算机模拟消费者来进行需求预测，在进行仿真分析时，可以结合时间序列分析法和因果关系分析法进行预测，以此来提高预测结果的准确性。

任务三　提高需求预测精度

微课

提高需求预测精度

问题引导

如何提高需求预测精度？

预测始终存在误差，这几乎是不可避免的。怎样才能提高预测的准确性呢？企业一般采取组建专门团队、获得精确有效的资料、使用不同的分析方法、使用各种有效的计算机软件等方法。

一、预测精度测量

由于需求受到许多不确定因素的影响，因此不可避免地存在预测误差。预测误差是指预测值与实际值之间的差异。误差有正负之分。当预测值大于实际值时，误差为正；反之，误差为负。预测模型最好是无偏的模型，即应用该模型时，正、负误差出现的概率大致相等。平均误差是评价预测精度、计算预测误差的重要指标。它被常用来检验预测与历史数据的吻合情况，同时也是判断预测模型能否继续使用的重要标准之一。

（一）平均绝对偏差

平均绝对偏差（Mean Absolute Deviation，MAD）是整个预测期内每一次预测值与实际值的绝对偏差（不分正负，只考虑偏差量）的平均值。MAD 用公式表示为：

$$\mathrm{MAD}=\frac{\sum_{t=1}^{n}|A_t-F_t|}{n}$$

式中：A_t表示时段 t 的实际值；F_t表示时段 t 的预测值；n 是整个预测期内的时段个数（或预测次数）。MAD 的作用与标准偏差相类似，但它比标准偏差容易求得。MAD 能较好地反映预测的精度，但它不容易衡量无偏性。

（二）平均平方误差

平均平方误差（Mean Square Error，MSE）是对误差的平方和取平均值。沿用式 MAD 中的符号，MSE 用公式表示为：

$$\mathrm{MSE}=\frac{\sum_{t=1}^{n}(A_t-F_t)^2}{n}$$

二、提高需求预测精度的方法

（一）引入预警机制

预警机制鼓励一些（或更多）客户为他们未来的需求进行提前预订。这种影响需求的策略在某种程度上提高了预测的准确性。有很多方式可以达到这样的结果。我们可以看下面的例子。

【例题 5-5】

引入预警机制对预测结果的影响

数年前，一家家具公司开始为那些可以提前 60 天下订单的客户提供比较优惠的购买价格。这种选择在建筑市场中尤其具有吸引力，因为在建造大型住宅项目时，建筑商提前很长一段时间就会知道精装修房屋的家具应该在什么时候准备好，所以建筑商很少在家具公司规定的两个星期的提前期之前下订单。

一家灯泡制造商建立了一个相似的程序，其为可以提前 5 个星期下订单的客户提供 3%的折扣。这样做可以使生产更加稳定和可预见，每年可以为该家灯泡制造商节省 100 万美元。

钢铁分销商的客户期望提前期尽可能短，经常在需要钢铁的前一天才下订单。这样做的结果是：分销商面临着需求的高度不确定性，其必须投入很多资金在快速反应系统方面以应对这种不确定性。通过对供应链的分析，可以发现，如果分销商可以为那些提前下订单的客户提供一个折扣，那么不论是分销商还是客户都可以节约费用。

（二）利用大数定律

大数定律是一个统计学现象：随着数量的增加，相对的波动性会降低。这是一个统计学上特别有用的定律，它可以被用于很多领域来获得实际的利益，特别是预测领域。

大数定律通过改变供应链运作的方式来提高在单元预测方面的聚合程度。例如，戴尔公司的运作就是建立在面向订单生产的基础上的，客户可以登录戴尔公司的网站，选择喜欢的计算机并且提交订单。戴尔公司及其供应商对于那些需求量相对较小的计算机品类，可以根据客户喜好以不同方式结合的基本组件提供需求预测。

（三）减少信息延迟并设置提前期

小号厄运定律描述了这样一种现象：离预测事件发生的时间越长，预测的准确性就会越低。通过这个定律可以发现，如果能够找到一些方法，通过这些方法可以改变运作的方式，使得不需要对未来的需求进行预测，或者如果能够在制订计划的过程中快速获取更新的信息，那么预测的准确度就会更高。

戴尔公司就利用了小号厄运定律，不断压缩运作过程中的时间。戴尔公司根据订单制造计算机并直接运送给最终的客户。对于那些传统的计算机制造商来说，其组装好的计算机在运送到经销商或者零售商那里之前，先要在制造厂商的仓库中放几周，并在最终被卖给客户之前，还要在经销商或者零售商那里存放可能更长的时间。为了计划某一特定型号的计算机需要生产多少，企业需要对未来至少两个月的需求进行预测，但是计算机行业的变化是相当快的。对于戴尔公司来说，在接收到订单的两小时内，客户的计算机就可以按照需求进行组装，并在最短时间内准备发货。

同时，戴尔公司也减少了供应商了解组件需求所需要的时间。例如，英特尔公司可以通过网络了解戴尔公司计算机销售的实时状况，这样英特尔公司就可以利用这个信息对戴尔公司的芯片需求更快地做出反应。

案例链接

通过减少提前期来提高需求计划的准确性

通过减少提前期，实际用于执行的需求计划就不必将期限定得太长，它比预测更长时间的需求计划更准确。例如，服装制造商原来采用的流程是在装运衣服前染色，这意味着每件衣服都有对不同式样和颜色的需求计划，服装制造商需要根据这个需求计划生产衣服。由于服装需求的季节性很强，Benetton（贝纳通公司）需要尽量安排生产，以便在旺季到来时有充足的存货。这意味着 Benetton 公司在数月前就必须制订每种式样和颜色的准确需求计划。然而，现在 Benetton 公司改变了这种流程，衣服入库前无须染色，只在装运前染色。这样，确定生产什么颜色的新需求计划只需提前数天或数周，远远优于提前数月。这种短期需求计划更准确，而且使维持服务水平的存货大大减少（见图 5-4）。

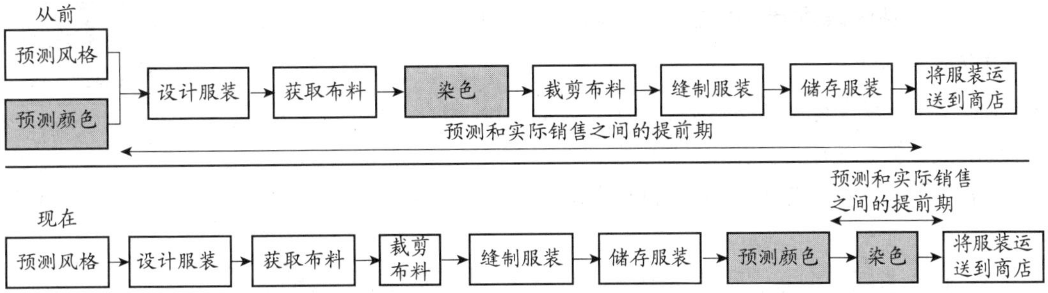

图 5-4　通过减少提前期来提高需求计划的准确性

素养提升

凡事预则立，不预则废，“三前”工作法值得借鉴

“凡事预则立，不预则废。”供应链管理工作也不例外。在工作中，从业者要努力做到“三前”，即“超前想、往前赶、向前奔”。

一是超前想，增强计划性。首先要加强学习，熟悉业务，当行家里手，做个明白人。在此基础上，把握形势大局，吃透上情、了解下情，做到心中有数。然后立足本职，结合实际，通盘考虑，超前谋划安排，防止干到哪儿算哪儿。

二是往前赶，增强主动性。目标提出来了，任务明确了，措施制定了，就要不等不靠，抓紧付诸行动。坚持心无旁骛，集中精力，扑下身子抓，甩开膀子干。时间上留出提前量。这样做的好处是：有利于及时校正过程中的偏差，防止工作被动。

三是向前奔，增强积极性。不干则已，干就要干好。要不甘落后，奋力争先，勇于争创一流业绩。向前奔，意味着不停顿、不止步、不满足、不松懈。奋斗体现价值，付出才有回甘。要不忘初心、牢记使命，不断前行，努力打头阵，当先锋，在履职尽责中作出更大贡献。

项目小结

本项目主要讲述了供应链需求预测的相关理论和预测方法，包含需求管理的概念、影响需求的因素、需求预测的特征、需求预测的方法以及如何提高需求预测精度等内容。相信你已经获得了丰厚的回报，初步掌握了供应链需求管理的基本知识，并能对企业的供应链需求进行预测和管理。

赛证链接

微课

需求预测数据

供应链运营职业技能竞赛需求预测考点赛题

【任务说明】

为了应对夏季电动车的销售旺季，提前安排好生产和库存管理，需要预测夏季电动车配件的 7 月用量。

对于电池，可以根据今年 6 月的用量数据预测 7 月 1 日的用量，采用二次指数平滑法。

1. 不考虑规格型号，选择 6 月用量最高的电池品牌作为研究对象。

2. 二次指数平滑法的计算公式如下：

$$\hat{y}_{t+T} = a_t + b_t T$$

$$a_t = 2S_t^{(1)} - S_t^{(2)}$$

$$b_t = \frac{\alpha}{1-\alpha}(S_t^{(1)} - S_t^{(2)})$$

$$S_t^{(1)} = \alpha y_t + (1-\alpha) S_{t-1}^{(1)}$$

$$S_t^{(2)} = \alpha S_t^{(1)} + (1-\alpha) S_{t-1}^{(2)}$$

式中：

$\hat{y}_{t+T}$：$t+T$ 时期的预测值；

t：时期序号；

T：由目前时期 t 到预测 $t+T$ 时期的时间间隔，本题中计算预测值和计算均方误差时，T 均取 1；

y_t：第 t 时期的实际值；

$S_t^{(1)}$：第 t 时期一次指数平滑值；

$S_t^{(2)}$：第 t 时期二次指数平滑值；

$S_{t-1}^{(1)}$：第 $t-1$ 时期一次指数平滑值；

$S_{t-1}^{(2)}$：第 $t-1$ 时期二次指数平滑值；

a_t，b_t：平滑系数；

α：加权系数。

3. 进行预测时，需要从 0.3、0.4、0.5、0.6、0.7 中选择合适的加权系数 α，使得均方误差最小，为方便计算，6 月 1 日的一次、二次指数平滑值均为 6 月 1 日的实际值。均方误差的计算公式如下：

$$\text{MSE} = \frac{1}{n}\sum_{i=1}^{n}(y_i - \hat{y}_i)^2$$

式中：y_i 为当期需求实际值，$\hat{y}_i$ 为当期需求预测值。

均方误差时的计算范围是 6 月 2 日—30 日。在计算过程中，一次指数平滑值、二次指数平滑值、预测值均需向上取整。

【答题】

请以 6 月用量最高的电池品牌（不考虑规格型号）作为研究对象，采用二次指数平滑法预测 7 月 1 日用量。加权系数 α 可取值为 0.3、0.4、0.5、0.6、0.7，请从中选择合适的 α，使得均方误差最小。最终的用量预测值向上取整。

配件名称	单位	7 月 1 日用量

【核算均方误差】

请核算不同 α 取值时的均方误差，注意计算均方误差时，每日的用量预测值均需先向上取整，对填入表单内的均方误差计算结果保留 2 位小数。

α 值	0.3	0.4	0.5	0.6	0.7
均方误差					

【模型参数确认】

最适宜 α 值：

课后测评

一、单选题

1. 一般而言，供应链需求预测包括（　　）个步骤。

A. 4　　B. 5　　C. 6　　D. 7

2. （　　）包括回归分析法和经济计量法等方法。

A. 时间序列分析法　　B. 因果关系分析法

C. 需求预测法　　D. 战略决策分析法

3. 以下哪一项不属于定性预测方法？（　　）

A. 销售人员估计法　　B. 专家会议法

C. 德尔菲法　　D. 回归分析法

二、判断题

1. 按照时间跨度，可以将需求预测划分为长期预测、中期预测、短期预测等几种类型。（　　）

2. 移动平均法属于因果关系分析法。（　　）

3. 指数平滑法的误差有传递性。（　　）

4. 定量预测方法包括时间序列分析法、因果关系分析法等几类方法。（　　）

三、思考题

1. 请思考需求预测在供应链中的作用以及对供应链其他环节的影响。

2. 长期预测和短期预测各适用于什么情况？

实践能力训练

实训内容：登录供应链管理仿真实训平台，以小组为单位分工协作，对 2025 年一季度的智能音箱需求量进行预测。

实训目的：会使用简单移动平均法、指数平滑法等需求预测方法；会对预测结果进行误差测算。

实训材料：供应链管理仿真实训平台、电脑、Excel。

实训要求：

1. 小组成员分工协作，收集智能音箱 2024 年销售数据；

2. 利用上述数据，使用简单移动平均法、指数平滑法等需求预测方法对 2025 年一季度的智能音箱需求量进行预测，并判断预测误差，根据误差大小选择合适的预测值。

实训步骤：

步骤 1：收集前期市场对智能音箱的需求数据。

步骤 2：分析选择合适的需求预测方法。

步骤 3：根据前期的数据，对下一季度的智能音箱的需求进行预测。

步骤 4：对预测结果进行误差测算，选择合适的预测值。

步骤 5：撰写需求预测报告。

步骤 5：教师总结和评价各小组的案例分析报告，并提出相应的指导建议。

职业核心能力测评

职业核心能力	评价指标	自测结果
自我管理能力	1. 培养自己的责任心 2. 能够管理自己的时间 3. 所学知识的灵活运用	A [ ]　B [ ]　C [ ] A [ ]　B [ ]　C [ ] A [ ]　B [ ]　C [ ]
合作交流能力	1. 知道如何尊重他人的观点 2. 能够与他人有效沟通 3. 能够获取信息并反馈信息	A [ ]　B [ ]　C [ ] A [ ]　B [ ]　C [ ] A [ ]　B [ ]　C [ ]
解决问题能力	1. 能够有效使用信息资源 2. 能够客观分析事物的现状 3. 能够发现并解决常规问题	A [ ]　B [ ]　C [ ] A [ ]　B [ ]　C [ ] A [ ]　B [ ]　C [ ]
设计创新能力	1. 能够提出有价值的观点 2. 能够运用不同的思维方式 3. 能够制定创新方案并实施	A [ ]　B [ ]　C [ ] A [ ]　B [ ]　C [ ] A [ ]　B [ ]　C [ ]
学生签字：		教师签字：

项目六
制订供应链计划

学习目标

- 制订供应链计划
  - 知识目标
    - 了解供应链计划的内涵与构成
    - 了解供应链综合计划的目标和作用
    - 知道制订供应链综合计划的步骤
  - 技能目标
    - 能够根据企业的实际情况制订供应链综合计划
    - 能够使用Excel构建并解决供应链综合计划问题
  - 素养目标
    - 养成系统思考和全局计划的意识
    - 具备统筹协调的思维习惯

内容框架

- 制订供应链计划
  - 认识供应链计划
    - 供应链计划的内涵
    - 供应链计划的构成
    - 赋能供应链计划的先进支持系统
  - 制订供应链综合计划
    - 供应链综合计划的概念及内涵
    - 综合计划的输入信息
    - 综合计划的输出信息
    - 综合计划的基本权衡
    - 综合计划策略
    - 利用线性规划制订综合计划
    - 综合计划的线性规划模型

游戏导入

向前传递

1. 游戏道具

每组一张小纸片，上面写着一条“消息”（见附注）。游戏时间为30分钟。

2. 游戏程序

（1）将全班同学分成若干个小组，确定每个小组传递消息的第一个人和最后一个人。

（2）教师将纸片发给每个小组的第一个人，第一个人看完后将纸片交给老师。

（3）消息由每个小组的第一个人依次向小组其他成员传递，直至最后一个人。

（4）最后一个人将听到的消息写在纸上交给老师。如果只有2～3个小组，可以让每个小组最后一个人在黑板上写上听到的消息，然后再叫小组其他1～2位成员在黑板上写上自己听到的消息，最后让每个小组的第一人修改距他位置最近的小组成员所写的消息。

（5）如果是纸条，则教师念完纸条的内容，再念正确的答案；如果是写在黑板上，可以大声说出每个小组相同消息的不同版本。

3. 游戏规则

（1）每次传递时只允许将消息说一遍。

（2）轻轻地将自己理解的消息告诉你旁边的人，并依次传递下去，只有当轮到小组某个成员时，他才可以听。

（3）听到消息后，必须完全按照自己的理解告诉下一名成员。

4. 教师任务

（1）在上课前，为每个小组准备一份“附注”的复印件，然后将每条消息剪开。

（2）教师宣布完规则后，发放纸片，给每个小组第一个人3～4分钟时间，然后收回纸片。传递人员只能将消息说一遍。

（3）教师应防止说数遍或防止同学一点一点传递。

（4）最后一个人在黑板上写下所听到的。

考核标准：在规定时间内传递消息最准确者获胜。时间依人数的多少而定。

5. 附注

消息一：我将于7月2日到8月4日外出度假，因此我希望这段时间能够停送报纸。我记得你们可以在周六晚上送出周日的报纸，因此我也希望为我安排提早投递周日的报纸。

消息二：我想将我的私人账户转为两人共有，我还想知道你们对小额商业贷款的新规定。此外，少于10 000元的短期商业贷款的利率是多少？

6. 游戏目的

通过游戏使学生明白信息在传递过程中会失真和扭曲，在处理信息时需甄别信息真伪，此外还要注意供应链的组织结构也将对信息传输效率产生影响。

任务一　认识供应链计划

微课

认识供应链计划

问题引导

企业如何应对市场需求波动？

企业如何平衡产能成本、库存成本和延期交货成本并满足市场需求？企业是否应该通过扩大或缩小产能、招聘或者解雇员工、要求员工加班、调节库存等方式应对需求的波动？这些都是供应链计划能够帮助企业解决的问题。

随着全球化加速、市场需求的快速变化和技术的不断进步，企业面临着前所未有的机遇与挑战。客户需求日益多样化和个性化，同时对产品交付的速度和灵活性提出了更高的要求。在此背景下，传统的线性供应链模式已难以适应市场的瞬息万变，取而代之的是需要高度协同、灵活响应的供应链体系。供应链计划正是构建这一体系的核心驱动力。

一、供应链计划的内涵

供应链计划（Supply Chain Planning，SCP）是现代企业管理体系中的一个核心组成部分，其本质是对整个供应链从原材料获取到最终产品交付给消费者过程中的各项活动进行战略性规划和战术性安排。它不仅是一项技术活动，更是涵盖策略形成、决策支持以及操作执行的全方位管理体系。

供应链计划是体现供应链效率与效益的关键环节，企业不但要面向供应链中的核心企业，更要从供应链的整体出发进行全面的优化控制。供应链计划范围从企业内部扩展到了企业外部，覆盖了整个供应链。

二、供应链计划的构成

供应链计划是一个多层次、多维度的体系，旨在通过系统的策略和精细的操作安排，提高供应链的整体效能和响应速度，从而为企业的市场竞争优势奠定坚实基础。

（一）需求计划

需求计划位于供应链管理的前端，其核心在于预测市场对产品或服务的需求量。这一过程涉及收集历史销售数据、分析市场趋势、考虑季节性因素和异常事件（如促销活动、节假日等）的影响，以及利用先进的数据分析和机器学习技术来提高预测准确性。

准确的需求预测能帮助企业合理安排生产计划、库存管理和采购活动，减少库存过剩或缺货的风险。

（二）供应计划

供应计划着重于如何最优地满足已预测的市场需求。这包括确定产能限制、安排生产计划、选择供应商并管理采购活动，以及规划物流和库存水平，以确保在恰当的时间、地点提供所需数量的产品。良好的供应计划能够平衡供需，减少生产成本，提高客户满意度。

（三）生产计划

生产计划是供应链内部具体操作层面的计划，涉及将总体生产目标细化为日常操作计划，包括生产线调度、原材料分配、人力安排和设备维护等。该计划需紧密协同需求和供应计划，采用企业资源规划系统和先进的排程软件来实现高效、灵活的生产安排，使生产效率和资源利用率最大化。

（四）库存管理计划

库存管理计划专注于如何经济、有效地维持适当水平的库存，既保证供应链的连续性，又避免因库存过剩带来的资金占用。这包括制定补货政策、库存分类、安全库存设置和周期盘点策略。通过应用先进的仓库管理系统（WMS）和智能分析工具，企业能动态调整库存水平，应对市场需求波动。

（五）物流计划

物流计划涵盖商品从原材料采购到最终交付给客户的整个过程。这包括运输方式的选择、线路规划、仓库布局、包装和装卸策略等。物流计划的目标是优化配送网络，降低成本，缩短交货时间，并提高客户满意度。企业采用物流管理软件和集成供应链信息系统能够实现物流过程的透明化和自动化，提升响应速度和灵活性。

（六）逆向物流计划

逆向物流关注于产品退货、回收、再制造和废物处理等流程的规划。随着相关环保法律法规的出台和消费者对可持续性的重视，逆向物流计划变得越来越重要。有效的逆向物流有助于企业减少浪费，降低成本，同时提升企业的社会责任形象。这需要企业建立明确的退货政策、高效的退货处理系统和循环利用机制。

（七）销售和运营计划

销售和运营计划将销售和运营结合在一起，以做出影响两个部门的决策。销售和运营计划的目标是确保两个部门共同努力，以满足消费者的需求。因此，销售和运营计划应定期进行，最好每月进行一次。

案例链接

华为公司的供应链计划：精准预测、紧密协同

在华为公司的发展历程中，供应链计划的重要性尤为突出。华为公司通过实施精细化的供应链计划，成功应对了诸多挑战。

首先，华为公司利用大数据和人工智能技术，建立了先进的需求预测模型。通过对历史销售数据、市场趋势以及客户反馈等多维度信息的综合分析，华为公司能够更准确地预测未来市场需求，为生产计划的制订提供有力支持。这种预测能力的提升，使得华为公司能够更好地把握市场机遇，避免库存积压和缺货风险，从而提高整体运营效率。

其次，华为公司注重与供应商的紧密合作和协同发展。华为公司与全球众多顶尖供应商建立了长期稳定的合作关系，通过共享信息、协同研发和优化供应链流程等方式，共同提升供应链的响应速度和灵活性。华为公司还积极推动供应链的数字化转型，通过引入先进的信息化管理系统和物联网技术，实现对供应链各环节的实时监控和智能化管理。这种合作模式不仅提高了供应链的透明度和可控性，还有助于降低采购成本、提高产品质量和缩短交付周期。

在全球化的背景下，供应链面临着诸多不确定因素，如政治风险、自然灾害和贸易壁垒等。为了降低这些风险对业务的影响，华为公司积极寻求多元化的供应商资源，并在不同国家和地区建立备份供应链体系。同时，华为公司还建立了完善的风险管理机制，通过定期评估供应链风险、制定应急预案和加强与供应商的沟通协作等方式，确保在突发事件发生时能够迅速应对并恢复业务运营。

三、赋能供应链计划的先进支持系统

在现代供应链管理中，采用先进的技术和工具是提高效率、准确性与响应速度的关键。以下是一些在供应链计划中广泛应用的技术与工具。

（一）企业资源计划（ERP）系统

企业资源计划（Enterprise Resource Planning，ERP）系统是整合企业所有业务流程的平台，它覆盖财务、采购、生产、库存、销售等模块，为供应链计划提供统一的数据源和集成的信息系统，支持全局视野的决策制定。

（二）高级计划与排程（APS）系统

高级计划与排程（Advanced Planning and Scheduling，APS）系统专注于生产计划和作业排程的精细化管理，运用优化算法解决复杂的生产约束问题，如物料限制、设备产能、劳动力可用性等，帮助企业在多变环境下快速响应市场需求。

（三）供应链管理（SCM）软件

供应链管理(Supply Chain Management，SCM）是专门针对供应链管理的软件解决方案，包括需求计划、库存管理、采购管理、物流规划等功能模块，支持端到端的供应链视图和流程自动化，提高整体供应链的透明度和协调性。

（四）大数据分析工具

大数据分析工具利用大数据技术收集、处理海量供应链数据，结合机器学习算法分析市场趋势、预测需求、识别潜在风险，为决策提供科学依据，增强供应链的预测性和响应能力。

（五）人工智能（AI）与机器学习（ML）

人工智能(Artificial Intelligence，AI）和机器学习（Machine Learning，ML）应用于需求预测、异常检测、自动化决策支持等领域，提高了预测的准确性和决策速度，减少了人工干预，使供应链计划更加智能、自适应。

案例链接

特斯拉的垂直整合与供应链创新

背景：特斯拉作为电动汽车和可再生能源领域的革新者，面对着供应链复杂性和技术快速迭代的挑战。

供应链计划应用：特斯拉采取了垂直整合策略，尽可能掌握从电池制造到车辆组装的多个关键环节，减少了对外部供应商的依赖。同时，特斯拉利用数字化工具进行供应链的透明化管理，并持续投入研发以推进技术创新。

成果：这种深度整合的供应链模式，加上强大的数据分析能力，使特斯拉能够在快速变化的市场中快速响应，提高生产效率，控制成本，并在电动汽车行业保持技术领先和市场主导地位。

任务二　制订供应链综合计划

问题引导

企业如何达到既定目标?

企业需要对特定时间内的产能、人力、物料、投资以及产品价格等进行计划，以使得企业实现目标绩效。

微课

制订供应链综合计划

一、供应链综合计划的概念及内涵

（一）综合计划的概念

综合计划是指企业决定一段特定时间范围内产能、生产、转包、库存、缺货甚至定价的计划水平以实现利润最大化的过程。

（二）综合计划的内涵

企业应在计划期内每个时期的需求预测给定的情况下，决定在计划期内可以最大化企业利润的各期生产水平、库存水平、产能水平（内部和外包）以及延期交货量（未满足的需求）。

综合计划是关于全局的综合性的决策，而不是关于最小库存单位（SKU）层面的决策。

为了使综合计划更加有效，企业需要收集来自供应链所有环节的信息。综合计划的结果对供应链的绩效有重大影响。

企业必须明确规定综合计划的计划期。计划期是指计划的时间跨度，综合计划需要确定在该时间范围内的解决方案。综合计划的计划期通常为 3～18 个月。企业还必须明确计划期内的每个时期的持续时间（如周、月或季度）。通常而言，综合计划采用月或季度作为计划的时间单位。此外，企业还需要确定制订综合计划和做出决策所需的关键信息。

二、综合计划的输入信息

（1）计划期（计划期的时间跨度为 T 个周期）内每个时期 t 的综合需求预测 F_t。

（2）生产成本，包括以下几个方面：

1）正常人工成本和加班人工成本。

2）转包生产成本。

3）产能变更成本，具体包括招聘或解雇劳动力的成本和增加或减少设备产能的成本。

（3）单位产品需要的劳动力/设备工时。

（4）库存持有成本。

（5）缺货或延期交货的成本。

（6）约束，包括：

1）加班的限制；

2）解雇的限制；

3）可用资本的限制；

4）缺货和延期交货的限制；

5）供应商引起的约束。

三、综合计划的输出信息

（1）正常工作时间、加班工作时间和转包的生产量：用来确定员工数量和供应商采购水平。

（2）持有库存：用来确定仓储空间和所需的营运资金。

（3）缺货或延期交货的数量：用来确定客户服务水平。

（4）雇用/解雇劳动力数量：用来确定可能遇到的劳动力问题。

（5）设备产能的增加/减少：用来确定是否需要购买新的生产设备或者现有设备是否会闲置。

因此，在供应链中尽可能大的范围内共同制订综合计划是十分重要的。企业应与下游伙伴一起进行预测，与上游合作伙伴一起确定约束因素，与任何其他供应链参与方合作以提高综合计划输入信息的质量。

四、综合计划的基本权衡

综合计划制订者必须在产能成本、库存成本和延期交货成本之间进行权衡。三者通常不可兼得，某种成本的增加通常会使另外两种成本减少。由于需求随着时间的变化，上述三种成本的相对水平会使得其中的一项成本成为计划制订者实现利润最大化的关键杠杆，因此，计划制订者要进行的基本权衡包括：

（1）产能（正常工作时间、加班工作时间和转包）；

（2）库存；

（3）延期交货/不能及时交货导致的损失。

五、综合计划策略

为了在三种成本之间实现平衡，企业可以采取三种不同的综合计划策略，这些策略涉及资本投资、员工成本、工作时间、库存以及延期交货之间的权衡。

（一）追赶策略：将产能作为杠杆

在该策略下，当需求水平发生变化时，通常通过调整设备产能或者雇用/解雇劳动力，使生产率与需求率保持同步。在实践中，因为在短时间内很难改变产能和劳动力规模，所以实现这种同步存在困难。如果随时间改变设备和劳动力产能的成本比较高，那么这一策略的实施成本会比较高，并且会对员工士气产生影响。在追赶策略下，供应链库存水平较低，产能和劳动力数量变动水平较高。因此，追赶策略适用于库存成本较高，而设备和劳动力产能变动成本较低的情况。

（二）柔性策略：将利用率作为杠杆

当存在过剩的设备产能并且劳动力安排具有灵活性时，适合采用这一策略。在这种情况下，产能和劳动力保持稳定，而员工工作小时数随时间发生变化，以使生产与需求保持同步。计划制订者可以利用不同的加班时长和灵活的排班来实现这种同步。尽管该策略需要劳动力具有一定的灵活性，但是它避免了追赶策略中可能发生的一些问题，尤其是改变劳动力规模这一问题。当库存成本相对较高而设备产能成本相对较低时，应当采用柔性策略。

（三）均衡策略：将库存作为杠杆

在这种策略下，产出率维持不变，产能和劳动力保持稳定。产品短缺和过剩会导致库存水平随时间改变。在这种情况下，生产与需求并不同步，而是根据需求预测建立库存，或将旺季需求延期至淡季交货。被雇佣者享受着稳定的工作环境。这一策略的缺点在于可能会积累大量的库存，客户订单可能被延迟。由于这一策略保持产出均衡，因此改变产能的成本相对较低，适用于库存持有成本和延期交货成本相对较低的情况。

在实践中，计划制订者最有可能采取定制混合策略，将上述三种策略结合起来使用。

六、利用线性规划制订综合计划

由于综合计划的目标是在满足供应链约束的前提下实现利润最大化，因此线性规划是一种有效的建模和求解综合计划问题的方法。我们将通过海德公司的例了来说明制订综合计划的方法。海德公司的产品需求季节性很强，需求最旺的季节在春季。该公司决定利用综合计划来缓解季节性波动所造成的影响。当旺季到来时增加工人，转包合同；在淡季时保留库存。该公司分管供应链的总经理预测 1—6 月的需求如表 6－1 所示。

表 6－1 1—6 月产品需求预测

月份	需求预测（件）	月份	需求预测（件）
1	150	4	420
2	300	5	240
3	340	6	200

该公司在 1 月初的库存为 130 件，有 20 名工人。每月有 20 个工作日，每个工作日工作 8 小时，每小时工资 4 美元。公司规定：雇用工人成本为 300 美元/人，解雇工人成本为 500 美元/人，加班成本为 6 美元/小时，且每名工人每月加班不能超过 10 小时；生

产 1 件产品需要 4 小时：转包成本为 30 美元/件。历史数据显示，原材料成本为 10 美元/件、库存持有成本为 2 美元/件/月、缺货成本为 5 美元/件/月。同时预测在 6 月底不能缺货，库存至少为 50 件。将上述数据整理成 6－2 表格。

表 6－2　成本数据

成本项目	成本
原材料成本	10 美元/件
库存持有成本	2 美元/件/月
缺货成本	5 美元/件/月
雇用工人成本	300 美元/人
解雇工人成本	500 美元/人
所需劳动力时间	4 小时/件
正常工作时间的劳动力成本	4 美元/小时
加班时间的劳动力成本	6 美元/小时
转包成本	30 美元/件

目前，公司在转包、库存和缺货方面没有约束。所有缺货都被延期交货，由后续月份生产出来的产品来满足。月末库存将引起库存成本上升。供应链管理者的目标是，制订一个最优的综合计划，使 6 月底至少有 50 件库存。

最优的综合计划应是能使公司在 6 个月内获得最大利润的计划。目前，考虑到公司希望实现较高的客户服务水平，假设所有需求都被满足，尽管有些需求可能是通过延期交货而得以满足的。因此，计划期内获得的收入是固定的。那么，在计划期内实现成本最小化也就意味着利润最大化。在很多情况下，企业可以选择不满足某些需求，或者价格本身也是企业基于综合计划来确定的一个变量。在这种情况下，最小化成本并不等于最大化利润。

七、综合计划的线性规划模型

（一）决策变量

建立综合计划模型的第一步是确定一组决策变量，确定这些变量值也属于综合计划的一部分。综合计划模型的决策变量定义如下：

$W_t=t$ 月的工人数量，$t=1,2,\cdots,6$

$H_t=t$ 月初雇用的工人数量，$t=1,2,\cdots,6$

$L_t=t$ 月初解雇的工人数量，$t=1,2,\cdots,6$

$P_t=t$ 月生产的产品数量，$t=1,2,\cdots,6$

$I_t = t$ 月末库存水平，$t=1,2,\cdots,6$

$S_t = t$ 月末缺货数量，$t=1,2,\cdots,6$

$C_t = t$ 月的转包数量，$t=1,2,\cdots,6$

$O_t = t$ 月的加班工时，$t=1,2,\cdots,6$

（二）目标函数

D_t表示时期 t 的需求，D_t的值为表 6－1 中的需求预测值。目标函数是使计划期内的总成本最小化（等同于利润最大化，因为所有需求都将被满足）。发生的成本包括以下几部分：

（1）正常工作时间的劳动力成本；

（2）加班时间的劳动力成本；

（3）雇用和解雇成本；

（4）库存持有成本；

（5）缺货成本；

（6）转包成本；

（7）原材料成本。

上面成本计算如下：

（1）正常工作时间的劳动力成本。员工正常工作时间的劳动工资是每月 640 美元（4 美元/时×8 时/天×20 天/月），因为时期 t 的员工数量为 W_t，所以计划期内正常工作时间的劳动力成本由下式得出：

$$\text{正常工作时间的劳动力成本} = \sum_{t=1}^{6} 640W_t$$

（2）加班时间的劳动力成本。加班时间的劳动力成本是每小时 6 美元，O_t代表时期 t 的加班工时，因此计划期内加班时间的劳动力成本为：

$$\text{加班时间的劳动力成本} = \sum_{t=1}^{6} 6O_t$$

（3）雇用和解雇成本。雇用一名工人的成本是 300 美元，解雇一名工人的成本是 500 美元，H_t和 L_t分别代表时期 t 雇用和解雇工人的数量，因此雇用和解雇成本为：

$$\text{雇用和解雇成本} = \sum_{t=1}^{6} 300H_t + \sum_{t=1}^{6} 500L_t$$

（4）库存持有和缺货成本。库存持有成本是每月每件 2 美元，缺货成本是每月每件 5 美元，I_t代表时期 t 库存单位数，S_t 代表时期 t 的缺货单位数。因此，库存持有和缺货成本为：

$$\text{库存持有和缺货成本} = \sum_{t=1}^{6} 2I_t + \sum_{t=1}^{6} 5S_t$$

（5）原材料和转包成本。原材料成本是每件 10 美元，转包的成本是每件 30 美元，P_t代表时期 t 的生产量，C_t代表时期 t 转包的数量。因此，原材料和转包成本为：

$$原材料和转包成本 = \sum_{t=1}^{6} 10P_t + \sum_{t=1}^{6} 30C_t$$

计划期发生的总成本是上述所有成本之和，计算公式为：

$$计划期总成本 = \sum_{t=1}^{6} 640W_t + \sum_{t=1}^{6} 6O_t + \sum_{t=1}^{6} 300H_t + \sum_{t=1}^{6} 500L_t + \sum_{t=1}^{6} 2I_t + \sum_{t=1}^{6} 5S_t + \sum_{t=1}^{6} 10P_t + \sum_{t=1}^{6} 30C_t$$

海德公司的目标是：找出一个能使计划期内发生的总成本最小化的综合计划。

（三）约束变量

目标函数中决策变量的取值不能任意设定，而是受制于由现有产能和运作政策所定义的各种约束条件。建立综合计划的下一步是明确定义决策变量的约束条件，如表 6-3 所示。

表 6-3　约束条件

约束条件	公式
工人数量、雇用工人和解雇工人数量的约束条件	$W_t - W_{t-1} - H_t + L_t = 0$，$(t=1,2,\cdots,6)$
产能约束	$40W_t + O_t/4 - P_t \geqslant 0$，$(t=1,2,\cdots,6)$
库存平衡约束	$I_{t-1} + P_t + C_t - D_t - S_{t-1} - I_t + S_t = 0$，$(t=1,2,\cdots,6)$ $I_0 = 130$，$I_6 \geqslant 50$
加班约束	$10W_t - O_t \geqslant 0$，$(t=1,2,\cdots,6)$

根据约束条件可以使用 Excel 中的规划求解工具。

（1）工人数量、雇用工人和解雇工人数量的约束条件。t 月工人数量 W_t 由 $t-1$ 月的工人数量 W_{t-1} 加 t 月初雇用的工人数量 H_t，再减去 t 月初解雇的工人数量 L_t 而得到，因此 $W_t - W_{t-1} - H_t + L_t = 0$。

（2）产能约束。每个月生产的产品数量都不能超过现有的产能，而产能取决于正常工作时间和加班时间。转包生产的产品数量不在这一约束范围内，因为其非公司内部生产。每名工人在每月的正常工作时间内可以生产 40 件（8 时/天×20 天/月÷4 小时/件），加班时间每 4 小时生产 1 件。因此，$40W_t + O_t/4 - P_t \geqslant 0$。

（3）库存平衡约束。t 月的净需求由当月的需求 D_t 加上月的缺货或延期交货量 S_{t-1} 得来，这一需求包含当前生产的产品数量（包含内部生产 P_t 和转包生产的产品数量 C_t）、上月的库存量 I_{t-1}、本月的缺货或延期交货量 S_t。可表述为 $I_{t-1} + P_t + C_t - D_t - S_{t-1} - I_t + S_t = 0$。

（4）加班约束。不允许工人每月加班 10 小时以上，即加班时间必须小于或等于 10 小时，总的加班时间约束表述为：$10W_t - O_t \geqslant 0$，$(t=1,2,\cdots,6)$。

除此之外，每个变量必须是非负的，且在第 6 月月末不存在缺货。

对目标函数进行优化后，得到综合计划如表 6-4 所示。

表 6-4　海德公司 1—6 月综合计划

时期	H_t 雇用人数	L_t 解雇人数	W_t 工人数量	O_t 加班小时	I_t 库存数量	S_t 缺货数量	C_t 转包数量	P_t 生产数量	D_t 需求
0	0	0	20	0	130	0	0	0	
1	0	14	6	0	220	0	0	240	150
2	0	0	6	0	160	0	0	240	300
3	0	0	6	0	60	0	0	240	340
4	0	0	6	0	0	0	120	240	420
5	0	0	6	0	0	0	0	240	240
6	0	0	6	0	50	0	10	240	200

计划期总成本=49 320（美元）

公司在 1 月初解雇了 14 名工人。4 月和 6 月分别转包生产了 120 件和 10 件。如果需求量发生变化，可以很方便地得到相应的结果，从而做出新的规划。如果其他条件如工人工资、库存成本发生变化等，或者约束条件发生变化，只需要修改公式，结果也会发生相应的变化。

案例链接

使用 Excel 制订供应链综合计划

可以使用 Excel 规划求解制订海德公司供应链综合计划，具体步骤为：

第一步：根据以上分析，设计 Excel 决策变量工作表，如表 6-5 所示。

表 6-5　决策变量工作表

时期	H_t 雇用人数	L_t 解雇人数	W_t 工人数量	O_t 加班小时	I_t 库存数量	S_t 缺货数量	C_t 转包数量	P_t 生产数量	D_t 需求
0			20		130				
1									150
2									300
3									340
4									420
5									240
6									200

第二步：构建包含公式的所有约束条件的工作表，约束条件对应的公式如表 6-6 所示。

表 6-6 约束条件对应的公式

约束条件	公式
工人数量、雇用和解雇工人数量的约束条件	$W_t-W_{t-1}-H_t+L_t=0$
产能约束	$40W_t+O_t/4-P_t\geqslant0$
库存平衡约束	$I_{t-1}+P_t+C_t-D_t-S_{t-1}-I_t+S_t=0$，$I_6\geqslant50$
加班约束	$10W_t-O_t\geqslant0$

依据上述公式，构建约束条件如表 6－7 所示，并将表 6－6 中的约束条件输入表 6－7。

表 6-7 约束条件表

工人数量	生产数量	库存数量	加班小时

第三步：建立目标函数工作表，并进行单元格数值设定（公式设定依据前文分析公式）。综合计划成本数据如表 6－8 所示。

表 6-8 综合计划成本数据

时期	雇用成本	解雇成本	正常工作时间的劳动力成本	加班时间的劳动力成本	库存持有成本	缺货成本	转包成本	原材料成本
0								
1								
2								
3								
4								
5								
6								

各成本计算公式如下：

正常工作时间的劳动力成本$=\sum_{t=1}^{6}640W_t$

加班时间的劳动力成本$=\sum_{t=1}^{6}6O_t$

雇用成本$=\sum_{t=1}^{6}300H_t$

$$解雇成本=\sum_{t=1}^{6}500L_t$$

$$库存持有成本=\sum_{t=1}^{6}2I_t$$

$$缺货成本=\sum_{t=1}^{6}5S_t$$

$$原材料成本=\sum_{t=1}^{6}10P_t$$

$$转包成本=\sum_{t=1}^{6}30C_t$$

目标函数即总成本的计算公式为：

$$总成本=\sum_{t=1}^{6}640W_t+\sum_{t=1}^{6}6O_t+\sum_{t=1}^{6}300H_t+\sum_{t=1}^{6}500L_t+\sum_{t=1}^{6}2I_t+\sum_{t=1}^{6}5S_t+\sum_{t=1}^{6}10P_t+\sum_{t=1}^{6}30C_t$$

第四步：在 Excel 菜单中，单击“工具”—“规划求解”选项。若“工具”中没有“规划求解”项，单击“工具”—“加载宏”，选择“规划求解”复选框；在“规划求解”参数对话框中依次设置目标单元格（总成本单元格）为“最小值”，可变单元格为决策变量表所在区域，设置约束条件，具体如图 6－1 所示。

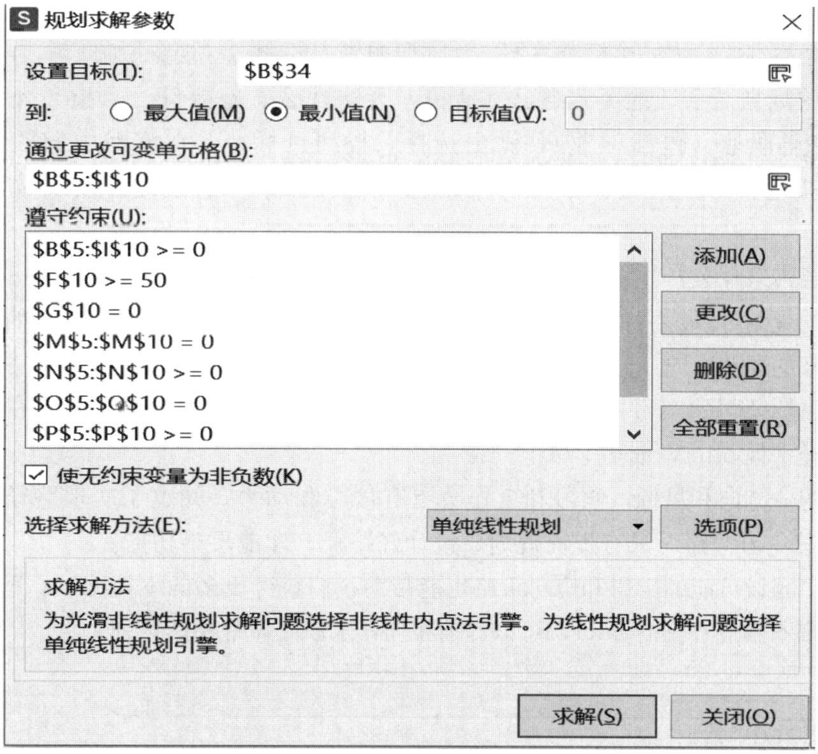

图 6－1　“规划求解参数”对话框

在求解方法项中选择“单纯线性规划”，点击“求解”，得到最优解，如表 6－4 所示。

素养提升

企业管理需要计划，人生也要规划——规划自己的人生“蓝图”

企业需要做计划，在人生的旅途中，我们也应做好人生的规划。当我们谈规划的时候，我们是在谈什么？为什么我们都需要有规划意识？很多人理解的规划，往往都是人生发展关键节点上的选择题。例如：高考选哪个专业（将来好找工作）？毕业了，我到底该专升本还是找工作？我适合做什么样的工作？第一份工作选哪个更好？未来是选技术路径还是管理路径？如果这份工作不喜欢（老板不好相处），还要不要坚持？有个新的 offer，要不要接受？要留在大城市还是回老家？打算多少岁结婚生子？生几个孩子？……

这些问题在本质上都有一个期待，就是“告诉我选哪条路收益最大、代价最小、性价比最高”。

规划是什么？

真正的规划既不是简单地进行测评，也不是有人告诉你未来会怎样。规划既不是画好的路线图不能变，按部就班地过日子（贴标签法），也不是按照父母、亲戚、朋友甚至网友的经验直接给你一个标准答案，让你照搬别人的命运（现身说法）。

科学的规划是系统地了解自己（清单：喜欢什么、想要什么、擅长什么、在意什么），了解职业（包括学业），做出选择，找到目标，并在实践中调整认知、行为，不断接近目标的过程。系统的规划包含自我探索、体验世界以及做出决策三部分。

规划能带来什么？

系统的规划可以为我们带来：方向/目标、路径、应对措施。例如：有的同学因为确立了未来的职业方向，开学后就开始有目标地探索、选课、体验，规划实习，大三时顺利拿到目标公司的实习机会，并因表现优异而得以转正。在别的同学还在虚度光阴时，他已经手握 offer，成功上岸了。

有了职业方向和目标，学习和工作会更有信心和动力。知道了实现路径，可以提高效率，避免走弯路。只有提前规划、设计好路径，才能事半功倍。

同样，预设可能的障碍和应对策略也能帮助我们获得更多的掌控感，心里不慌。假如你担心拿不到最心仪的 offer，可以提前布局，求职时做好梯队规划。

项目小结

本项目主要讲述了供应链计划的基本知识，包含供应链计划的内涵和供应链综合计划的制订等内容。相信你已经获得了丰厚的回报，初步掌握了如何根据企业经营背景制订供应链计划。

赛证链接

供应链运营1+X证书（中级）部分考试题目

1. ［单选题］编制和优化执行层计划的方法主要是（　　）。

A. 企业资源计划　　B. 制造资源计划

C. 物料需求计划　　D. 企业管理解决方案

2. ［单选题］在供应链管理下，企业可以了解到上游企业的生产进度，然后适当调节（　　）使供应链上的各个环节紧密地衔接在一起。

A. 资源计划　　B. 生产计划　　C. 营销计划　　D. 财务计划

3. ［单选题］涉及产品发展方向、生产发展规模、技术发展水平、设施设备的配置等的计划属于企业计划的哪个层次？（　　）

A. 作业层　　B. 战术层　　C. 技术层　　D. 战略层

4. ［单选题］以下哪项是供应链决策层次中操作性层次所需要的信息要求？（　　）

A. 广泛而不需要太详细

B. 成本、生产能力和规划层面的需求集中水平

C. 关注于计划的执行与交易的记录

D. 专注于信息的分析而不是信息的收集

5. ［多选题］根据企业计划对象和优化状态空间，供应链计划包括（　　）。

A. 全局供应链计划　　B. 局部供应链计划

C. 现实供应链计划　　D. 未来供应链计划

E. 科学供应链计划

课后测评

一、单选题

1. 在供应链计划中，哪一项计划主要负责预测市场对产品或服务的需求量？（　　）

A. 供应计划　　B. 需求计划　　C. 生产计划　　D. 库存管理计划

2. 以下哪种策略适用于库存成本较高，而设备和劳动力产能变动成本较低的情况？（　　）

A. 追赶策略　　B. 柔性策略　　C. 均衡策略　　D. 都不适用

3. 企业资源计划（ERP）系统主要整合了企业的哪些业务流程？（　　）

A. 仅生产流程

B. 仅销售流程

C. 财务、采购、生产、库存、销售等模块

D. 研发和人力资源

4. 供应链计划的核心目的是什么？（　　）

A. 提高产品质量　　B. 降低成本

C. 优化整个供应链的效率和效益　　D. 增加销售额

二、判断题

1. 供应链计划只是企业内部的管理活动，不涉及外部供应商。（　　）

2. 逆向物流计划只关注产品退货流程，不包括回收、再制造和废物处理。（　　）

3. 线性规划是制订供应链综合计划的一种常用方法。（　　）

4. 在供应链管理中，大数据和人工智能主要用于提高生产效率，而不是需求预测。（　　）

三、思考题

1. 解释供应链综合计划中的追赶策略，并说明其适用场景。

2. 如何利用 Excel 中的规划求解工具来制订供应链综合计划？

实践能力训练

实训内容：各供应链运营团队现需为企业制订 2025 年度综合计划，2025 年智能音箱的需求预测情况如表 6-9 所示。工厂的生产主要是进行元件装配，产能由生产线上工人的数量决定。工人每月工作 20 天，每天工作 8 小时。一个工人装配一台音箱需要 4 小时，工人每小时工资为 20 欧元，工人加班每小时有 50%的奖金，工厂现雇用 125 名工人，音箱的零件成本为 20 欧元。假定零件和成本都在降价，每台音箱每月到下个月的库存持有成本为 3 欧元，缺货成本为 5 欧元/台，转包成本为 30 欧元/台，该公司加班时间约束为每月每个工人不超过 20 小时，雇用新工人的成本为每人 300 欧元，解雇工人的成本为每人 500 欧元。假定公司最初有 500 台库存，并希望维持到年底。假定没有延期交货，那么最优的生产计划是什么？这项计划的年成本是多少？

表 6-9　2025 年智能音箱的需求预测情况

月份	需求量（台）	月份	需求量（台）
1	1 000	7	1 600
2	1 100	8	900
3	1 000	9	1 100
4	1 200	10	800
5	1 500	11	1 400
6	1 600	12	1 700

实训目的：能使用 Excel 制订供应链综合计划。

实训材料：供应链管理仿真实训平台、电脑、Excel。

实训要求：

1. 小组成员分工协作，收集智能音箱供应链运营成本数据；
2. 利用收集到的数据以及题目所给信息，制订 2025 年智能音箱综合计划。

实训步骤：

步骤 1：根据题意分析，设计 Excel 决策变量工作表。

步骤 2：构建包含公式的所有约束条件的工作表。

步骤 3：建立目标函数工作表，并进行单元格数值设定（公式设定依据前文分析公式）。

步骤 4：在 Excel 菜单中，使用“规划求解”工具，求出最优解。

步骤 5：绘制供应链综合计划输出表。

步骤 6：教师总结和评价各小组的作业完成情况，并提出相应的指导建议。

职业核心能力测评

职业核心能力	评价指标	自测结果
自我管理能力	1. 培养自己的责任心 2. 能够管理自己的时间 3. 所学知识的灵活运用	A [ ]　B [ ]　C [ ] A [ ]　B [ ]　C [ ] A [ ]　B [ ]　C [ ]
合作交流能力	1. 知道如何尊重他人的观点 2. 能够与他人有效沟通 3. 能够获取信息并反馈信息	A [ ]　B [ ]　C [ ] A [ ]　B [ ]　C [ ] A [ ]　B [ ]　C [ ]
解决问题能力	1. 能够有效使用信息资源 2. 能够客观分析事物的现状 3. 能够发现并解决常规问题	A [ ]　B [ ]　C [ ] A [ ]　B [ ]　C [ ] A [ ]　B [ ]　C [ ]
设计创新能力	1. 能够提出有价值的观点 2. 能够运用不同的思维方式 3. 能够制定创新方案并实施	A [ ]　B [ ]　C [ ] A [ ]　B [ ]　C [ ] A [ ]　B [ ]　C [ ]
学生签字：		教师签字：

项目七
供应链采购管理

学习目标

供应链采购管理

- 知识目标
  - 了解供应链管理下采购管理的特点
  - 了解供应链环境下的采购模式
  - 掌握采购的基本流程
  - 掌握自制和外购的优缺点
  - 掌握采购需求分析的方法
  - 熟悉供应商选择的方法
- 技能目标
  - 能够结合企业实际情况设计采购流程
  - 能够进行自制和外购决策
  - 能够进行采购需求分析
  - 能够采用恰当的方法选择供应商
- 素养目标
  - 增强纪律和规则意识，养成遵纪守法、廉洁自律的职业素养
  - 树立双赢合作意识，塑造正确的采购价值观
  - 树立开源节流的成本意识，培养勤俭节约的品德

内容框架

供应链采购管理

- 认识供应链管理环境下的采购管理
  - 采购管理的概念
  - 供应链管理环境下采购管理的特点
  - 供应链管理环境下的采购模式
  - 采购流程
- 自制和外购决策
  - 自制和外购的优缺点
  - 自制或外购决策的影响因素
  - 自制或外购决策的分析方法
- 确定采购需求
  - 需求分析的概念
  - 需求分析的方法
- 选择与管理供应商
  - 选择供应商
  - 供应商的分类管理

游戏导入

风险分担游戏

一、游戏意义和目的

通过风险分担游戏，学生可充分认知风险分担的原理，掌握风险分担的操作方法、如何将风险进行合理分担，以达到供应链平衡的目的。

二、游戏说明

微信扫描右侧二维码登录游戏，每组成员每轮在规定时间内随机抽取一次客户需求数据，与当前库存对比，看是否超过了当前门店的库存量。

微信扫码关注

比较 20 轮后当前组的成员每个人的随机抽取数与门店库存量，同时也比较当前组所有门店需求总数和门店库存总数。

三、新建游戏设置

1. 游戏人数设置：

设置分组数：可通过图中按钮调整分组数量。

设置每组游戏人数：可通过滑动条进行每组人数的设置，建议每组人数在 6～8 人。

2. 零售店的库存水平：该设置主要是控制零售店每个轮次补货到位数量。

3. 需求标准方差：设置方差的标准基数。

4. 游戏时间设置：根据授课老师安排，可设置每次游戏的执行轮数（5～20 轮），同时可设置每轮游戏的执行时间，有 10 秒、20 秒两种选择。

完成以上内容设置后，点击“创建游戏”按钮，即可完成游戏创建。

四、游戏数据分析

游戏执行完成后，自动进入游戏数据统计界面。该界面左图显示的内容是本游戏多组的共同数据，右图显示的内容为其中一组 10 轮中各个门店独立核算的总缺货量和集中核算的总缺货量。通过这些数据，我们不难分析出风险分担的重要意义。

【游戏总结思考】

两阶段竞争结束后，各小组分别就下列问题进行讨论：

1. 在库存合并和库存分开控制下，缺货情况有何不同？

2. 通过游戏你可以总结出哪些经验教训？

3. 最理想的库存策略是什么？

每组推选 1～2 发言人，在随后的班级讨论中向全班报告讨论过程和结果，展开辩论，争取达成共识。

任务一　认识供应链管理环境下的采购管理

问题引导

采购管理有多重要？

采购管理是供应链管理中十分关键的环节。根据相关资料，制造企业每年至少要将

50%的营业收入用于生产原料的采购。对于大多数企业而言，降低采购总成本的1%对利润的贡献在5%～10%。企业可以利用成本降低的优势，压低产品售价以进一步开拓市场，提高企业的竞争力，从而使得整个供应链的最终获利水平获得提高。

一、采购管理的概念

微课

认识采购管理

采购管理是指为了达成生产或销售计划，从适当的供应商那里，在确保质量的前提下，在适当的时间，以适当的价格，购入适当数量的商品所采取的一系列管理活动。

采购在企业和供应商之间架起了一座桥梁，连接着产品供应和生产。供应链上企业外部的价值通过采购环节向企业内部传递，并最终传达到外部的客户手中，采购环节的好坏将直接对整个供应链产生影响。供应链中各个环节对价值链的影响程度是不同的。表7-1是采购、制造和销售三个环节对价值增值的贡献度。

表7-1　采购、制造和销售三个环节对价值增值的贡献度

产品类别	采购	制造	分销
易耗消费品	30%～50%	5%～10%	30%～50%
耐用消费品	60%～70%	10%～15%	10%～25%
复合制造产品	30%～50%	30%～50%	5%～10%

二、供应链管理环境下采购管理的特点

相较于传统采购，供应链管理环境下采购管理具有以下特点：

（一）供需博弈转为合作共享

传统采购是供需双方信息不对称的博弈，彼此无法保持信息的同步与沟通，只能通过加强内部采购流程和监控环节等方式提高效率、降低成本，缺乏彼此间的共享与合作。供应链采购以客户需求为目标，将上下游企业和相关资源进行高度优化整合，从产品设计、采购、生产到销售、物流、售后等全过程进行高度协同的组织管理。在加强内部资源管理的基础上，强调外部资源的整合与管理，链内各方信息沟通更为密切、市场应变能力更加及时有效，通过全流程、多方面的合作实现双赢目标。

（二）以订单为驱动引导采购

在传统采购模式下，采购部门只根据生产部门的需求和库存进行采购，为保障生产不发生停工待料的情况，甚至会采取冗余库存的方式储备保险库存，不仅占用资金，还会出现市场变化时因无法及时消耗库存而造成积压，给企业经营带来风险和损失。在供

应链采购模式下，采购活动是以订单驱动的方式进行的，即用户需求订单产生后，通过需求订单确定生产订单，根据生产订单确定采购订单，采购订单再推动供应商和物流运输，如此将销售、生产、供应及物流全部纳入供应链管理中，促使生产、物流快速响应客户订单，提高库存的周转率和利用率，达到降低库存成本的目标。

（三）基于战略合作的采供关系

在传统采购模式下，采供双方是一般买卖关系，市场信息相互屏蔽，无法共享，从而导致库存积压、资金占用、质量问题等风险。但在供应链采购模式下，以需求为导向，企业间有了共同的目标，具备了合作的基础。一方面，从原材料供应、产品生产到物流运输都在一条供应链中，通过信息实时共享实现了库存和生产的动态平衡，降低了库存积压。另一方面，通过供应链管理，行业上下游供应目标向上延伸至需求客户，各环节企业有了主动提高质量、降低成本的需求，不再是上游强迫下游的被动式妥协降低成本，各环节供应商参与到产品设计开发和质量控制的过程中，适时把控质量、调整性能，并通过分享库存的数据信息，加强了链内供应商的信息沟通和彼此协作。它们共同努力降低采购成本，及时解决处理生产运输中的有关问题，通过技术合作缩减新产品研发成本，提高市场竞争力和占有率，由竞争走向合作共赢。

供应链管理环境下采购与传统采购的区别如表 7－2 所示。

表 7－2　供应链管理环境下采购与传统采购的区别

项目	传统采购	供应链管理环境下采购
与供应商的关系	短期的、相互对立的	长期的合作伙伴
信息沟通	信息不畅，采购工作不透明	信息共享，采购过程透明
考虑因素	以价格为重点	以质量、交货期为重点
供应商的数量	多，越多越好	少，甚至一个
库存	库存量很高	库存量很低
质量控制	事后控制，难度大	事前预防，事中控制
采购批量	大批量，少频次	小批量，多频次
流程设计	先设计产品后询价	供应商参与产品设计
供应商选择标准	通过价格竞争选择	对供应商进行综合评估后选择
工作目标	执行采购计划，降低材料成本	开发和管理供应商，利用外部资源
工作重点	价格谈判	协调采购过程中的各个业务环节

三、供应链管理环境下的采购模式

供应链管理环境下的采购活动是以订单驱动方式进行的，制造订单是在客户需求订单的驱动下产生的。制造订单驱动采购订单，采购订单再驱动供应商，这种标准化的订单驱动模式，使得供应链系统可以准时地响应客户的需求，降低库存成本，从而提高物流的速度和库存周转率。供应链管理环境下的采购模式包括以下几种：

（一）JIT 采购模式

JIT 采购是由准时制生产发展而来的，基本思想为在恰当的时间、恰当的地点，以恰当的数量、恰当的质量提供恰当的物品，是准时制生产管理模式下的一种先进采购模式。准时制采购方式体现了供应链控制的同步性、集成性和协调性，也增强了供应链的柔性和敏捷性。

1. JIT 采购的原理

JIT 采购是一种完全以满足需求为依据的采购模式。需方根据自己的需要，向供应商下达订货指令，要求供应商在指定的时间，将指定的品种、指定的数量送到指定的地点。

2. JIT 采购的特点

JIT 采购模式与传统采购模式有许多不同之处。JIT 采购模式的特点主要表现在以下几个方面：

（1）采购驱动因素不同。JIT 采购是订单拉动。

（2）供应商的选择方式不同。传统的采购模式通常是多头采购，供应商的数目较多，企业与供应商的关系是基于价格竞争而选择供应商的短期合作关系；JIT 采购模式采用的是较少的供应商，甚至只选择一个供应商，且与供应商的关系是长期合作关系。

（3）对交货时间的要求不同。JIT 采购模式要求准时交货，能否准时交货是客户评价供应商的一个重要标准。

（4）选择供应商的标准不同。JIT 采购模式不仅重视采购价格，还注重产品质量、交货期、价格、技术能力、应变能力、批量柔性等。

（5）制定采购批量的策略不同。JIT 采购模式要求小批量采购，减少生产批量，缩短生产周期。

3. JIT 采购实施的前提条件

（1）采购企业的生产计划相对平稳，采购企业可以随时预测物料需求；

（2）更大、更稳定的订单对于少数几个供应商有吸引力，供应商愿意与采购企业建立长期的合作关系；

（3）供需协议是长期的，供需双方只需很少的文书工作；

（4）少数几家供应商对改进运输配送和包装等活动能够作出及时反应，并且能够建立对供应商持续降低成本的激励机制；

（5）采购企业和供应商的信息沟通顺畅；

（6）供应商在地理位置上靠近采购商，或者供应商在采购商附近建立临时仓库。

4. JIT 采购模式的优势

企业实施 JIT 采购有重要意义。JIT 采购不仅能最好地满足客户的需求，而且可以最大限度地消除浪费、降低库存甚至实现零库存。JIT 采购模式的优势主要体现在以下几个方面：

（1）大幅度减少了原材料和外购件的库存；

（2）提高了采购物资的质量；

（3）降低了原材料和外购件的采购价格；

（4）缩短了交货时间，节约了采购过程中的资源，提高了企业的劳动生产率，增强了企业的适应能力。

（二）联合采购模式

联合采购由于采购数量庞大，因此易获得数量折扣。在单个采购方实力不强的情况下，多个相同处境的企业集中同行业的采购需求进行联合采购，能够引发供应商报价的兴趣，增添谈判的筹码。伴随着电子采购市场的蓬勃兴起，联合采购模式为小企业提供了快捷的实施平台。

（三）外包模式

随着供应链的集成，供应链上的企业都专注于打造自身的核心业务，非核心业务外包成为企业整合核心竞争力的一个手段。对于产品结构复杂、需要独特技术的物料采购，企业可以采用外包的形式，由供应链上的专业供应商制造。

（四）采购联盟模式

采购联盟或采购组织收集分散在各处的小采购需求，使物流信息集中，为规模性的运输、仓储和配送提供了基础。例如，北京有多家连锁医药零售企业，平均每家连锁企业大约有 6 家药店，每家连锁企业的小规模采购和配送导致了经营成本较高，同时多渠道采购也很难保证药品质量。如果组成一个医药采购联盟统一为这些药店进行采购、配送，使大规模采购、运输和配送成为可能，将会大大减少经营成本，增加企业的效益。由于采购的客户和供应商分布在各地，电子商务日益成为客户获得采购联盟服务的重要手段。客户可以通过电子商务系统搜索产品、下单采购、查询订单状况以及物流信息等，采用电子商务的手段来实现经营目标和获取服务。

案例链接

中粮集团以 MRO 集中采购推进供应链管理水平提升

中粮集团有限公司（以下简称中粮集团）将 MRO（非生产原料性质工业用品，如轴承、清洗剂、仪器仪表、安防用品等）类物料、PET（聚对苯二甲酸乙二醇酯，广泛用于瓶装水、食品包装、热塑性复合膜等领域）切片、工程物资和造价咨询 3 项集团重点集采项目，统一组织规模化带量集中采购工作，取得了良好成效，2023 年前三季度累计实现采购总额 620.61 亿元，节约预算 22.73 亿元。

中粮糖业牵头 MRO 集中采购信息化建设小组与各 MRO 集中采购工作专班先后在辽宁、上海、北京等地分别设立集中办公工作点，依托中粮 E 采供应链管理平台开展 MRO 类物资主数据编码工作，通过对中粮集团财务综合报账系统中近 3 年的 10 万余条 MRO 物资采购数据进行整理分析后，按照 10 大类、7 个层级的标准对纳入集中采购的 MRO 类物资属性实施分类、分级定性管理，形成 10.8 万余条 SKU，使每一个集中采购标的物资都拥有了详细且唯一的身份标签，为后续编制采购文件中的标的物内容清单提供了科学依据，可实现对每项集中采购单品设置拦标价。

中粮集团以 13 家专业化公司为实施主体，借助招标代理机构等外部专业力量，结合 MRO 集中采购各品类、各包件特点，将内外部人力资源划分为调研组、联络组、数据组、执行组和文书组等多个专业组别，通过项目经理负责制推动各集中采购关键环节的落地执行，并定期出具工作进度报告上报中粮集团集中采购工作组和各集中采购工作专班，确保各项集中采购工作落实落细落到位。

资料来源：佚名．中粮集团以 MRO 集中采购推进供应链管理水平提升［EB/OL］．中粮集团有限公司官网，2023-12-29.

四、采购流程

根据采购品的来源、采购方式以及采购对象的不同，采购流程可能在细节上略有差异，但采购的基本流程却大致相同。采购流程如图 7-1 所示。

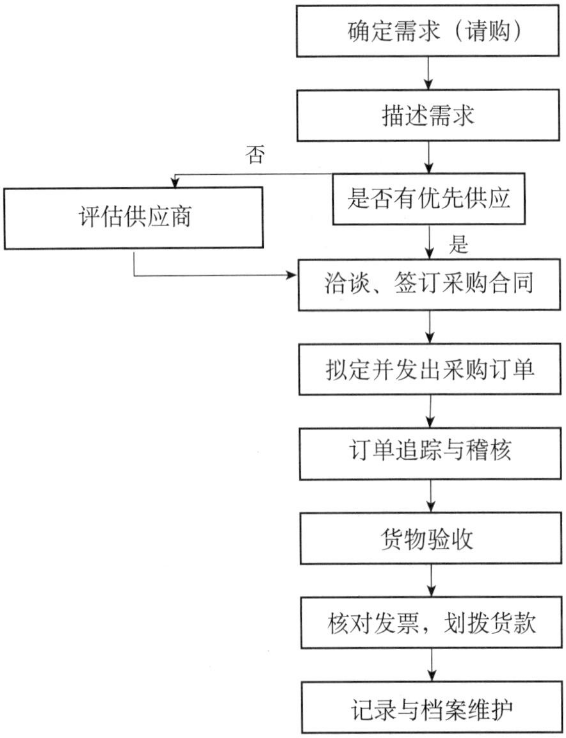

图 7-1　采购流程

(一) 确定需求 (请购)

确定需求是采购行为的前提。企业应该对所需的材料和服务进行详细的分析,明确规格、数量、质量标准和交付时间等方面的要求。通过需求分析,企业可以确保采购结果符合自身的需求,并且能够提高采购效率。

(二) 描述需求

描述需求是指对所需采购的物品、服务或项目的具体、明确且详细的说明。采购时应确保所有相关信息都是准确、完整且具体的,以便供应商能够准确理解并满足这些需求。同时,这些需求也应作为后续采购活动的基准,用于评估供应商的表现和采购结果的成功与否。通常可以从以下几方面对需求进行描述:名称、型号、规格、品牌等;明确的质量标准或规格要求;必要的认证、检验或测试要求;预期的交货日期或服务开始时间;预算范围或预期价格;成本构成分析(如直接成本、间接成本等);包装、运输、保险等物流要求;等等。

(三) 评估供应商

在采购流程中,评估供应商是一个至关重要的环节,它直接影响采购物品或服务的质量、成本以及交货时间。实践中,企业往往需要对供应商的以下能力进行评估:

(1) 质量能力:供应商的产品或服务是否符合所需的质量标准,是否有相关的质量认证。

(2) 价格竞争力:供应商提供的价格是否具有竞争力,同时也要考虑长期合作的成本效益。

(3) 交货能力:供应商是否能按时交货,以及应对紧急订单的能力。

(4) 售后服务:供应商提供的售后服务是否完善,包括维修、退换货等。

(5) 信誉与稳定性:供应商的市场信誉以及经营稳定性,避免与风险较高的供应商合作。

(6) 技术与创新能力:供应商的技术水平,以及能否提供创新的产品或解决方案。

(7) 环保与社会责任:供应商在环保与社会责任方面的表现。

企业可以使用以下方法实施评估:

(1) 问卷调查:向供应商发送详细的问卷,收集其基本信息、经营状况、生产能力等。

(2) 现场考察:对供应商的生产现场、质量管理体系进行实地考察。

(3) 样品测试:要求供应商提供样品进行质量测试。

(4) 历史业绩评估:查看供应商过去与其他客户的合作案例,评估其表现。

(5) 参考其他客户评价:通过行业报告、客户评价等方式,了解供应商的市场口碑。

在评估的基础上,企业需要综合对比供应商绩效,并做出正确的选择。

（四）洽谈、签订采购合同

当确定了供应商之后，采购部门要与供应商进行反复的谈判和磋商，确定采购价格（询价、比价、议价）以及其他采购条件如质量、运输条件、服务、风险赔付等，最后以书面合同的形式确定下来。

（五）拟定并发出采购订单

签订合同之后，就是履行合同。采购部门向供应商发出正式的采购订单，同时报送本企业会计部门、用料单位、收货部门等，并保留订单原件备查。

（六）订单追踪与稽核

采购部门有责任督促供应商按时送货。采购员要督促、监督进货过程，确保按时到货。一旦发现问题，必须及时采取行动。此外，采购部门还负责就任何关于送货要求的改变与供应商进行协商。

（七）货物验收

货物验收包括货物接收、货物检验、入库。到货后，采购员要督促有关人员验收、入库，以确保所收到货物的质量、数量与订购要求相符，必要时要确定货物的破损情况，之后通知结算部门进行货款结算。

（八）核对发票，划拨货款

结算部门核对采购订单、收货报告、发票，支付货款。

（九）记录与档案维护

凡经结案批示的采购业务，应列入档案登记并分类编号，予以保管，以备参阅或事后发生问题时备查。

任务二　自制和外购决策

微课

自制和外购决策

问题引导

哪种方式更有利？

企业生产经营中所需要的产品或零部件，在具有加工能力的条件下，是自制还是外购，这是企业管理者面临的一个需要及时做出决策的问题。究竟采用何种方式取得所需要的零部件，在经济上对企业更为有利？在保证零部件的性能、质量、用途和及时供应的前提下，就需要对自制和外购两种取得方式的预期成本进行计量、分析与比较，最终做出最优决策。

一、自制和外购的优缺点

自制和外购决策又称零部件取得方式的决策，是指企业围绕既可自制又可外购的零部件的取得方式而开展的决策。企业生产产品所需要的零部件，是自己组织生产还是从外部购进，这是企业需要决策的问题。

（一）自制的优缺点

1. 自制的优点

（1）质量控制：企业可以直接控制生产过程，确保产品符合特定的质量标准和要求。

（2）技术保护：对于涉及核心技术的产品或服务，自制可以防止技术泄露给外部竞争对手。

（3）灵活性：自制能够使企业根据市场需求的变化快速调整生产计划和产能。

（4）长期成本效益：在某些情况下，自制可能带来长期的成本节约，特别是当生产规模扩大时。

（5）品牌一致性：自制产品有助于保持品牌的一致性和形象，因为企业可以完全控制产品的设计和制造过程。

2. 自制的缺点

（1）高昂的初始投资：自制可能需要大量的资金用于购买设备、建设生产线和培训员工。

（2）规模经济限制：对于非大规模生产的产品或服务，自制可能不如外部供应商经济、高效。

（3）管理复杂度：自制增加了企业的管理负担，需要更多的资源和时间来管理生产过程、库存和质量控制。

（4）技术更新风险：自制可能使企业面临技术过时的风险，因为外部供应商可能更快地采用新技术。

（二）外购的优缺点

1. 外购的优点

（1）成本节约：外部供应商通常能够提供更具成本效益的产品或服务，因为其可能具有规模经济优势。

（2）专注核心竞争力：通过外购非核心产品或服务，企业可以专注于核心业务和竞争力，提高整体运营效率。

（3）供应链灵活性：外购能够使企业快速响应市场变化，因为外部供应商可能更容易调整产能和产品线。

(4) 降低风险：外购可以降低企业面临的一些风险，如技术革新风险、生产中断风险等。

2. 外购的缺点

(1) 质量控制问题：外部供应商的产品质量可能不如自制产品可控，需要额外的质量监控措施。

(2) 供应链依赖性：长期依赖外部供应商可能使企业面临供应链中断的风险，特别是当供应商出现问题时。

(3) 沟通成本：与外部供应商的沟通和协调可能需要额外的时间和资源，以确保按时交付和满足质量要求。

(4) 技术泄露风险：外购可能涉及技术泄露的风险，特别是当与外部供应商共享敏感信息时。

二、自制或外购决策的影响因素

企业在作出自制或外购决策时，需要重点考虑以下因素：

(一) 经济利益

企业在选择自制或外购时，首先应考虑的主要标准是成本。如果一个部件外购比自制更便宜，企业就应选择外购。此时进行成本分析，依据的是增量成本（边际成本）分析原则，即只考虑那些随自制与外购决策而变动的成本。例如，对于有自制生产能力的企业，自制某零部件的增量成本只包括劳动力、材料等直接成本，以及动力、燃料等其他净增成本。其他不因决策而发生变动的成本，在进行费用比较时不用考虑。对于无自制生产能力，或需要增加部分生产能力的企业，其增量成本还应包括为增加生产能力所支付的成本。

(二) 质量保证

控制自制零件的质量可以保证最终产品的质量。企业选择外购时，对零部件质量的控制可能会有一定困难。若关系到最终产品的质量，则宁可放弃其经济利益。

(三) 供应的可靠性

若外购来源不可靠，企业应选择自制。若供应有可靠的保障，企业选择外购是十分有利的。需要注意的是，企业要制定适当的采购政策，选择合适的供应商，使自身处于主动地位。

(四) 专利

由于专利原因，法律可能会限制某些企业从事某些零部件的生产。此时，企业就需要选择外购，或者在进行技术经济分析的基础上考虑购买专利。

（五）技能与材料

由于某些零部件的制造技术复杂、所需材料非常稀缺或者出于环境保护及政府政策的限制，这些零部件不易在本厂自制或某道工序不易在本厂加工，这时企业就只能选择外购。

（六）灵活性

自制零部件往往会限制产品设计的灵活性和降低生产系统的适应能力。如果一家企业在自制零部件上进行了很大的设备投资，就会限制企业在完全不同的新产品方面的灵活转移。而外购件、外协件较多的企业则不用担心投资过时的问题。环境变化往往会对企业生产系统的适应性提出更高的要求。当需求增加时，就会产生提高生产能力的要求；当产品品种组合发生重要变化时，企业就需要调整生产过程；当供应来源发生重大变化时，生产部门也要做出调整。因此，外购件或外协件较多的企业在生产系统的适应性方面处于有利地位。

（七）生产的专业化程度

对于加工装配类的企业，生产的专业化程度越高，外购或外协零部件的数量就越多。一些大型企业不愿将零部件交由小型工厂生产，主要是担心质量、成本、期限等达不到要求。事实上，大型企业若能做好产品质量把控，就可以节省设备投资并利用小型工厂低成本的优势。

（八）其他因素

其他诸如营业秘密的控制、供需双方互惠和友谊关系的保持以及政府的某些规定等，在一定程度上也会影响企业的自制或外购决策。企业在生产缓慢发展时期，为了利用闲置设备，自制可能更有利，但这会造成与供应商关系的紧张或中断。所以，为了保持与重要供应商的良好关系或互惠关系，企业往往会放弃自制的打算。一些掌握特殊技术工艺、工艺配方的企业，出于保密考虑，也通常采取全部自制或部分自制。例如，某些电子元器件工厂对于使用关键技术、工艺生产的原材料、元器件等，均采取自制，对于其他零部件则选择外购、外加工、外装配等。

三、自制或外购决策的分析方法

企业进行自制或外购的决策时，一般可采用相关成本分析法和成本平衡点分析法。

（一）零部件自制不会增加固定成本且自制能力无法转移

在企业已经具备的自制能力无法转移的情况下，原有的固定成本属于沉没成本，不会因零部件的自制或外购而发生变动。因此，在这项决策分析中，企业只需将自制方案的变动成本与外购成本进行比较。如果自制变动成本高于外购成本，企业应外购；如果自制变动成本低于外购成本，企业应自制。

【例题7-1】

零部件自制不会增加固定成本且自制能力无法转移

某企业每年需用A零件100 000件，该零件既可以自制，又可以外购。若外购每件单价为40元；若自制，企业拥有多余的生产能力且无法转移，单位成本如表7-3所示。对于A零件，企业是自制还是外购?

表7-3 单位成本

直接材料	直接人工	变动制造费用	固定制造费用
30元	6元	3元	5元

解：

根据题意，可采用相关成本分析法。由于企业拥有多余的生产能力，固定成本属于无关成本，无须考虑，自制单位变动成本为39元（直接材料为30元、直接人工为6元、变动制造费用为3元），外购单价为40元。则：

自制总成本=100 000×39=3 900 000（元）

外购总成本=100 000×40=4 000 000（元）

综上，企业应选择自制方案，可节约成本100 000元。

（二）零部件自制不会增加固定成本且自制能力可以转移

在自制能力可以转移的情况下，自制方案的相关成本除了包括按零部件全年需用量计算的变动生产成本外，还包括与自制能力转移有关的机会成本。企业无法通过直接比较单位变动生产成本与外购单价作出决策，必须采用相关成本分析法。

【例题7-2】

零部件自制不会增加固定成本且自制能力可以转移

仍依上例资料。假定自制A零件的生产能力可以转移，每年预计可以获得贡献毛利1 000 000元。对于A零件，企业是自制还是外购?

解：

由于企业拥有多余的生产能力，固定成本属于无关成本，无须考虑，自制单位变动成本为39元（直接材料为30元、直接人工为6元、变动制造费用为3元），外购单价为40元。自制A零件的机会成本为1 000 000元。

依题意编制的成本分析表如表 7－4 所示。

表 7－4　成本分析表

成本项目	自制 A 零件成本	外购 A 零件成本
变动成本 机会成本	100 000×39＝3 900 000 1 000 000	100 000×40＝4 000 000
相关成本合计	4 900 000	

综上，企业应选择外购方案，可节约成本 900 000 元。

（三）零部件自制但需要增加固定成本

当自制零部件时，如果企业没有多余的生产能力或多余生产能力不足，就需要增加固定成本以购置必要的机器设备。在这种情况下，自制零部件的成本不仅包括变动成本，还包括增加的固定成本。由于单位固定成本是随产量成反比变动的，因此对于不同的需求量，决策分析的结论就可能不同。对于这类问题的决策，应根据零部件的需求量确定，可以分别采用相关成本分析法和成本平衡点分析法来进行分析。若零部件的需求量确定，可以采用相关成本分析法；若零部件的需求量不确定，则采用成本平衡点分析法。因为零部件的需求量确定情况下的零部件自制与否的决策与前例相似，这里仅就零部件需求量不确定情况下的自制与否的决策进行举例。

【例题 7－3】

零部件自制但需要增加固定成本

企业需要的 B 零件可以外购，单价为 60 元。若自制，单位变动成本为 24 元，每年还需增加固定成本 45 000 元。分析 B 零件是自制还是外购。

解：

由于本例中零部件的需求量不确定，因此需采用成本平衡点分析法进行分析。

设：x_0 为成本平衡点业务量，自制方案的总成本为 y_1，固定成本为 a_1，单位变动成本为 b_1；外购方案的总成本为 y_2，固定成本为 a_2，单位变动成本为 b_2。

其中：$a_1=45\ 000$ 元

$b_1=24$ 元

$a_2=0$ 元

$b_2=60$ 元

则有：$y_1=a_1+b_1x_0=45\ 000+24x_0$

$y_2=60x_0$

$$x_0=\frac{45\ 000}{60-24}=1\ 250\text{（件）}$$

这说明，当零部件需求量在 1 250 件时，外购总成本与自制总成本相等；当零部件的需求量在 1 250 件以内时，外购总成本低于自制总成本，企业应选择外购方案；当零部件需求量超过1 250件时，自制总成本低于外购总成本，企业应选择自制方案。

任务三　确定采购需求

微课

确定采购需求

问题引导

如何以更聪明的方式进行采购？

对于企业来说，明确采购需求是一个非常重要的环节。这要求企业从一开始就认真思考各个部门真正需要的东西，这并不是一件容易事。以往很多企业凭感觉随意下单，结果导致数量过多而占用库存，或者买错了规格没法用。长此以往，企业不仅生产效率低，而且浪费了现金流。那么，企业应如何以更聪明的方式进行采购呢？

一、需求分析的概念

采购需求分析就是分析该买什么、买多少、什么时候买、花多少钱、什么时候得到以及怎样得到的问题。正确的采购需求分析，不仅可保证及时获得合格的生产物资，也是控制成本的一项重要工作。需求分析是采购工作的第一步，是制订采购计划的基础和前提。

在极简单的情况下，需求分析是简单的。但在较复杂的采购情况下，需求分析就变得非常必要了。例如，一家汽车制造企业有上万个零部件，有很多车间、工序，每个车间、每道工序生产不同的零部件都需要不同品种、不同数量的原材料、工具、设备、用品。这么多的零部件，什么时候需要什么材料、需要多少，哪些品种要单独采购，哪些品种要联合采购，哪些品种先采购、哪些品种后采购、采购多少，如果对于这些问题企业不进行认真的分析和研究，就不可能展开科学的采购工作。

二、需求分析的方法

（一）统计分析法

在采购需求分析中用得最多、最普遍的就是统计分析。统计分析的任务就是根据一些原始材料来分析求出客户的需求规律，再根据需求规律进行需求预测。在采购需求的统计分析中，最基本的原始资料主要有各个单位的采购申请单、销售日报表、领料单和生产计划任务单等。在实际操作中，统计分析通常有以下两种方法。

1. 对采购申请单进行汇总统计

现在很多企业采购都采取这样的模式：要求下属各需求部门每周提交一份采购申请

表，提出每个需求部门下周的采购品种和数量，然后采购部门将这些表汇总，得出下周总的采购任务表，再根据此表制订下个月的采购计划。

2. 对各个单位销售日报表进行统计

对于流通企业来说，每天的销售就是客户对企业物资的需求，需求速率的大小反映了企业物资的消耗快慢。这样，由每天的销售日报表就可以统计得到企业物资的消耗规律。消耗的物资需要补充，因此物资消耗规律就是物资采购需求的规律。

（二）ABC 分析法

1. ABC 分析法的含义

ABC 分析法的理论基础是帕累托原理，它是根据事物在技术或经济方面的主要特征，进行分类排队，分清重点和一般，从而有区别地确定管理方式的一种分析方法。它将被分析的对象分成 A、B、C 三类。

在企业的实际采购业务中，少数物料的采购量较大，占用资金较多。而大多数物料的种类比较多，但年需求量却不大。这些少数采购量大的物料属于重点物料，企业需要花费大量的人力、财力、物力来管理；而对于多数物料，企业可以分配较少的资源来进行管理。企业需要确定各类物料的重要性程度以及优先权，先采购哪些，后采购哪些，重点保障哪些物料的供应等问题，为此，需要进行 ABC 分析。

2. ABC 分析法的基本分类标准

（1）A 类物品（高值）：

1）品种数量少但资金占用大；

2）采购额占总采购金额的 70%左右；

3）品种数占采购品种总数的 10%左右。

（2）B 类物品（中值）：

1）介于 A、C 两者之间；

2）采购额占总采购金额的 20%左右；

3）品种数占采购品种总数的 20%左右。

（3）C 类物品（低值）：

1）采购额占总采购金额的 10%左右；

2）品种数占采购品种总数的 70%左右。

3. ABC 分析法的步骤

企业可以按照以下步骤应用 ABC 分析法。

第一步：计算每一种物料的金额（可用销售额或采购额计算）。

第二步：按照金额由大到小排序并列成表格。

第三步：计算每一种物料金额占总金额的比率。

第四步：计算累计比率。

第五步：分类。各类物料的划分标准并无严格规定。习惯上常将主要特征值（这里是指销售额或采购额）的累计百分数在70%左右的物料称为最重要的A类，累计百分数在20%左右的物料称为次重要的B类，累计百分数在10%左右的物料称为不重要的C类。

第六步：根据ABC分析的结果，对A、B、C三类商品采取不同的采购策略。

将ABC分析法应用到库存管理中，按重要程度分为特别重要的库存A类、一般重要的库存B类和不重要的库存C类三个等级。企业应针对不同级别分别进行管理和控制。ABC分类管理策略如表7-5所示。

表7-5　ABC分类管理策略

分类项目	A类	B类	C类
价值	高	中	低
管理要点	将库存压缩到最低水平	库存控制有时可严些，有时可松些	集中大量订货，以较高库存来节约订货费用
订货量	少	较多	多
订购量计算方法	按经济批量计算	按过去的记录计算	按经验估算
定额综合程度	按品种或规格	按大类品种	按总金额
检查频率	经常检查	一般检查	季度或年度检查
进出统计	详细统计	一般统计	按金额统计
保险储备量	低	较高	允许较高
控制程度	严格控制	一般控制	控制总金额
控制系统	连续观测库存控制系统	综合控制法或连续法、定期法	定期观测库存控制系统

（三）物料需求计划

物料需求计划（Material Requirement Planning，MRP）是生产企业最常用的需求分析方法。它的基本原理就是根据企业的主产品生产计划、主产品的结构文件和库存文件，分别求出主产品的所有零部件的需求时间和需求数量。

1. 物料需求计划的相关概念

（1）物料需求计划。按照国家标准《物流术语》中的定义，物料需求计划是利用一系列产品物料清单数据、库存数据和主生产计划计算物料需求的一套技术方法。它是根据产品结构各层次物品的从属和数量关系，以每个物品为计划对象，以完工日期为时间基准倒排计划，按提前期长短区别各个物品下达计划时间的先后顺序。

（2）需求。需求是供应链的源头，有了需求才会有制造和采购的活动。需求可以分为独立需求和相关需求。

1）独立需求。独立需求是指可以单独售卖的产品，和其他商品的需求没有关系。举个例子，汉堡包是独立需求，可以直接卖给顾客。

2）相关需求。汉堡包是由汉堡坯、肉饼、芝士和蔬菜等原料组成的，这些食材都是在汉堡包的BOM清单中的。换句话说，正是有人要买汉堡包，才会衍生出对这些物料的需求，是具有相关性的，所以汉堡坯和肉饼是相关需求。

企业需要预测独立需求的商品，而相关需求是根据BOM计算出来的，因此不需要做预测。

需要注意的是，同一件商品可以既是独立需求，又是相关需求。当汉堡包是单品时，它是独立需求；在套餐中，汉堡包就成了相关需求，与可乐和薯条搭配在一起销售。商品的需求属性是可以转换的。

2. 物料需求计划的运行逻辑

物料需求计划的运行逻辑如图7－2所示：

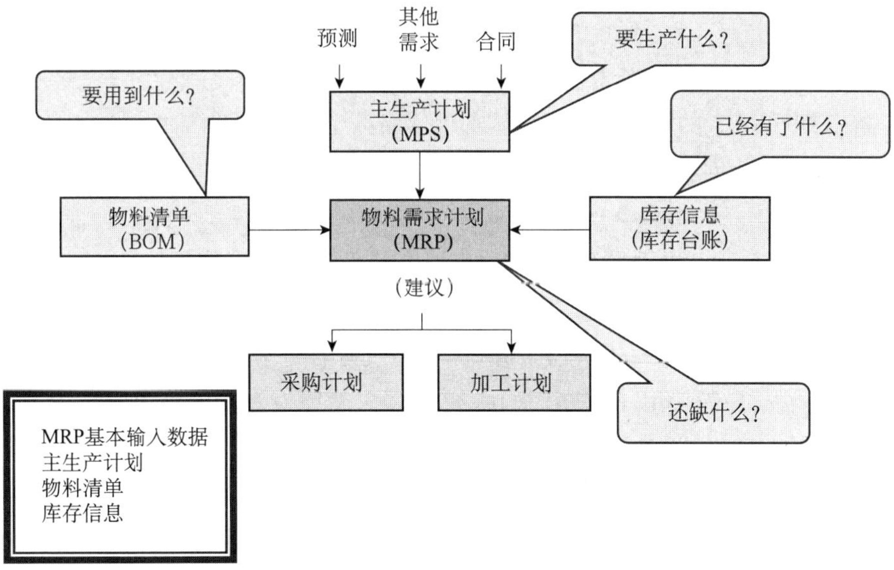

图7－2　物料需求计划的运行逻辑

（1）输入。

1）主生产计划（MPS）：回答最终生产交付什么、生产多少、什么时候生产完成可以交付。

MPS中有相应的成品需求数量、交付时间以及基于提前期计算反推出来的计划订单发出日期，这是MRP计算的主要输入信息。主生产计划（MPS）驱动生成物料需求计划（MRP），再由 MRP 生成加工件的生产计划和外购件的采购计划。

2）物料清单（BOM）：回答生产成品需要生产/采购哪些零部件物料、多少量、需要什么时间交付。

物料清单（BOM）是最终成品的结构描述，表明组成最终成品的部件、零件以及原材料之间的结构关系和数量关系，是由 MPS 展开推算 MRP 物料需求的关键依据。

3）库存状况：回答零部件物料目前库存水位有多少、是否设有安全库存、在途订单有多少、交付周期有多久。

MPS 按物料清单（BOM）展开后计算获得物料的粗需求量，需要冲减掉现有库存量（包括安全库存量、在途库存量），才能获得物料的净需求量。

4）订购方法：基于物料的净需求量，再根据零部件物料的订购方法（直接批量法、固定批量法等），确定计划订单的生产/采购批量大小。订购方法有固定订货量法、固定订货间隔期法等。

固定订货量法，即规定一个固定的订货批量，每次需要时按此批量进行订货，批量按经验和相关条件进行确定。若净需求量小于批量，则按批量订货；若净需求量大于批量，则按净需求量订货。

固定订货间隔期法，即预先设定一个固定的订货间隔期，然后将此间隔期内的需求量合为一个批量进行订货，到货的时间就在最初的那周。间隔期的选择常与企业编制计划的间隔期相适应，同时要考虑物料的价值。

5）提前期：MPS 的需求时间减去零部件物料的生产/采购提前期，获得物料的需求时间（计划订单发出时间）。

（2）计算逻辑。

1）计算需求总量：根据最终产品 MPS，基于产品 BOM 的结构层层展开，计算汇总出各个零部件物料的需求总量，即生成粗物料需求计划。

2）计算净需求量：第一步产生的物料需求没有考虑物料的库存情况，需要将总需求量冲减掉现有库存（包括安全库存、在制/在途库存量），然后生成净物料需求计划。

净需求量＝总需求量＋安全库存量－现有库存量－在制/在途量（预计到货量）

3）计算计划订单数量：在经过上述的 MPS、BOM、库存三大维度的综合计算后，获得物料净需求量，再根据物料的订货方法来确定每次生产/采购的批量大小，即计算需要生成多少数量的计划订单来满足物料需求。

4）计算物料需求时间：最后根据 MPS 最终成品的需求时间，减去物料的生产/采购提前期，计算得出物料的需求时间，最终生成以及锁定物料需求计划。

（3）输出。

根据物料的制造模式是自制加工件还是外购件，生成需求计划类型为生产计划或者采购订单的物料需求计划，后续由生产与物料控制（PMC）岗位人员基于库存情况、交付情况转换生成相应的生产订单/采购订单，分别输出给生产部门/采购部门做执行动作。

3. 物料需求计划的编制步骤

（1）确定主产品需求计划（主产品生产计划）。

（2）确定主产品的结构文件（物料清单）。

（3）确定库存文件。

（4）根据主产品的需求文件、主产品结构文件和库存文件，推导出物料需求计划。

（5）根据物料需求计划制定采购任务清单。

【例题 7－4】

物料需求计划的编制

生产木制百叶窗的工厂收到两份百叶窗订单：一份要 100 个，一份要 150 个。在当前时间进度的安排中，100 个单位的订单应于第 4 周开始运送，150 单位的订单应于第 8 周开始运送。每个百叶窗包括 4 个木制部分和 2 个框架。木制部分由工厂自制，制作过程耗时 1 周；框架部分需要定制，订货提前期为 2 周。组装百叶窗需要 1 周。第 1 周初始时木制部分的库存量为 70。按直接批量法求解百叶窗零部件订货的规模和时间。

第一步，编制百叶窗的需求表（见表 7－6）。

表 7－6 百叶窗的需求表

周数	1	2	3	4	5	6	7	8
订货数量				100				150

第二步，根据题意，绘制百叶窗的产品结构（见图 7－3）。

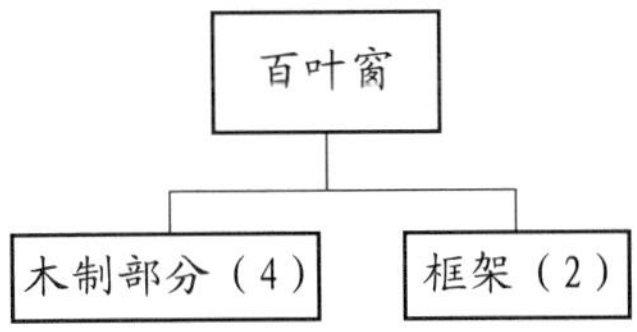

图 7－3 百叶窗的产品结构

第三步，利用主生产计划、库存情况、生产提前期求解计算百叶窗总需求，再计算净需求。

（1）在直接批量条件下，求解满足总进度安排的计划订货量和计划投入量。计算过程如表 7－7 所示。

（2）因框架需要定制，属于外购件，则需要根据上述物料需求计划，确定于第 1 周、第 5 周分别采购 200 个和 300 个。

表 7-7　物料需求计划

物料	周数	1	2	3	4	5	6	7	8
	订货数量				100				150
百叶窗 LT=1 周	总需求				100				150
	预期入库量								
	计划期末库存量								
	净需求				100				150
	计划订货量				100				150
	计划投入量			100				150	
框架 LT=2 周	总需求			200				300	
	预期入库量								
	计划期末库存量								
	净需求			200				300	
	计划订货量			200				300	
	计划投入量	200				300			
木制部分 LT=1 周	总需求			400				600	
	预期入库量								
	计划期末库存量	70	70	70					
	净需求			330				600	
	计划订货量			330				600	
	计划投入量		330				600		

【例题 7-5】

智能音箱 A 的物料需求计划

某款智能音箱的产品结构如图 7-4 所示。A 公司需要制订未来 6 周内所需要零部件的物料需求计划。

根据主生产计划，A 公司需要在第 4 周、第 5 周和第 6 周向客户分别交付 850 个音箱订单。该款智能音箱在工厂的组装时间为 1 周。目前，工厂的所有零部件都没有库存，主控芯片 A 和不锈钢外壳 A 的最低订货数量是 1 500 单位，其他零部件没有最小订货规模限制。在第 1 周，电子组件 A 的预期入库量为 50 个。

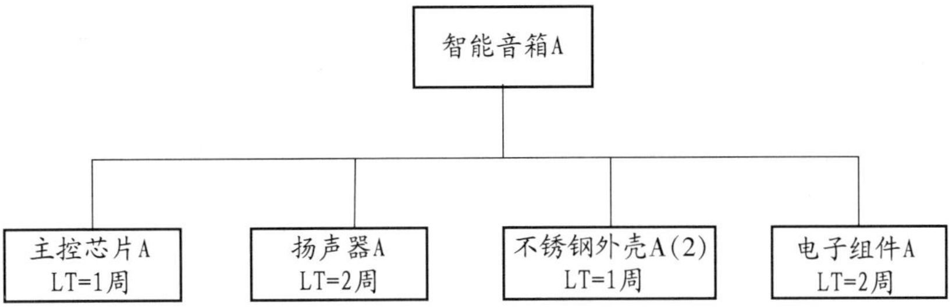

图 7-4　智能音箱 A 的产品结构

物料需求计划如表 7-8 所示。

表 7-8　物料需求计划

	时间段/周	1	2	3	4	5	6
智能音箱 A LT=1 周	总需求	0	0	0	850	850	850
	预期入库量	0	0	0	0	0	0
	计划期末库存量	0	0	0	0	0	0
	净需求	0	0	0	850	850	850
	计划入库量	0	0	0	850	850	850
	计划订单量	0	0	850	850	850	0
主控芯片 A LT=1 周 最小订货规模=1 500	总需求	0	0	850	850	850	0
	预期入库量	0	0	0	0	0	0
	计划期末库存量	0	0	0	0	0	0
	净需求	0	0	850	850	850	0
	计划入库量	0	0	1 500	1 500	1 500	0
	计划订单量	0	1 500	1 500	1 500	0	0
扬声器 A LT=2 周 最小订货规模=1	总需求	0	0	850	850	850	0
	预期入库量	0	0	0	0	0	0
	计划期末库存量	0	0	0	0	0	0
	净需求	0	0	850	850	850	0
	计划入库量	0	0	850	850	850	0
	计划订单量	850	850	850	0	0	0
不锈钢外壳 A LT=1 周 最小订货规模=1 500	总需求	0	0	1 700	1 700	1 700	0
	预期入库量	0	0	0	0	0	0
	计划期末库存量	0	0	0	0	0	0
	净需求	0	0	1 700	1 700	1 700	0
	计划入库量	0	0	1 700	1 700	1 700	0
	计划订单量	0	1 700	1 700	1 700	0	0

续表

	时间段/周	1	2	3	4	5	6
电子组件 A LT=2 周 最小订货 规模=1	总需求	0	0	850	850	850	0
	预期入库量	50	0	0	0	0	0
	计划期末库存量	50	50	0	0	0	0
	净需求	0	0	800	850	850	0
	计划入库量	0	0	800	850	850	0
	计划订单量	800	850	850	0	0	0

明细采购计划如表 7-9 所示。

表 7-9　明细采购计划

物料名称	采购时间/周					
	1	2	3	4	5	6
主控芯片 A	0	1 500	1 500	1 500	0	0
扬声器 A	850	850	850	0	0	0
不锈钢外壳 A	0	1 700	1 700	1 700	0	0
电子组件 A	800	850	850	0	0	0

（四）订购点法

对于相关性需求通常采用 MRP 采购的方式，而对于独立性需求通常采用定期采购法和定量采购法，订货点法将在项目十供应链库存管理中详细介绍。

（五）物资消耗定额法

物资消耗定额是指在一定的生产技术组织的条件下，生产单位产品或完成单位工作量所必须消耗的物资的标准量，通常用绝对数表示，如制造一台机床或一个零件消耗多少钢材、生铁；有的也可用相对数表示，如在冶金、化工等企业中，用配料比、成品率、生产率等表示。

任务四　选择与管理供应商

微课

选择与管理
供应商

问题引导

如何选择供应商？

供应商的交货提前期、质量、交货可靠性和价格等指标是影响采购绩效的重要因素。科学地选择供应商对于增强供应链的竞争力具有重要的现实意义。

一、选择供应商

（一）选择供应商的考量因素

企业选择供应商时需要考虑以下几个方面的因素：

1. 质量

质量是供应链的生存之本，产品的使用价值是以产品质量为基础的，它决定了最终消费品的质量，影响产品的市场竞争力和占有率。因此，质量是选择供应商的一个重要因素。

2. 价格

产品价格是指供应商提供产品的价格，产品价格构成产品的主要成本。价格低，意味着企业可以降低生产经营的成本，对企业提高竞争力和增加利润有着明显的作用，是选择供应商的前提条件。但是，价格最低的供应商不一定就是最合适的，企业还需要考虑产品质量、交货时间以及运输费用等诸多因素。

3. 交货准时性

交货准时性是指供应商能否按约定的交货条件组织供货，准时送达。能否将产品准时运达不仅影响企业生产和供应活动的连续性，还会影响各级供应链的库存水平，继而影响企业对市场的反应速度，打断制造商的生产计划和零售商的销售计划。

4. 品种柔性

企业要想在激烈的竞争中生存和发展，生产的产品就必须多样化，以适应消费者的需求，达到占有市场和获取利润的目的。而产品的多样化是以供应商的品种柔性为基础的，它决定了消费品的种类。

5. 其他影响因素

其他影响因素包括设计能力、特殊工艺能力、整体服务水平、位置、供应商存货机制、项目管理能力等。

案例链接

浙江南方涂料工业有限公司的供应商选择标准

浙江南方涂料工业有限公司的对外销售政策主要有以下内容：质量符合客户指定的检验标准，年采购量达500万元给予3‰的返款，免费更换残次品，采购订单的变更需要客户提前一个月告知，不要求客户自备大量的库存，在主要客户的工厂附近设分厂。请按照选择供应商时需要考虑的主要因素对上述条款进行分类。

按照供应商选择因素，分类如下：

价格条款：年采购量达500万元给予3‰的返款。

质量条款：质量符合客户指定的检验标准。

服务条款：免费更换残次品。

位置条款：在主要客户的工厂附近设分厂。

供应商存货机制：不要求客户自备大量的库存。

柔性：采购订单的变更需要客户提前一个月告知。

（二）选择供应商的步骤

选择供应商是供应链管理中的一个重要决策。好的供应商拥有制造高质量产品的加工技术，拥有足够的生产能力，以及能够在获得利润的同时提供有竞争力的产品。同一产品在市场上的供应商数量越来越多，供应商的多样性更使得选择变得复杂，需要一个规范的程序来操作。图7－5表示的是选择供应商的步骤。

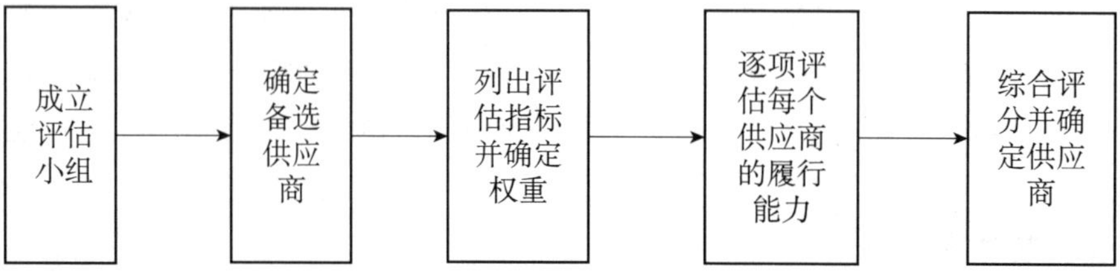

图7－5　选择供应商的步骤

1. 成立评估小组

供应商选择绝不是采购员个人的事，而是一项集体决策，需要企业各部门有关的人员共同参与讨论、决定。同时，评估小组还应获得各个部门的认可，包括采购部门的决策者和其他部门的决策者。

供应商的选择涉及企业的生产、技术、计划、财务、物流、市场等部门。对于技术要求高、重要的采购项目来说，特别需要设立跨职能部门的供应商选择工作小组。供应商选择小组应由各部门有关人员组成，包括研究与开发部、技术支持部、采购部、物流管理部、市场部、计划部等。

2. 确定备选供应商

企业可通过供应商信息数据库，以及采购人员、销售人员或行业杂志、网站等渠道了解市场上能提供所需物品的供应商。

3. 列出评估指标并确定权重

企业确定代表供应商服务水平的有关因素，据此提出评估指标。评估指标和权重对于不同行业和产品的供应商是不尽相同的。

4. 逐项评估每个供应商的履行能力

为了保证评估的可靠性，企业应对供应商进行调查。企业在调查时，一方面应听取供应商提供的信息，另一方面应尽量对供应商进行实地考察，对企业的设备、技术人员进行分析，考虑将来的质量是否能够保证，以及能否跟上企业所需技术的发展步伐，适应企业不断变化的要求。

5. 综合评分并确定供应商

在综合考虑多方面的重要因素之后，企业就可以给每个供应商打出综合评分，选择出合格的供应商。

（三）选择供应商的方法

供应商选择的方法是指企业在供应商调查、评价的基础上，为确定最终供应商而采用的技术工具。选择供应商的方法如下：

1. 直观判断法

直观判断法是指通过调查、征询意见、综合分析和判断来选择供应商的一种方法。这是一种主观性较强的判断方法，主要是倾听和采纳有经验的采购人员的意见，或者直接由采购人员凭经验作出判断。这种方法的质量取决于供应商资料是否正确、齐全和决策者的分析判断能力与经验。这种方法运作方式简单、快速、方便，但是缺乏科学性，受掌握信息详尽程度的限制，常用于选择企业非主要原材料的供应商。

2. 招标法

招标法是选择供应商的常用方法，是一种基于价格竞争的供应商选择方法。企业采用招标法选择供应商的基本流程如下：首先，企业根据自身的需要，提出对供应商的要求；然后，供应商对照自身条件，若认为自身条件符合招标要求，则报名参加招标；接着，企业从报名参加招标的供应商中进行筛选，选择符合招标条件的供应商，参加竞标；在竞标过程中，入围的供应商就产品的价格等展开竞争，通常最终价格最低的供应商也就是企业所选择的供应商。

企业运用招标法时，在供应商选择过程中引入了竞争机制。通过这种方法选择供应商，企业通常能以较低的价格选择到适合需求的供应商。由于招标法将供应商放在企业利益的对立面，因此，通过这种方法选择的供应商，难以具有与企业合作的积极性。企业要想保持与供应商长期的合作关系，就必须调整合作策略。若企业在与供应商合作过程中，不能摆正供应商的位置，则很难与供应商建立长期的合作关系。

3. 协商选择法

协商选择法是由采购方先选择出几个条件较为有利的供应商，然后分别与之进行协商，最后确定最为合适的供应商的方法。与招标法相比，协商选择法必须保证双方能够充分地协商，一般在采购时间紧迫、物料规格和技术要求复杂、竞争程度小、供应商多使企业难以选择时使用。

4. 采购成本比较法

采购成本比较法是通过计算分析针对各个不同供应商的采购成本，一般包括售价、采购费用、运输费用等各项支出的总和，从中选择采购成本较低的合作伙伴的方法。这种方法适合对质量和交货期都能满足要求的合作伙伴。

5. 线性权重法

线性权重法的基本原理是给每个准则分配一个权重，权重越大表明其越重要，主要是根据供应商选择的短期和长期标准进行综合评估。综合评估就是将各个选择标准的得分进行加权平均计算而得到的一个综合成绩，一般得分最高者为最佳供应商。可以用以下公式计算：

$$加权综合评估值=\sum W_i P_i$$

式中：W_i为各指标的权重，P_i为各指标的得分。

具体步骤如下：

（1）选择评价供应商的主要因素。

（2）确定每个因素的权数，即确定每个因素在选择供应商时的重要程度。

（3）对每一个因素划分等级，以此来说明供应商满足各因素方面的程度。一般划分为5个等级，即从1～5。

（4）对几个具体供应商的各个因素进行打分。

（5）得出各个供应商的加权总分数，即将每一个供应商的各个因素分数与每个因素的权数相乘，汇总得出供应商的加权总分。

（6）根据供应商的加权总分对供应商进行排序，选择最高分者。

【例题7-6】

运用线性权重法选择供应商

智通公司正在考虑从3家软件公司中选择一家实施电子数据交换系统，管理人员决定从价格、质量、交货可靠性方面对这些企业进行评价。3家供应商的绩效数据如表7-10所示。

表7-10　3家供应商的绩效数据

评判标准	A公司	B公司	C公司
价格	4元/件	5元/件	2元/件
质量	不合格率5%	不合格率1%	不合格率10%
交货可靠性	按时交货率95%	按时交货率80%	按时交货率60%

第一步：智通公司要为此次供应商选择成立评估小组，该评估小组应由各部门有关人员组成。

第二步：评估小组为各项评判标准分配权重，权重之和应等于1。该小组认为质量是最重要的评判标准，紧接着是价格和交货可靠性。权重分配情况为：*W*（价格）=0.3，*W*（质量）=0.4，*W*（交货可靠性）=0.3，总计为1。

第三步：评估小组根据每个评判标准对每家供应商的绩效进行评估，分值尺度如表7－11所示。

表7－11　分值尺度

分值	尺度说明
1	很差
2	较差
3	一般
4	较好
5	很好

第四步：根据产品设计小组的详细说明书，评估小组根据每项评判标准对各家供应商的绩效进行评分，如表7－12所示。

表7－12　3家供应商的绩效得分

评判标准	A公司	B公司	C公司
价格	4	3	5
质量	3	5	1
交货可靠性	4	2	1

第五步：评估小组用每一项评判标准的绩效分值乘以该评判标准的权重，得出该供应商的所有评判标准得分，并将所有评判标准得分相加，计算出每家供应商的总得分。对于A公司来说：

$$\begin{aligned}\text{总得分}&=\text{价格绩效}\times W(\text{价格})+\text{质量绩效}\times W(\text{质量})+\text{交货可靠性绩效}\\&\quad\times W(\text{交货可靠性})\\&=4\times 0.3+3\times 0.4+4\times 0.3=3.6\end{aligned}$$

同理可得，B公司和C公司的总得分分别是3.5和2.2。根据这一结果，评估小组可以决定该选择哪一家供应商。最终决策结果有以下可能：

（1）与A公司进行进一步谈判，要求其给出改进产品质量的详细说明，然后与其签订合同。

（2）与B公司进行进一步谈判，要求其降低产品价格并就如何提高交货可靠性做出说明，若可行，与其签订合同。

（3）将采购订单分配给A和B两家公司，与它们签订双重货源合同。

二、供应商的分类管理

一家企业的供应商数量可能很多，如果不加区分，就很难实施科学的管理。企业要对不同的供应商实施不同的关系策略，就必须对供应商进行细分。企业可按不同的分类标准将供应商进行分类。

（一）按供应商的重要程度分类

按供应商的重要程度分类，即依据供应商对本企业的重要性和本企业对供应商的重要性进行分析，可以分为 4 种供应商类型：伙伴型供应商、优先型供应商、重点型供应商、商业型供应商。这种分类法也称为矩阵分类法，如图 7－6 所示。

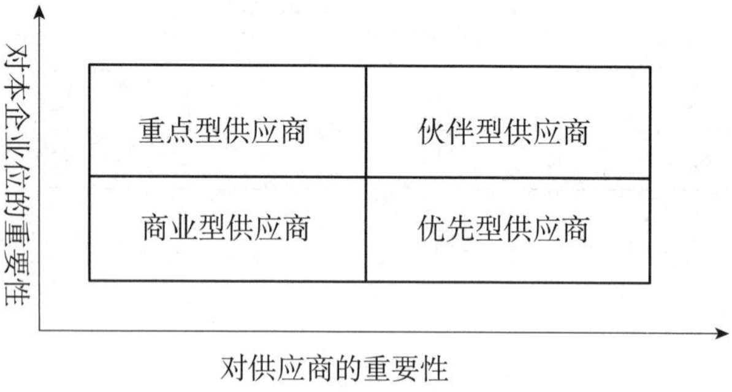

图 7－6　供应商矩阵分类法

1. 伙伴型供应商

如果本企业认为供应商有很强的产品开发能力等，采购业务对本企业很重要，而且供应商也认为本企业的采购业务对它们也非常重要，那么这样的供应商是属于四种供应商类型中的伙伴型供应商。

案例链接

伙伴型供应商

克莱斯勒公司与洛克维尔公司达成一项协议，两家公司将在汽车的设计阶段进行紧密合作。根据协议，洛克维尔公司是为克莱斯勒公司的总装、焊接、电力设备等部门设计计算机控制系统的独家公司。洛克维尔公司的工程师设计开发相关计算机控制软件，以便能与克莱斯勒公司的工程师同时设计控制系统。计算机控制是汽车制造过程中的重要部分，合作双方都希望尽可能实现降低成本、缩短制造周期等目标，而且缩短进入市场的周期是克莱斯勒公司保持竞争优势的主要目标，以前的周期是 26～28 周，而合作后的目标是将它缩短至 24 周，克莱斯勒公司希望能通过与洛克维尔公司的合作来实现这个目标。

2. 优先型供应商

如果本企业认为某个供应商的采购业务对本企业不十分重要，但是供应商认为本企业的采购业务对它们来说非常重要，这样的供应商称为优先型供应商。

3. 重点型供应商

如果供应商认为本企业的采购业务对它们来说无关紧要，但该采购业务对本企业却是十分重要的，这样的供应商属于重点型供应商。

4. 商业型供应商

对于供应商和本企业来说均不是很重要的采购业务，相应地，供应商可以很方便地选择和更换，这样的供应商属于商业型供应商。

（二）按 80/20 规则分类

供应商 80/20 规则分类法的基础是物品采购的 80/20 规则，其基本思想是针对不同的采购物品应采取不同的策略，同时采购工作精力也应各有侧重，相应地对于不同物品的供应商也应采取不同的策略。数量 80％的采购物品（普通采购物品）占采购物品 20％的价值，其余数量 20％的物品（重点采购物品）则占有采购物品 80％的价值。相应地，可以将供应商依据 80/20 规则进行分类，划分为重点供应商和普通供应商，即占 80％价值的 20％的供应商为重点供应商，而其余只占 20％采购金额的 80％的供应商为普通供应商。企业对重点供应商和普通供应商应采取不同的策略，重点供应商应投入 80％的时间和精力进行管理与改进。这些供应商提供的物品为企业的战略物品或需集中采购的物品，如汽车厂需要采购的发动机和变速器等。对于普通供应商，企业只需要投入 20％的时间和精力。因为这类供应商所提供的物品的运作对企业的成本质量和生产的影响较小，如办公用品、维修备件、标准件等物品。

按 80/20 规则进行供应商分类应该注意：按 80/20 规则分类的供应商并不是一成不变的，是有一定的时间限度的，随着生产结构和产品线调整，企业需要重新进行分类。

（三）按与供应商的关系分类

1. 短期目标型

短期日标型的主要特征是双方之间的关系为交易关系。价格是双方谈判的重要变量。双方所做的努力只停留在短期的交易合同上，各自关注的是如何谈判，如何提高自己的谈判技巧，不使自己吃亏，而不是如何改善自己的工作，使双方都获利。供应一方能够提供标准化的产品或服务，保证每一笔交易的信誉。当买卖完成时，双方关系也就终止了。对于双方而言，只与业务人员和采购人员有关系，其他部门人员一般不参与双方之间的业务活动。

2. 长期目标型

双方之间是关系型的，重视长期目标。与供应商保持长期的关系是有好处的，双方有可能为了共同利益而对改进各自的工作感兴趣，并在此基础上建立起超越买卖关系的合作。长期目标型的特征是从长远利益出发，相互配合，不断改进产品质量与服务水平，共同降低成本，提高供应链的竞争力。同时，合作的范围遍及公司内的多个部门。例如，由于是长期合作，采购企业可以对供应商提出新的技术要求，而如果供应商目前还没有这种能力，采购企业可以对供应商提供技术和资金等方面的支持。供应商的技术创新和发展也会促进本企业产品改进，所以这样做有利于企业长远利益。例如，飞机制造厂商可以对发动机生产厂商提供技术和资金支持以使其生产出技术含量更高的发动机，而发动机厂商的技术革新也会促进飞机厂商生产出新型的飞机。

3. 渗透型

这种关系形式是在长期目标型的基础上发展起来的，双方业务相互渗透。其管理思想是将对方公司看作自己公司的延伸，是自己的一部分。为了能够参与对方的业务活动，有时会在产权关系上采取适当的措施，如互相投资、参股等，以保证双方利益的一致性。在组织上也采取相应的措施，保证双方派员加入对方的有关业务活动。这样做的优点是可以更好地了解对方的情况，供应商可以了解自己的产品在采购企业那里是怎样起作用的，所以容易发现改进的方向；而采购企业也可以知道供应商是如何制造的，对此可以提出相应的改进要求。

4. 联盟型

联盟型是长期的关系型，双方是双赢或平衡性关系。联盟型是从供应链角度提出的。联盟型的特点是从更长的纵向链条上管理成员之间的关系。在难度提高的前提下，要求也相应提高。另外，由于成员增加，往往需要一个处于供应链上核心地位的企业出面协调成员之间的关系。

5. 纵向集成型

这种形式被认为是最复杂的关系类型，即将供应链上的成员整合起来，组成准一体化的企业，但各成员是完全独立的企业，决策权属于自己。在这种关系中，每个企业要在充分了解供应链的目标、要求，充分掌握信息的条件下，自觉做出有利于供应链整体利益的决策。

素养提升

采购人员的基本职业素养：廉洁自律

《元史》上记载了这么一则故事：宋元之际，世道纷乱，学者许衡外出，天热口渴，见道旁有梨树，大家竞相摘吃，只有许衡不为所动。人问之，答曰："非己之梨，岂能乱摘?"有人讥其迂腐，说："兵荒马乱之时，这梨树是没有主人的，摘吃无妨。"许衡正色道："梨虽无主，而我心有主。"

即便被人讥讽，许衡仍以自律之心坚守内心的行为准则。心有主见，懂得自我约束，会控制自己的欲望才能谓之为成熟。反之，则会被欲望吞噬，断送大好前途。

廉洁和我有什么关系？我只是一名普通员工呀！其实不然。公司各个岗位的员工都存在不同的廉洁风险。这并不是危言耸听，不论是管理人员还是操作人员，都掌握着不同程度的专业信息、工艺技术与物资材料等资源，如果经不住利益的诱惑，势必将对公司的生产经营造成不同程度的影响。

《荀子·修身》云："道虽迩，不行不至；事虽小，不为不成。"明确告知我们，廉洁必须从小事做起、从自身做起，立足于自身的本职工作。恪尽职守，勇于担当，反思自身优劣，克制过分欲望。

《礼记·大学》云："欲修其身者，先正其心；欲正其心者，先诚其意……意诚而后心正，心正而后身修，身修而后家齐，家齐而后国治，国治而后天下平。"意思是要想修养自身的品性，先要端正自己的思想；要端正自己的思想，先要使自己的意念真诚；意念真诚后，心思才能端正；心思端正后，才能修养品性；品性修养后，才能管理好家庭家族；家庭家族管理好了，才能治理好国家；治理好国家后，天下才能太平。

项目小结

通过本项目的学习，相信你已经掌握了采购管理基础知识，知晓了采购的基本流程，能确定采购需求以及选择合适供应商。相信你已经获得了丰厚的回报，初步掌握了如何做好采购。

赛证链接

职业院校技能大赛高职组"智慧物流"赛项——供应商的选择

根据原材料供应商能力评估标准，在给定供应商中，对其进行综合多维度评估，选择最优的供应商进行合作。某原材料供应商指标数据及评估指标权重分别如表 7－13、表 7－14 所示。

表 7－13　某原材料供应商指标数据

序号	供应商名称	供应商代码	供货价格（元/件）	提前期（天）	准时率（%）	合格率（%）
1	长沙立远	AD10001	214	4.0	97.33	94.62
2	贵阳信达	AD10002	183	3.0	88.21	87.96
3	武汉简约	AD10003	198	3.0	91.16	91.95
4	广州阳沙	AD10004	185	3.0	95.17	85.18

表 7－14　评估指标权重

序号	评价指标	评价指标权重
1	价格水平	30%
2	交货时间	25%
3	准时表现	30%
4	质量表现	15%

解：（1）对指标进行同向化判断，如表 7－15 所示。

表 7－15　评估指标权重（指标同向化）

序号	评价指标	评价指标权重	指标同向化
1	价格水平	30%	逆向指标
2	交货时间	25%	逆向指标
3	准时表现	30%	正向指标
4	质量表现	15%	正向指标

（2）计算原材料供应商指标数据平均值，如表 7－16 所示。

表 7－16　指标数据平均值

序号	供应商名称	供应商代码	供货价格（元/件）	提前期（天）	准时率（%）	合格率（%）
1	长沙立远	AD10001	214	4.0	97.33	94.62
2	贵阳信达	AD10002	183	3.0	88.21	87.96
3	武汉简约	AD10003	198	3.0	91.16	91.95
4	广州阳沙	AD10004	185	3.0	95.17	85.18
平均值			195.000 0	3.250 0	92.967 5	89.927 5

（3）对原材料供应商指标数据进行无量纲化处理，如表 7－17 所示。

表 7－17　无量纲化处理

序号	供应商名称	供应商代码	供货价格（元/件）	提前期（天）	准时率（%）	合格率（%）
1	长沙立远	AD10001	1.097 4	1.230 8	1.046 9	1.052 2
2	贵阳信达	AD10002	0.938 5	0.923 1	0.948 8	0.978 1
3	武汉简约	AD10003	1.015 4	0.923 1	0.980 6	1.022 5
4	广州阳沙	AD10004	0.948 7	0.923 1	1.023 7	0.947 2

（4）对原材料供应商指标数据进行无极性化处理，如表 7－18 所示。

表 7－18　无极性化处理

序号	供应商名称	供应商代码	供货价格（元/件）	提前期（天）	准时率（%）	合格率（%）
1	长沙立远	AD10001	0.855 1	0.750 0	1.000 0	1.000 0
2	贵阳信达	AD10002	1.000 0	1.000 0	0.906 3	0.929 6
3	武汉简约	AD10003	0.924 2	1.000 0	0.936 6	0.971 8
4	广州阳沙	AD10004	0.989 2	1.000 0	0.977 8	0.900 2
评价指标权重			30%	25%	30%	15%

（5）指标评估分析，计算各供应商综合得分，如表 7－19 所示。

表 7－19 供应商评估分析

序号	供应商名称	供应商代码	供货价格（元/件）	提前期（天）	准时率（%）	合格率（%）	综合评估	排名
4	广州阳沙	AD10004	0.296 8	0.250 0	0.293 3	0.135 0	0.975 1	1
2	贵阳信达	AD10002	0.300 0	0.250 0	0.271 9	0.139 4	0.961 3	2
3	武汉简约	AD10003	0.277 3	0.250 0	0.281 0	0.145 8	0.954 0	3
1	长沙立远	AD10001	0.256 5	0.187 5	0.300 0	0.150 0	0.894 0	4

（6）根据供应商指标评估分析表得出排名第一的是广州阳沙，所以选择的供应商是广州阳沙。

课后测评

一、单选题

1. 以下哪项不是 MRP 的输入信息？（ ）

A. 主生产计划　B. 物料清单　C. 财务报表　D. 库存状况

2. 在自制/外购决策中，如果自制零部件不需要增加固定成本且自制能力无法转移，决策时应主要考虑什么成本？（ ）

A. 固定成本　B. 变动成本

C. 总成本　D. 机会成本

3. 以下哪种采购策略适用于需求量大且标准化的物料？（ ）

A. JIT 采购　B. 集中采购

C. 分散采购　D. 定制化采购

4. ABC 分析法中，A 类物品的特点是什么？（ ）

A. 品种多，单价低　B. 品种少，单价低

C. 品种少，单价高　D. 品种多，单价高

5. 在供应链采购管理中，以下哪种做法不符合合作共享的理念？（ ）

A. 与供应商共享市场需求预测信息

B. 频繁更换供应商以获取最低价格

C. 与供应商共同进行产品研发

D. 协助供应商改进生产流程

二、判断题

1. ABC 分析法中，A 类物品品种数占总采购品种总数的比例最高。（ ）

2. 物料需求计划（MRP）主要处理的是独立需求。（ ）

3. 在伙伴型供应商关系中，双方企业通常会在产品设计阶段进行紧密合作。（ ）

4. MRP 系统的运行主要基于产品结构文件和库存文件。（ ）

5. 在自制/外购决策中，如果自制能力可以转移，通常不需要考虑机会成本。(　　)

三、思考题

1. 简述供应链采购管理与传统采购管理的区别。
2. 解释物料需求计划（MRP）的基本原理，并说明其主要输入和输出是什么。
3. 在选择供应商时，企业应考虑哪些主要因素？请简述每个因素的重要性。
4. 简述JIT采购模式的特点及其实现的前提条件。

实践能力训练

【实践能力训练1】

实训内容：登录供应链管理仿真实训平台，供应链运营团队已在智能音箱历史销售数据的基础上进行了需求预测，结合该企业的采购流程，需要根据预测结果和订单数据采用物料需求计划组织智能音箱配件采购，请根据智能音箱的产品结构（见图7-7）、MPS（见表7-20），确定各物料的采购需求。

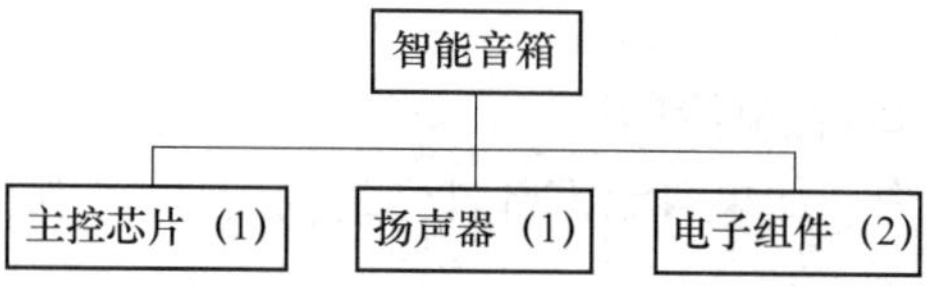

图7-7　智能音箱产品结构

表7-20　智能音箱的MPS

周数	期初	1	2	3	4
预计可用库存	475	295	65	355	125
毛需求量		180	230	110	230
净需求量		0	0	65	0
批量规则	固定批量法：批量为300				
计划产出量				300	
提前期	LT=1				
计划投入量			300		
主控芯片（LT=1周）	周数	1	2	3	4
	总需求				
	可用库存量	40			
	净需求				
	计划订货量				
	计划投入量				

续表

周数	期初	1	2	3	4
扬声器（LT=1周）	周数	1	2	3	4
	总需求				
	可用库存量	20			
	净需求				
	计划订货量				
	计划投入量				
电子组件（LT=1周）	周数	1	2	3	4
	总需求				
	可用库存量			80	
	净需求				
	计划订货量				
	计划投入量				

实训目的： 掌握物料需求计划的基本原理；能使用物料需求计划确定物料的采购需求。

实训材料： 供应链管理仿真实训平台、电脑、Excel。

实训要求：

1. 小组成员分工协作，收集智能音箱供应链订单、库存等数据；

2. 根据供应链需求预测项目中完成的智能音箱的预测量，结合给定订单信息、BOM、MPS，完成物料需求计划的编制。

实训步骤：

步骤1：登录供应链管理仿真实训平台。

步骤2：小组成员分工协作，收集智能音箱供应链订单、库存等数据。

步骤3：根据智能音箱的预测量、订单信息、BOM、MPS，完成物料需求计划的编制。

步骤4：根据计算出的采购需求数据，完成各物料的采购。

步骤5：教师总结和评价各小组的作业完成情况，并提出相应的指导建议。

【实践能力训练2】

实训内容： 根据供应链管理仿真实训平台所给的供应商信息，按步骤使用加权指数评估法选择合适的供应商。

实训目的： 掌握供应商选择的方法；能使用加权指数评估法选择供应商。

实训材料： 供应链管理仿真实训平台、电脑、Excel。

实训要求：

1. 小组成员分工协作，收集供应链管理仿真实训平台中智能音箱供应商数据；

2. 依据加权指数评估法的实施步骤，选择恰当的供应商；

3. 根据供应商选择结果，完成供应链仿真实训平台中供应商洽谈、签约等工作。

实训步骤：

步骤1：建立供应商选择的指标体系（确定供应商选择的具体指标，并确定各指标权重，可对表7-21进行适当增减）。

表7-21 供应商指标体系

主控芯片		扬声器		电子组件	
选择指标	指标权重	选择指标	指标权重	选择指标	指标权重
示例：材料残损率	0.4				

步骤2：从供应链管理仿真实训平台中梳理出备选供应商数据，并填写供应商基础信息，如表7-22、表7-23和表7-24所示。

表7-22 主控芯片

指标	指标权重	供应商1	供应商2

表7-23 扬声器

指标	指标权重	供应商1	供应商2

表7-24 电子组件

指标	指标权重	供应商1	供应商2

步骤3：根据已收集到的供应商信息，对供应商进行绩效评分，使用加权指数评估法从备选供应商中选择合适供应商，填入表7-25至表7-27中。

表 7－25　主控芯片

指标	指标权重	供应商 1	供应商 2
绩效总分			

表 7－26　扬声器

指标	指标权重	供应商 1	供应商 2
绩效总分			

表 7－27　电子组件

指标	指标权重	供应商 1	供应商 2
绩效总分			

步骤 4：确定最佳供应商。

表 7－28　最佳供应商表

物料	最佳供应商
主控芯片	
扬声器	
电子组件	

步骤 5：依据相同方法确定其他物料供应商，并在软件中完成相应操作。

步骤 6：各小组派一位代表上台讲解本组实训任务解决的思路、步骤和结果。

步骤 7：教师对各组的任务完成情况进行点评及总结。

步骤 8：课后各组上交任务解决方案作业，作业内容应包括完成任务的步骤、解决方案，并分析所选择供应商的优缺点。

职业核心能力测评

职业核心能力	评价指标	自测结果
自我管理能力	1. 培养自己的责任心 2. 能够管理自己的时间 3. 所学知识的灵活运用	A [ ]　B [ ]　C [ ] A [ ]　B [ ]　C [ ] A [ ]　B [ ]　C [ ]
合作交流能力	1. 知道如何尊重他人的观点 2. 能够与他人有效沟通 3. 能够获取信息并反馈信息	A [ ]　B [ ]　C [ ] A [ ]　B [ ]　C [ ] A [ ]　B [ ]　C [ ]
解决问题能力	1. 能够有效使用信息资源 2. 能够客观分析事物的现状 3. 能够发现并解决常规问题	A [ ]　B [ ]　C [ ] A [ ]　B [ ]　C [ ] A [ ]　B [ ]　C [ ]
设计创新能力	1. 能够提出有价值的观点 2. 能够运用不同的思维方式 3. 能够制定创新方案并实施	A [ ]　B [ ]　C [ ] A [ ]　B [ ]　C [ ] A [ ]　B [ ]　C [ ]
学生签字：		教师签字：

项目八 供应链生产管理

学习目标

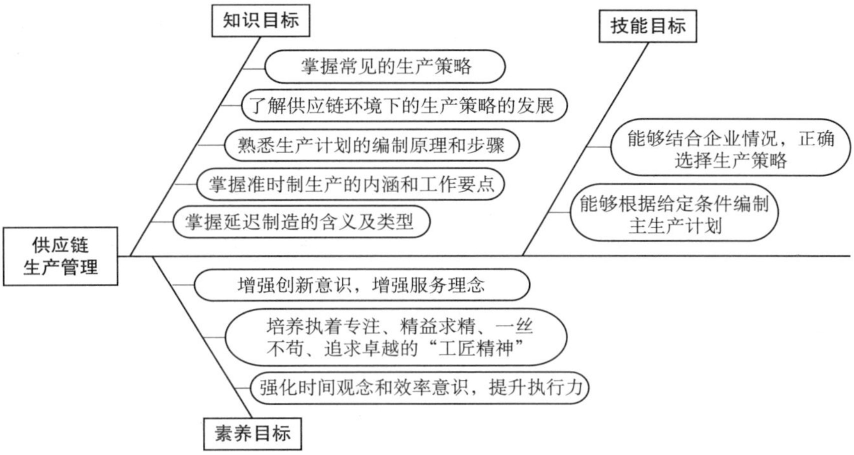

内容框架

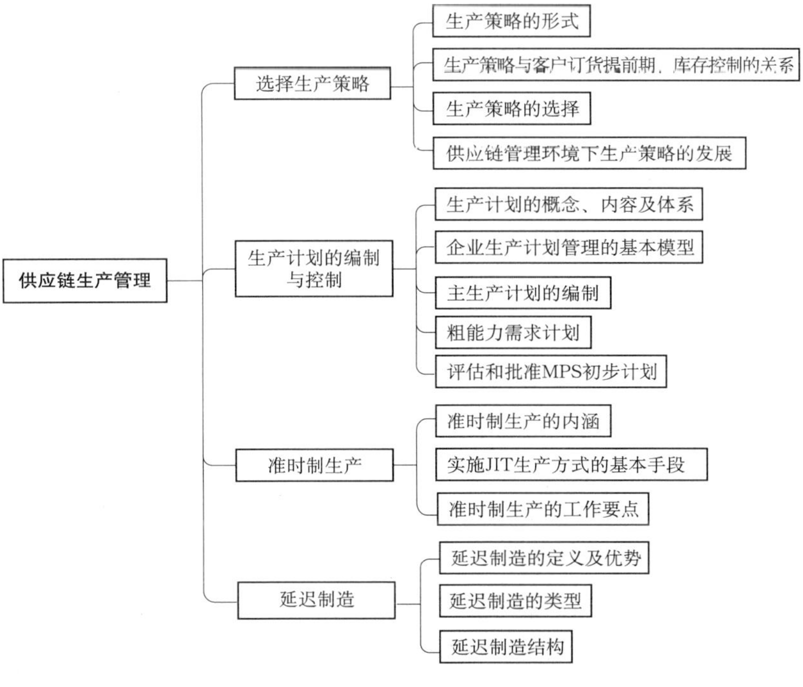

游戏导入

汉堡游戏

1. 游戏目的

通过在汉堡游戏中对生产过程工序角色的模拟，认识供应链中精益生产的重要性，分析精益生产的影响因素，找出制约生产的关键瓶颈，提出提高生产效率的有效方法并进行验证。

2. 汉堡游戏的组织及规则说明

(1) 工序规则：

你可扫描右侧二维码，进入游戏界面，工序共分为烘包、调理、煎肉、包装四个环节。要求在前道工序未有产出物的情况下，后道工序不能开工，游戏会有相应的提示。

微信扫码关注

(2) 操作规则：

每组可多人同时参与游戏，一般建议 4～5 人为一组，所有成员可同时进行生产操作，生产前提是前道工序（除烘包工序外）已有相关的产出物。参与游戏的人员每次只能执行一项操作，在前一项操作任务没有结束前，不可执行其他操作任务。

(3) 游戏目标：

相同时间内（5～15 分钟），看看哪组完成的汉堡数量最多。尽量提高转化率，降低 WIP（在制品）数量，转化率＝汉堡数量/(汉堡数量＋WIP 数量)。

3. 游戏过程

当游戏启动后，所有参与游戏的人员界面将自动跳转到操作界面，该界面上方显示当前已制作汉堡数量以及剩余游戏时间，界面下方的汉堡制作工序中会显示各道工序的制作时间及产出量。每个用户均可对所有工序进行操作，但每个用户一次只能操作一道工序。

4. 游戏数据分析

(1) 自主分析功能：

在当前游戏结束后，会自动跳转到“游戏数据统计”页面，该页面展示的内容共分为两部分：全体数据统计、门店数据统计。用户可点击“全体数据统计”中的不同门店查看相应门店的数据统计。

(2) 全体数据统计：

该看板的主要目的是分析本次游戏各组的生产情况，通过生产数量、WIP 数量、转化率三个维度，检查各组的生产效率，看是否合理分工、充分利用各种资源。点评时可先检查各组的产量，再检查各组的转化率，通过比较产量和转化率找出最优的小组，并给予相应的点评。

(3) 门店数据统计：

该看板上方显示内容为该门店的 WIP 数量、生产汉堡总数、转化率；中间为该小组每道工序投入的总工时、总产出量、废品数量及对应的浪费工时；下方为该小组中的人员工时对比，包括有效工时（有实际产出的工时）、无效工时（各工序未制作完成而投入的时间）、闲置等待（两次手点的时间间隔），以及每组成员在每个工序上的产出。

5. 汉堡游戏思考题

（1）是否所有的环节都100%利用了？

（2）是否所有的工时都100%利用了？

（3）在产能富余的环节，是否投入了过多的工时？

（4）是否有合理的人员、工序分工？

（5）产生了大量的WIP，是哪个环节投入不合理？

6. 延伸思考

（1）瓶颈还可能存在哪些环节上？调整了一个瓶颈后是否又会出现另外一个瓶颈？

（2）瓶颈问题是否会是公司政策、营销策略方面的问题？

（3）如果生产新的产品，你会有哪些想法和改进？

任务一　选择生产策略

微课

选择生产策略

问题引导

企业如何进行生产计划与控制？

在传统生产计划与控制体系中，企业往往依赖于历史数据和经验进行预测与规划。然而，面对市场环境的快速变化和消费者需求的日益多样化，这种依赖历史数据和经验的方法是否仍然有效？它是否能够满足现代企业对灵活性和响应速度的要求？企业是否需要探索新的生产计划与控制方法，以更好地适应现代市场的挑战和变化？

一、生产策略概述

（一）生产策略的形式

按照企业组织生产的特点，制造企业可采用以下四种生产策略。

1. 按订单设计

采用按订单设计（Engineer to Order，ETO）策略的企业一般在获得客户订单后，才开始生产。按订单设计最大的特点就是支持客户化设计，最大限度地满足了客户个性化的产品需求。随着客户需求的日趋个性化，ETO策略在我国的制造企业中采用得越来越多，如定制的工业设备、房屋、服装等。

2. 按订单生产

按订单生产（Make to Order，MTO）是指企业根据客户订单的需求量和交货期来安排生产，其宗旨在于降低库存，有订单才安排生产，无订单则调整生产。MTO 生产策略与 ETO 生产策略相似，都是以客户订单作为开始生产的依据。但与 ETO 策略相比，MTO 策略中的产品设计往往是标准化的，客户根据既有的标准化产品规格下达订单，而这种生产策略也具有定制化的特征，可以满足客户的不同需求。

3. 按订单装配

按订单装配（Assemble to Order，ATO）是指企业接到客户订单后，将企业中已有的零部件经过再配置后向客户提供定制产品的生产策略。在 ATO 生产策略下，企业需要对未来客户的需求进行预测，在此基础上提前生产基本产品或零部件，但仍然需要在获得客户下达订单后，再进行最终产品的生产。在这种生产策略下，企业可以延迟最后阶段的组装运作，不必持有大量的制成品，如个人计算机办公家具、汽车、机械产品等。

4. 按库存生产

按库存生产（Make to Stock，MTS）是指企业根据预测生产，生产过程在客户下订单之前完成；接到客户订单后，企业将仓库内成品直接发货给客户即可。MTS 生产策略的特点是以长期的持续性大规模生产来实现规模经济，降低单位生产成本，这些特点使其成为被广泛采用的一种生产策略。采用 MTS 生产策略，需要企业具备分类存储成品的能力，并能根据客户的特定要求完成产品的分配工作。

（二）生产策略与客户订货提前期

选择不同的生产策略会直接影响客户订货的提前期，如图 8-1 所示。

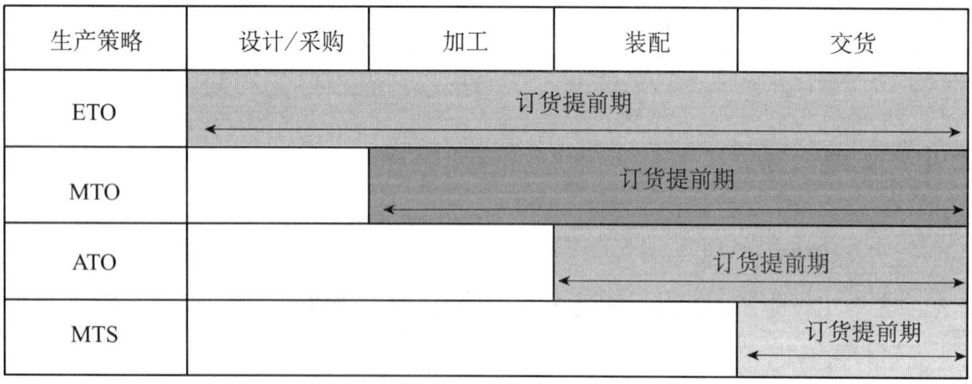

图 8-1 不同生产策略的订货提前期

可以看出：

MTS 交货期最短，库存最大，企业有成品库存压力；

ATO 交货期仅是装配时间，成品库存较少，企业有半成品、原材料库存压力；

MTO 交货期较长，企业有少量原材料库存压力；

ETO 交货期最长，库存较少，企业无库存压力。

（三）生产策略与库存控制

在不同的生产策略下，企业需要采用不同的库存控制策略，如表 8－1 所示。

表 8－1　不同生产策略的库存控制策略

生产策略	产成品	半成品	原材料	库存类型
ETO				非标产品
MTO			●	标准品或部分定制品
ATO		●		大多为标准品
MTS	●			大多为标准品

从库存控制角度来看：

ETO 生产策略可能需要进行原材料的库存管理。

MTO 生产策略需要重点进行原材料的库存管理，备好原材料库存，接到订单后开始成品生产。

ATO 生产策略下，企业需要重点做好半成品和原材料的库存管理，备好半成品零部件的库存，企业接到订单后直接按订单组装成品；若企业的零部件由自己生产，则还需要备好生产零部件的原材料库存。

MTS 生产策略下，企业根据库存及销售预期，提前生产一定数量的产品，然后等待订单，有订单后，成品直接出库。同时，根据是否自主生产成品的零部件，企业还需要准备一定数量的半成品、原材料库存，确保插单、急单情况下的交付能力。

（四）生产策略的选择

对四种制造策略从产品多样化程度、产品批量大小及订货提前期三个方面进行了比较，在不同的生产条件下可选择相应的生产策略，如表 8－2 所示。

表 8－2　生产策略的选择

制造流程	产品多样化程度	产品批量大小	订货提前期	生产策略
单件生产	很高	很小	很长	ETO/MTO
批量生产	高	小	长	ETO/MTO/ATO
流水线生产	低	大	短	ATO/MTS
连续性生产	很低	很大	很短	MTS

二、供应链管理环境下生产策略的发展

（一）大规模定制

1. 大规模定制的概念

采用大规模定制生产策略的企业的核心能力表现为能够以低成本、高效率的方式为客户提供所需的个性化产品，满足客户的需求。当前的大规模定制生产策略有助于企业为广泛的客户提供服务，通过低成本、高效率的生产方式提供多种类型的产品。

大规模定制的基本思路是：基于相似性原理、重用性原理和全局性原理，将定制生产的生产问题通过产品重组和过程重组转化为或部分转化为批量生产问题。不同于大批量生产通过稳定性和控制获得高效率，大规模定制以灵活性和快速响应来实现多样化和定制化。大规模定制可发生在产品策划、设计与开发、制造过程设计、试制生产、生产过程的确认和销售等过程中。企业采用的定制类型随产品性质、企业的技术水平、供应商的参与程度及客户要求的不同而不同。这样，对客户而言，所得到的产品是定制化的，对企业而言则是采用大批量生产方式制造成熟的产品。大规模定制与大批量生产的区别如表 8－3 所示。

表 8－3　大规模定制与大批量生产的区别

内容	目标	核心	设计	制造	销售	成本
大规模定制	以足够的多样性满足客户的需要，客户化开发、生产、销售和运送几乎是每个客户真正想要的产品和服务。	通过柔性和快速反应实现产品的多样化和客户化。	针对产品族设计，设计任务模块化和配置化，零部件标准化程度高，模块重用率高。	合理的物流配置和通用性强的工艺，可以以大批量生产方式生产各种产品。	客户和企业以技术为纽带，关心的是如何采用适用技术来满足客户的需求，即技术营销模式。	反应快速，降低了产品生产成本，标准化降低了管理成本。
大批量生产	以几乎每个客户都能承受的低成本和低价格开发、生产、销售、运送产品和提供服务。	通过稳定性和控制取得高效益。	针对某一产品设计，产品系列化和变形设计程度高，零件数量增加，零部件标准化程度低。	针对某一产品优化配置，为定制产品的生产往往对生产线影响较大。	客户和企业以关系为纽带，关心的是如何推销已有的产品。	因为设计和制造的延误，增加了运营成本，产品的多样化增加了管理成本和库存成本。

2. 大规模定制的特点

（1）以现代信息技术和制造技术为支撑。大规模定制必须对客户的需求做出快速反应，这要求有现代信息技术作为保障。网络技术和电子商务的迅速发展，使企业能够快速地获取客户的需求；CAD（计算机辅助设计）和 PLM 系统能够根据在线订单快速设计出满足客户需求的个性化产品；ERP 系统能够有效地组织生产，通过柔性制造系统迅速生产出高质量的定制产品。

（2）以客户为核心。大规模定制是一种指导企业参与市场竞争的经营理念，它要求企业时刻以客户为核心，以让客户满意作为最高的追求目标之一，从而吸引并永久地留住客户。

（3）以模块化设计、零部件标准化为基础。大规模定制要求设计人员在设计过程中充分地考虑到如何在产品的整个研制过程中利用标准化技术、模块化设计技术、成组技术和并行工程等现代技术。通过产品结构的重构，企业尽可能使用现有的设计资源和制造资源，从而可以批量生产零部件，减少定制产品中的定制部分，大大缩短产品的交货期和减少产品的定制成本。

（4）以敏捷制造为标志。在传统的大批量生产方式中，企业与客户是一对多的关系，企业以不变应万变。而在大规模定制中，企业与客户是一对一的关系，企业面临的是千变万化的多样性需求，必须快速满足不同客户的不同需求。因此，大规模定制要求企业在立足于现有资源的前提下，通过制造系统的重构（如资源的合理配置以及作业过程的优化等）以及组织机构的重构，合理地组织生产，以类似于大批量生产的成本和质量快速地为客户提供任何个性化的定制产品或服务。

（5）以供应链管理为手段。在未来市场经济中，竞争不是企业与企业之间的竞争，而是供应链与供应链之间的竞争。大规模定制企业通过与其供应商建立起既竞争又合作的关系，共同来满足客户的需求。

（二）柔性生产

柔性生产是为适应多变的市场需求和激烈的市场竞争而产生的市场导向型的按需生产的先进生产方式。它主要依靠自动化技术和计算机智能设备来实现多品种、小批量的生产，可以增强制造企业的灵活性和应变能力，缩短产品生产周期，提高设备利用率和员工劳动生产率，提高产品质量水平。

柔性生产模式的内涵表现在两个方面，即虚拟生产和拟实生产。虚拟生产是指面对市场环境的瞬息万变，要求企业作出灵敏的反应，而产品越来越复杂、个性要求越来越高，任何一家企业都不可能快速、经济地制造全部的产品，这就需要建立虚拟组织机构，实现虚拟生产。拟实生产也就是拟实产品开发，它运用仿真、建模、虚拟现实等技术，提供三维可视环境，从产品设计思想的产生、设计、研发到生产制造全过程进行模拟，以实现在实体产品生产制造之前，就能准确预估产品功能及生产工艺性，掌握产品实现方法，减少产品的投入、降低产品开发及生产制造成本。这是柔性生产模式区别于刚性生产模式的根本所在。很明显，柔性生产的精髓在于实现弹性生产，提高企业的应变能力，不断满足客户的需求。

世界上比较流行的柔性生产主要有以下几种方式（以下几种方式既可以同时存在一个或多个方式，也可能存在于企业发展的不同阶段）。

1. 精益生产

精益生产的特点是以简化组织和强调人的能动性为核心，力求低消耗、高效率、零库存，杜绝一切浪费，其基本前提是满足客户的高质量产品需求。

2. 并行工程

并行工程的特点是对产品开发及其相关过程以组成多功能协同小组来进行，并在产品设计阶段就集成考虑生产制造、销售服务过程的适应性要求。

3. 敏捷制造

敏捷制造的特点是注重适应各种变化的快速要求，以动态多变的组织结构和充分发挥技术、组织人员的高度柔性集成为主导。

4. 智能制造

智能制造是指通过先进的智能技术来调整和优化生产流程，从而实现生产过程可调节、可适应、可优化的一种制造方式。相比于传统的生产模式，基于智能制造的柔性生产模式更加灵活、高效和个性化。

案例链接

柔性制造 中国智造

2020 年 9 月，位于湖南长沙的工程机械企业三一重工的国际营销公司收到一个来自海外的特殊订单，客户对上装主动力、前支腿、底盘、控制系统以及着色都有特殊制造要求，而且这样的泵车，对方只订了一台。

这样的单子接不接？现有的生产线能不能满足这种特殊要求的泵车生产要求？

“当然接啊！仅仅 17 天，符合客户需求的泵车便顺利下线。”三一重工泵送事业部智能制造所所长饶有福说。

原来，三一重工的秘诀就是 2020 年投入使用的长沙 18 号智能工厂的柔性生产线。“原来的制造周期需要 28 天左右，通过对生产线的柔性化改造后，制造周期缩短了近 40%。”饶有福笑呵呵地说。

作为国家首批智能制造试点示范企业之一，三一重工位于长沙的“18 号工厂”，其智能化制造车间实现了生产中人、设备、物料、工艺等各要素的柔性融合。两条总装配线，可以实现 69 种产品的混装柔性生产；在 10 万平方米的车间里，每一条生产线可以同时混装生产 30 多种机械设备，马力全开可支撑 300 亿元的产值。

按照传统生产模式，一条生产线只能生产一个或几个规格的产品，而在智能生产线上，可根据订单要求的不同，同时上线生产不同的产品。那么，这些传统生产模式难以做到的事，智能柔性的生产线又是如何完成的？“18 号工厂”给出了答案。

厂房的整个柔性制造生产系统包含大量数据信息，包括用户需求、产品信息、设备信息及生产计划，依托工业互联网络将这些大数据联结起来并通过三一的 MOM（制造运营管理）系统处理，制定最合适的生产方案，最优地分配各种制造资源。

像三一重工一样，随着互联网给供应链管理带来巨大变革，个性化定制、柔性化生产正源源不断深入制造业。

资料来源：佚名. 柔性制造 中国智造 [EB/OL]. 人民网，2020-11-03.

任务二　生产计划的编制与控制

问题引导

微课

生产计划的编制

如何加强生产过程管理?

搞好生产组织和运行不是一件容易的事。生产组织运行人员只有不断学习，善于发现和思考问题，善于处理和解决问题，形成齐抓共管、团结和谐的良好局面，才能真正做到科学组织、合理运行。那么，如何加强生产过程管理呢?

一、生产计划的概念、内容及体系

（一）生产计划的概念

生产计划管理是计划管理和管理科学的一个重要组成部分。生产计划是指对未来的生产活动或行动以及生产资源供给与使用的筹划、安排和准备。因为任何组织都要有一定的投入和产出，不管产出是有形的商品还是无形的服务，所以管理者要掌握一定的知识与技巧。生产计划是企业生产运营系统的核心，其主要作用是根据确定的生产目标制订相应的生产作业计划，同时对实际执行情况进行动态控制，保障生产体系的有效运营，以实现生产目标。

（二）生产计划的内容

生产计划工作的主要内容包括：调查和预测社会对产品的需求，核定企业的生产能力，确定目标，制定策略，选择计划方法，正确制订生产计划、库存计划、生产进度计划和计划工作程序以及计划的实施与控制工作。

（三）生产计划体系

企业的长期计划、中期计划、短期计划之间互相紧密联系和协调配合，共同构成了一套企业生产计划体系。企业的生产计划体系如图 8－2 所示。生产计划的层面不同，所面临的环境因素各不相同，各自的任务、管理层次、计划方式和面临的问题也有所不同。

1. 长期计划

长期计划一般为 5 年以上，甚至可以更长。它是企业对生产、技术及财务等方面的规划，并提出企业的长远发展目标以及为实现目标所制订的战略计划。长期计划是基于用户订单或销售预测制订的。这是因为此时的产品数量和交货期数据通常都是不精确的，而且在大多数情况下还没有关于产品结构和工艺流程的准确说明。

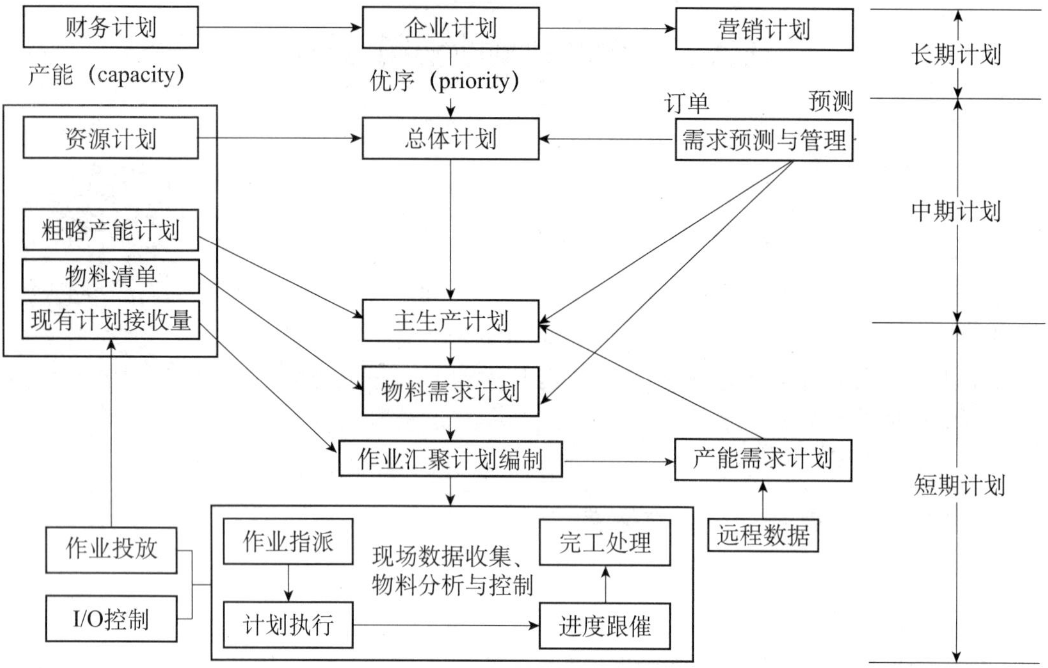

图 8-2　企业的生产计划体系

企业制订长期计划时，首先要对技术、经济和政治环境进行分析，作出发展预测，确定企业发展的总目标，如总产量、总产值、利润、质量及品种等的增长速度和应达到的水平。企业长期生产计划的内容如表 8-4 所示。

表 8-4　企业长期生产计划的内容

计划内容	具体说明
经营预测	确定企业的经营领域、经营方向、产品门类、产品系列、产品质量、产品水平及市场渗透策略
资源发展计划	确定实现企业的组织目标和战略计划所需增加的生产资源，进行相应生产方式的变更以及生产能力发展的规划
财务计划	从资金需要量和投资回报等方面，对以上计划进行分析，确定计划的可行性和盈利性

2. 中期计划

企业制订中期计划的必要条件有：产品图纸和物料清单。企业在制订计划时，应首先根据物料清单计算出所需要的部件、零件的数量及计划交货期；然后根据物料清单计算得到相关的自制件和采购件需求，这个需求决定了下一个工序的生产周期。这样计算得到的毛需求要在每个时间段内与零件的库存进行比较，从而得到净需求。

如果在某个时间段内有多个任务需要同样的物料，则要将其根据成本最小的原则合并成一个经济订单（经济订货数量或经济批量）。

中期计划一般为 3～5 年。在该计划中，企业不仅要做好生产任务与生产能力之间的平衡、生产任务与生产技术准备工作之间的平衡，还要处理好生产与成本、效益之间的关系。中期计划主要包括两种：生产计划大纲和主生产计划（见表 8 - 5）。

表 8 - 5　企业中期计划的种类

计划类别	具体说明
生产计划大纲	规定企业在计划年度内的生产目标，用一系列指标来表示，规定企业在品种、质量、产量和产值等方面应达到的水平
主生产计划	确定每一具体的最终产品在每一具体时间段内生产数量的计划。主生产计划一般每隔半年编制一次

制订了主生产计划之后，企业要对每一种自制零件根据其工艺计划制订作业计划，分配任务到每个能力中心并制订能力计划以消除负荷的高峰和低谷，从而确保计划的可行性。

3. 短期计划

短期计划的时间在 6 个月以下，一般为月计划或跨月计划。短期计划包括物料需求计划、生产能力计划、装配计划以及车间作业计划（见表 8 - 6）。

表 8 - 6　企业短期计划的种类

计划类别	具体说明
物料需求计划	按产品生产计划分解为物料的需要数量和需要时间的计划以及物料投入生产或提出采购申请的计划
生产能力计划	生产能力计划又称设备负荷计划，根据工艺和工时，预估各工作中心（设备组）在各时间周期中的生产能力，然后结合实际生产能力，编制车间的生产能力计划
装配计划	将零部件装配为成品过程的规划。在制订该计划的过程中，要考虑总装配时间和节拍时间的限制
车间作业计划	车间作业主要包括作业分派、调度以及生产进度的控制与统计工作。此外，企业还需针对外协物料编制物料供应计划，并对其进行控制

短期计划确保生产任务能按期完成，为整个生产计划的有效实施奠定了基础。在短期计划阶段，企业要对每个能力中心上的每个工序进行调度。在这个阶段，降低成本和提高计划性能是两个很重要的目标，如根据总的准备时间最少的原则对工作中心的任务进行排序。任务分发是任务处理的下一个步骤，它们和反馈系统一起组成生产活动控制系统。

对于制造企业来说，生产计划是生产管理的重要组成部分。为确保生产计划的顺利实施，企业还要设计明确各种生产计划，使生产计划的实施与评估工作有据可依。

二、企业生产计划管理的基本模型

（一）总生产计划

一般情况下，总生产计划的计划期为 1 年，可等同于执行计划，涉及的内容包括计划期内的生产目标、产量及进度等信息。

（二）主生产计划

主生产计划以最终产品和项目为对象，具体到产品的品种、型号。主生产计划的具体时间段通常是以周为单位，也可以是日、旬、月。主生产计划详细规定生产什么、什么时段应该产出。

（三）物料需求计划

物料需求计划是将主生产计划中的最终产品根据物料清单分解为各级零部件，再确定所需各级零部件的数量（包括由企业生产制造的数量和外部采购的数量），以及确定生产和采购的开始时间和完成时间。

（四）生产作业计划

生产作业计划是对生产过程中每个班组、岗位所承担的工作任务进行安排，对每种零部件投入生产及加工制造完成的时间以及生产的顺序进行安排等。

三、主生产计划的编制

（一）主生产计划的概念

在生产计划管理中，主生产计划管理是其中的一个重要的方面。主生产计划管理就是在总生产计划的基础上，通过帮助企业编制生产单位负荷量分布图和生产能力需求量分布图，解决企业何时生产、生产多少最终产品的问题。制造企业只有将已经接收的和预测的订单付诸实施，将未来的生产总量分解为具体的产品产出计划，即分别按产品的品种、型号、规格编制它们在各季各月的产量任务，才能保证生产计划有序进行，并依据它制订物料需求计划，对产能战略计划提出反馈要求，相应地制定出这些资源的供应和准备计划。

主生产计划是确定每一个具体的产品在每一个具体的时间段的生产计划。计划的对象一般是最终产品，即企业的销售产品，但有时也可能是组件的 MPS 计划。主生产计划的计划展望期一般为 1～6 个月，一般按周或月分解。主生产计划用以协调生产需求与可用资源之间的差距。

（二）主生产计划在 ERP 中的作用

ERP 共有 5 个层次的计划，包括经营规划、销售与运作规划、主生产计划、物料需求计划和车间作业计划（见图 8－3）。主生产计划处于第三层。

（三）主生产计划的输入/输出逻辑

主生产计划的输入/输出逻辑如图 8－4 所示。

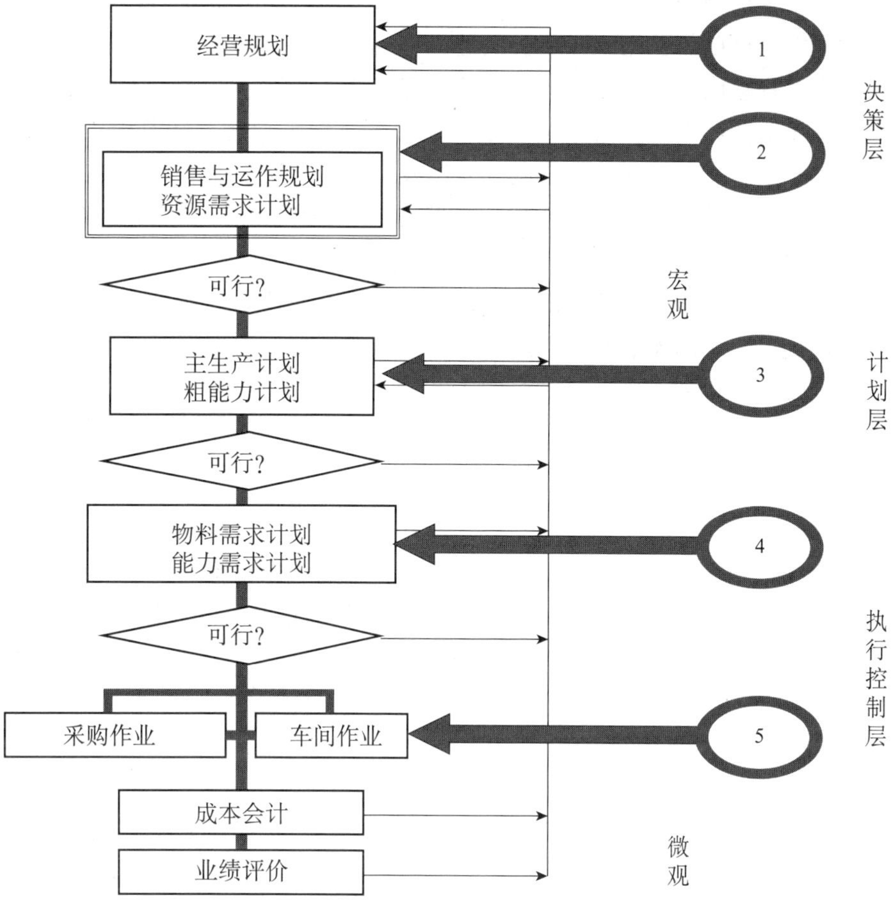

图 8－3　主生产计划与其他计划之间的关系

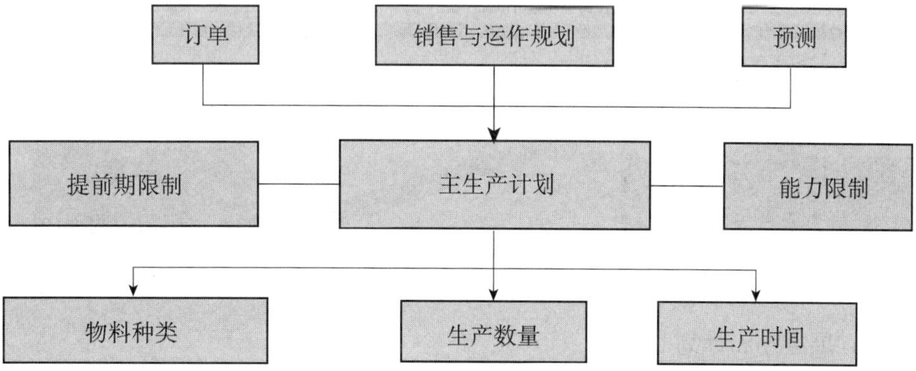

图 8－4　主生产计划的输入/输出逻辑

为什么要先有主生产计划，再根据主生产计划制订物料需求计划？企业直接根据销售预测和客户订单来制订物料需求计划不行吗？早期的物料需求计划系统就是直接将客户的需求数据（包括预测或订单）根据物料清单进行需求计算，得到在数量和时间上与预测和客户订单需求相互匹配的生产和采购计划。

如果直接根据预测和客户订单来运行物料需求计划，那么得到的计划将在数量和时间上与预测和客户订单需求完成匹配。但是，预测和客户订单是不稳定、不均衡的，直接用来安排生产将会出现时而加班加点也不能完成任务、时而设备闲置而很多人没有活干的现象，这将给企业带来灾难性的后果，而且企业的生产能力和其他资源是有限的，这样的安排也不是总能做得到的。企业可通过人工干预，均衡安排，使得在一段时间内主生产计划量和预测及客户订单在总量上相匹配，而不追求在每个具体时刻上均与需求相匹配，从而得到一份稳定、均衡的计划。

由于在产品或最终项目（独立需求项目）这一级上的计划（即主生产计划）是稳定和均衡的，因此所得到的关于非独立需求项目的物料需求计划也将是稳定和匀称的。制订主生产计划是为了得到一份稳定、均衡的生产计划。

（四）编制主生产计划的相关概念

1. 提前期

提前期是指某项工作的时间周期，即从工作开始到工作结束所需的时间长度。提前期数据是生成 MPS、MRP、车间作业计划和采购计划的重要基础数据，如图 8－5 所示。

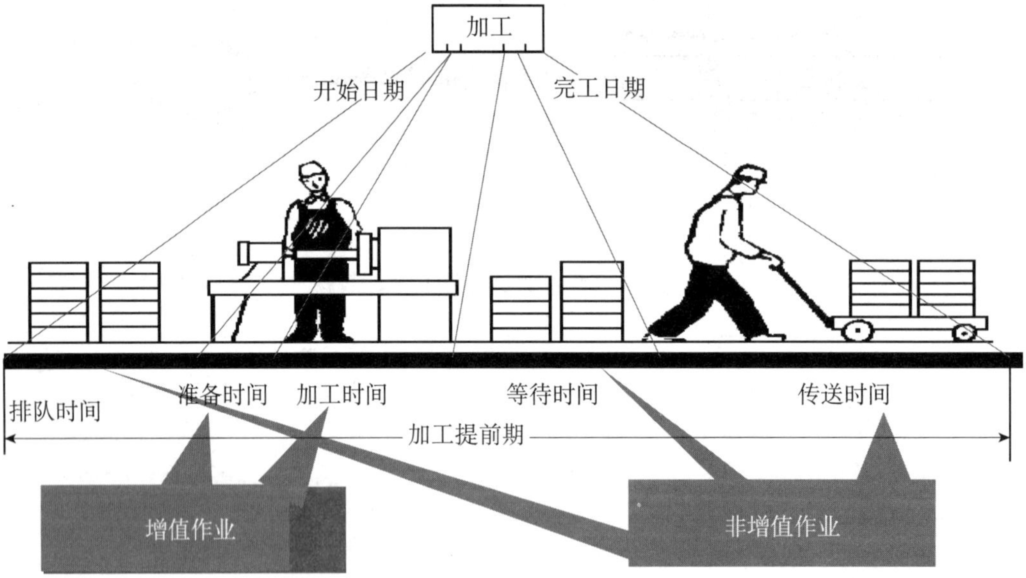

图 8－5　提前期示意图

2. 计划展望期和计划时段

计划展望期是指编制计划所覆盖的时间范围。ERP 中的不同计划层次，其计划展望期是不相同的。一般来说，计划的层次越高，计划展望期越长；计划的层次越低，计划展望期越短。例如，经营规划的计划展望期一般为 2～7 年；S&OP 一般为 1～3 年；MPS 为 1～6 个月；MRP 为 2 周～3 个月。

计划时段是组织和显示计划的时间单位。企业将计划展望期分成若干个时间段，以便安排和组织生产。计划时段可以用年、季、月、周或天来表示。同样，计划的层次越低，计划时间周期越短。经营计划的计划周期一般为年；S&OP 的计划周期一般为月、季度；MPS 的计划周期一般为周、旬；MRP 的计划周期一般为小时、天。

3. 时区和时界

（1）时区。虽然企业借助信息化管理能够迅速响应市场的变化，但是要保持生产计划的相对稳定性（尤其是近期），以利于生产正常运行（尤其是车间基层），不要造成混乱。为此，ERP 系统在处理主生产计划的过程中，将产品的计划期划分成 3 个时区。计划若有变动，计划人员要查看落在哪个时区内，分析变动带来的影响和代价，建立规范化的计划变动审批程序，以保持计划的相对稳定。

根据计划编制的政策和过程的不同，可将计划展望期由近至远依次划分为 3 个时区。

时区 1（需求时区）：是产品的总装提前期的时间跨度，即从产品投入加工开始到产品装配完工的时间跨度。

时区 2（计划时区）：在产品的累计提前期的时间跨度内，超过时区 1 的时间跨度为时间 2。

时区 3（预测时区）：超过时区 2 的时间跨度为时区 3。

（2）时界。时区之间的分界线称为时界。需求时区和计划时区之间的分界线称为需求时界；计划时区和预测时区之间的分界线称为计划时界。

时区和时界示意如图 8－6 所示。

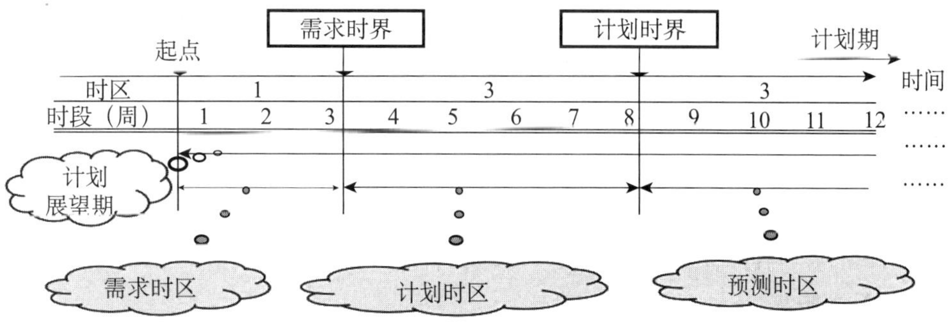

图 8－6　时区和时界示意图

时区 1、2 的分界线，即需求时界，它会警告计划维护人员，先于该时段的计划产品已经进入最后的总装阶段，整个计划此时已不宜再作变动。

时区 2、3 的分界线，即计划时界，它会提示计划维护人员，处在该时界和需求时界之间的计划产品已经确认，系统也已经失去了对其进行自动更改的权利，此时的更改过程须由计划人员自行操作完成。

若计划时界以后的计划还未经确认，计划管理系统可对其进行修改。此时维护人员应格外注意，若要对主生产计划进行修改，应尽量将修改时间控制在该时间段范围内。

（五）各种生产类型下 MPS 计划对象与计划方法

各种生产类型下 MPS 计划对象与计划方法如表 8-7 所示。

表 8-7　各种生产类型下 MPS 计划对象与计划方法

销售环境	计划依据	MPS 计划对象	举例
按库存生产（MTS）	主要根据市场预测安排生产；产品完成后入库待销，要进行促销活动	独立需求类型物料	大批生产的定型产品，如日用消费品
按订单生产（MTO）	根据客户订货合同组织生产	独立需求类型物料	标准定型产品
按订单装配（ATO）	产品成系列，有各种变形，根据合同选择装配	通用件、特征件及可选件	标准系列产品，有多种可选项

（六）主生产计划的编制

主生产计划是制造企业生产计划管理的一项重要内容。主生产计划的编制包括以下几个过程：

1. 计算毛需求量

企业在编制主生产计划时，毛需求量不再是预测信息，而是生产信息，如何将预测值和实际的合同值组合得出毛需求，在各个时期的取舍方法是不同的。如何将预测量和订单量组合得出毛需求量，这在各个时区的取舍方法是不同的。一般的方法为：

预测时区：毛需求＝预测量

计划时区：毛需求＝ Max(预测量,订单量)

需求时区：毛需求＝订单量

2. 计划接收量

计划接收量是指正在执行的订单量。企业在制订 MPS 计划时，往往将制订计划日期之前已经下达的订单而在本计划期内完成或到达的数量作为计划接收量处理。当前时段期初可提供的库存量和本时段的计划接收量，是属于供给层面需要考虑的量。

3. 计算净需求

净需求是指任意给定的计划周期内某项目的实际需求数量。毛需求是指需要多少，而净需求是指还缺多少。

净需求量＝本时段毛需求量＋安全库存量－（前一时段末的可用库存量＋本时段计划接收量）

若计算值≤0，则无净需求；若计算值＞0，则净需求＝计算值。

这种从毛需求到净需求的计算方法称为净需求计算法。如果产生了净需求，则启动了 MPS 的批量排产。

4. 计划产出量

计划产出量是为了满足净需求，系统根据设定的批量政策计算得出的供应数量。

计划产出量＝N×批量

满足：计划产出量≥净需求＞（N－1）×批量，说明什么时间下达计划。

5. 计划投入量

计划投入量是系统根据计划产出量、规定的提前期和成品率计算得出的计划投入数量，说明在什么时间下达计划。计划投入量的所处时段是在对应的计划产出量的基础上往前推相应的提前期。

6. 计算预计可用库存量

预计可用库存量是指现有库存中，扣除了预留给其他用途的已分配量，可用于需求计算的那部分库存。计算公式为：

预计可用库存量＝前一时段末的可用库存量＋本时段计划接受量－本时段的毛需求量＋计划产出量

【例题 8－1】

主生产计划的编制

假设将要编制智能音箱的 MPS。编制 MPS 的日期是 2024 年 4 月 1 日，现有库存量为 16，安全库存量为 5，采用的批量规则为倍数批量，且批量基数为 10，提前期为 1 周，一个计划时段为 10 周，需求时界为 3 周，计划时界为 7 周，在生产的产品量为 10。

企业毛需求的确定规则如下：

时区 1：毛需求以已经下达的订单为准；

时区 2：毛需求以订单量和预测量中大者为准；

时区 3：毛需求量以预测量为准。

每一个需求时段的预测量和订单量如表 8－8 所示。

表 8－8　智能音箱的订单量和预测量

需求时段	1	2	3	4	5	6	7	8	9	10
预测量	15	30	10	30	18	30	32	25	30	20
订单量	20	25	20	25	20	16	35	20	28	25

根据上述已知数据编制 MPS，如表 8－9 所示。

表 8－9　智能音箱的主生产计划

计划时区	上期末	需求时区			计划时区				预测时区		
计划时段		1	2	3	4	5	6	7	8	9	10
预测量		15	30	10	30	18	30	32	25	30	20
订单量		20	25	20	25	20	16	35	20	28	25
毛需求量											
计划接收量		10									

续表

计划时区	上期末	需求时区			计划时区				预测时区		
安全库存量	5										
预计可用库存	16										
净需求量											
批量规则	批量为满足净需求量的10的最小倍数										
计划产出量											
提前期	LT=1										
计划投入量											

1. 根据时区信息确定毛需求量，如表8-10所示。

毛需求的取值分三种情况：订单量，Max（订单量,预测量），预测量；具体是按照不同的计划时间来确定。

时区1：毛需求以已经下达的订单为准；

时区2：毛需求以订单量和预测量中大者为准；

时区3：毛需求量以预测量为准。

表8-10 毛需求量的计算

计划时区	上期末	需求时区			计划时区				预测时区		
计划时段		1	2	3	4	5	6	7	8	9	10
预测量		15	30	10	30	18	30	32	25	30	20
订单量		20	25	20	25	20	16	35	20	28	25
毛需求量		20	25	20	30	20	30	35	25	30	20

2. 根据上期末库存量、第1期计划接收量和毛需求量计算第1期的预计库存量和第2期的净需求量，如表8-11所示。

表8-11 第1期的预计库存量和第2期的净需求量

计划时区	上期末	需求时区			计划时区				预测时区		
计划时段		1	2	3	4	5	6	7	8	9	10
预测量		15	30	10	30	18	30	32	25	30	20
订单量		20	25	20	25	20	16	35	20	28	25
毛需求量		20	25	20	30	20	30	35	25	30	20
计划接收量		10									
安全库存量	5										
预计可用库存	16	6									

续表

计划时区	上期末	需求时区			计划时区				预测时区		
净需求量			24								
批量规则	批量为满足净需求量的 10 的最小倍数										
计划产出量											
提前期	LT=1										
计划投入量											

3. 根据第 2 期的预计库存量、毛需求量和计划接收量计算第 3 期的净需求量、计划产出量和预计库存量，如表 8－12 所示。

表 8－12　第 3 期的净需求量

计划时区	上期末	需求时区			计划时区				预测时区		
计划时段		1	2	3	4	5	6	7	8	9	10
预测量		15	30	10	30	18	30	32	25	30	20
订单量		20	25	20	25	20	16	35	20	28	25
毛需求量		20	25	20	30	20	30	35	25	30	20
计划接收量		10									
安全库存量	5										
预计可用库存	16	6	11	11							
净需求量			24	14							
批量规则	批量为满足净需求量的 10 的最小倍数										
计划产出量			30	20							
提前期	LT=1										
计划投入量											

4. 以此类推计算以后各期的净需求量、计划产出量和预计库存量，根据提前期计算各期的计划投入量，如表 8－13 所示。

表 8－13　智能音箱的主生产计划

计划时区	上期末	需求时区			计划时区				预测时区		
计划时段		1	2	3	4	5	6	7	8	9	10
预测量		15	30	10	30	18	30	32	25	30	20
订单量		20	25	20	25	20	16	35	20	28	25
毛需求量		20	25	20	30	20	30	35	25	30	20
计划接收量		10									

续表

计划时区	上期末	需求时区			计划时区				预测时区		
安全库存量	5										
预计可用库存	16	6	11	11	11	11	11	6	11	11	11
净需求量			24	14	24	14	24	29	24	24	14
批量规则	批量为满足净需求量的10的最小倍数										
计划产出量			30	20	30	20	30	30	30	30	20
提前期	LT=1										
计划投入量		30	20	30	20	30	30	30	30	20	

四、粗能力需求计划

（一）粗能力需求计划的基本概念

主生产计划的可行性需要通过粗能力需求计划（Rough-cut Capacity Planning，RCCP）进行校验和平衡。粗能力需求计划是对关键工作中心的能力进行运算而产生的一种能力需求计划，它的计划对象只是针对设置为关键工作中心的工作中心能力，计算量较小，是比较简单、粗略、快速的能力核定方法。

粗能力需求计划通过工艺路线，将主生产计划与执行这些生产任务的关键工作中心（瓶颈资源）联系起来，完成将主生产计划的物料需求数量转换成对关键工作中心的能力需求的工作。

（二）粗能力需求计划的相关术语

1. 关键工作中心

关键工作中心，又称瓶颈工作中心，是决定产品或零部件生产产量的工作中心。它是MRP运算中进行粗能力计划的计算对象。

关键工作中心一般具有以下特点：

（1）经常加班，满负荷工作；

（2）操作技术要求高，短期内无法自由增加工人；

（3）使用专用设备，而且设备昂贵；

（4）受多种限制，如短期内不能随便增加负荷和产量（通常受场地、成本等约束）。

2. 偏置天数

主生产计划的对象主要是产品结构中的独立需求型物料。它的工艺路线中可能并不含有关键工作中心，对这个产品来讲，关键工作中心往往是由它下属低层某个零部件决定的。这个零部件使用关键工作中心的日期同最终成品完工日期之间的时间，称为偏置天数或提前期偏置。

（三）编制粗能力需求计划的方法（能力清单法）

能力清单（Bill of Capacity，BOC）是一个与物料清单相似的文件，在有些技术文献中也称为资源清单（Bill of Resources，BOR）。BOM 列出了生产某一产品所需物料的清单，而 BOC 则描述了生产该产品所需的关键工作中心及其单位能力需求。

【例题 8-2】

粗能力需求计划的编制

某产品 A 对应的主生产计划、物料清单、关键资源的额定能力及生产时间分别如表 8-14、图 8-7、表 8-15、表 8-16 所示，试编制其粗能力需求计划（RCCP）。

表 8-14　A 产品的主生产计划表

周	1	2	3	4	5	6	7	8	9	10
主生产计划	25	25	20	20	20	20	30	30	30	25

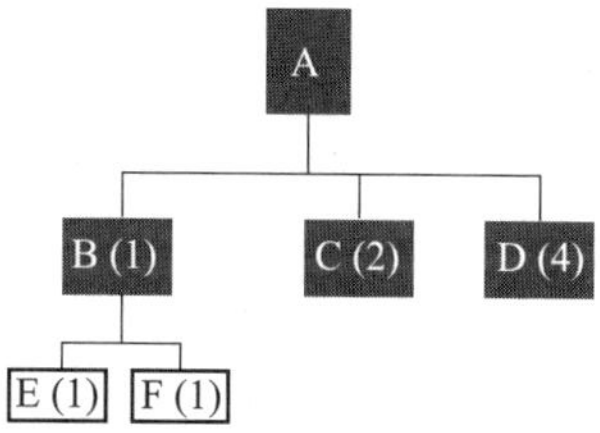

图 8-7　A 产品的物料清单

表 8-15　关键资源的额定能力

关键工作中心	10	15	20	25	30
额定能力（小时/周期）	5.5	14.0	5.5	2.0	3.0

表 8-16　生产时间列表

项目	工序号	工作中心	单件加工时间 (h)	平均批量	单件准备时间 (h)	单件总时间 (h)
A	10	30	0.09	20	0.020 0	0.110 0
B	10	25	0.06	40	0.007 0	0.067 0
C	10	15	0.14	80	0.020 0	0.160 0
	20	20	0.07	80	0.013 8	0.083 8
E	10	10	0.11	100	0.008 5	0.118 5
	20	15	0.26	100	0.009 6	0.269 6
F	10	10	0.11	80	0.010 6	0.120 6

解：（1）分别计算单件产品 A 对各工作中心的能力需求。

对于工作中心 10 来讲，项目 E 和 F 都要在此工作中心加工，而生产单件 A 需 1 件 E 和 1 件 F，因此，生产单件 A 对工作中心 10 的能力需求分别为：

单件加工时间=1×0.11+1×0.11=0.22（定额工时/件）

其中第一个 0.11 是单件 E 在工作中心 10 上的加工时间；第二个 0.11 是单件 F 在工作中心 10 上的加工时间。

单件准备时间=1×0.008 5+1×0.010 6=0.019 1（定额工时/件）

其中 0.008 5 是单件 E 在工作中心 10 上的准备时间；0.010 6 是单件 F 在工作中心 10 上的准备时间。

(2) 将生产单件产品 A 对所有工作中心的需求分别计算出来便得到如表 8-17 所示的产品 A 的能力清单。

表 8-17　产品 A 的能力清单

关键工作中心	单件加工时间 (h)	单件生产准备时间 (h)	单件总时间 (h)
10	0.22	0.019 1	0.239 1
15	0.54	0.049 6	0.589 6
20	0.14	0.037 6	0.167 6
25	0.06	0.007 0	0.067 0
30	0.09	0.020 0	0.110 0
合计	1.05	0.123 3	1.173 3

(3) 根据产品 A 的能力清单和主生产计划，计算出产品 A 的粗能力需求（总工时=周计划量×单件总时间），如表 8-18 所示。

表 8-18　产品 A 的粗能力需求

关键工作中心	计划周期										合计
	1	2	3	4	5	6	7	8	9	10	
10	5.98	5.98	4.78	4.78	4.78	4.78	7.17	7.17	7.17	5.98	58.57
15	14.74	14.74	11.79	11.79	11.79	11.79	17.69	17.69	17.69	14.74	144.45
20	4.19	4.19	3.35	3.35	3.35	3.35	5.03	5.03	5.03	4.19	41.06
25	1.68	1.68	1.34	1.34	1.34	1.34	2.01	2.01	2.01	1.68	16.43
30	2.75	2.75	2.20	2.20	2.20	2.20	3.30	3.30	3.30	2.75	26.95
总工时	29.34	29.34	23.46	23.46	23.46	23.46	35.20	35.20	35.20	29.34	287.46

(4) 首先找到各关键工作中心的超负荷时段分布情况，然后调整和平衡关键工作中心的能力，同时要注意 MPS 最终产品的各组件的进度的总体平衡（见图 8-8）。此时只需进行初步平衡工作，详细的平衡和调整将在制订物料需求计划和能力需求计划时进行。

关键工作中心	10	15	20	25	30
额定能力（小时/周期）	5.5	14.0	5.5	2.0	3.0

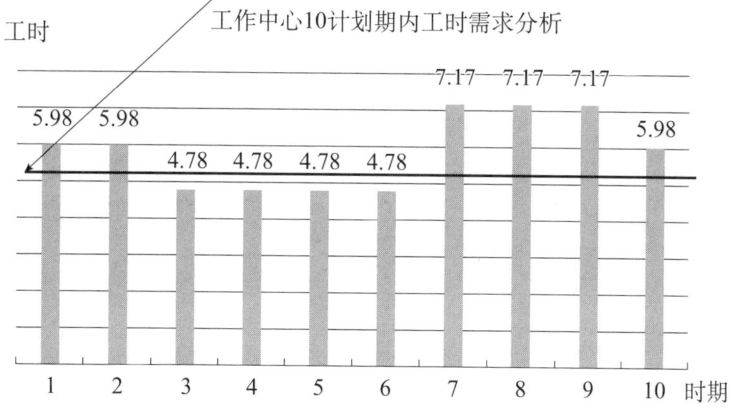

图 8－8　粗能力需求分析

（5）调整超负荷时段：

针对物料短缺，企业可采取增加采购量、采用替代物料、减少总生产量等措施。

针对劳动力短缺，企业可采取加班、雇用临时工人、外协或者分包、减少总生产量、重新将计划安排到有可用资源的时段等措施。

针对设备短缺，企业可采取购买新的设备、对现有设备进行升级改造、外协或者分包、采用其他工艺、减少总生产量、重新将计划安排到有可用资源的时段等措施。

五、评估和批准 MPS 初步计划

（1）提供对 MPS 初步计划的分析。

（2）各部门要通过讨论和协商，解决 MPS 中的所有问题。

（3）MPS 初步计划经过审核和评估后，成为正式 MPS。此时应该召开会议批准 MPS，并将正式的 MPS 下达给有关部门，如生产制造、物料、采购、工程技术、市场销售、财务等部门以及相关人员。

任务三　准时制生产

微课

准时制生产

问题引导

它是如何做到的？

某汽车制造商通过实施准时制生产，成功地将库存周转率提高了

50%，生产周期缩短了30%，同时产品质量也得到了显著提升。它是如何做到的？

一、准时制生产的内涵

（一）基本含义

准时制生产方式（Just-in-Time，JIT）是指保持物流和信息流在生产中的同步，实现以恰当数量的物料，在恰当的时间进入恰当的地方，生产出恰当质量的产品。准时化生产是第二次世界大战以后最重要的生产方式之一。由于它起源于日本的丰田汽车公司，因而曾被称为“丰田生产方式”。后来，这种生产方式由于其独特性和有效性，被越来越广泛地认识、研究和应用。

（二）基本思想

JIT生产方式的基本思想是只在需要的时候，按需要的量，生产所需的产品，即追求无库存或库存达到最小的生产系统。

JIT生产方式以准时生产为出发点，首先暴露出生产过量和其他方面的浪费，然后对设备、人员等进行调整，达到降低成本、简化计划和提高控制的目的。它将传统生产过程中前道工序向后道工序送货，改为后道工序根据“看板”向前道工序取货。看板系统是JIT生产现场控制技术的核心，但JIT不仅是看板管理。

案例链接

JIT生产方式的简单说明

（1）下班后发现家里食材不够了，开车来到超市进行采购（当后工序零部件或半成品不足时，我们来到前工序去领取物料）；

（2）来到所需购买物品的货架前（根据需求来到前工序的制品店面）；

（3）选择今天所需要补充的食材（在店面领取所需半成品或零部件）；

（4）来到收银台进行结算（工序间领取看板与工序内看板交换或扫描对账）；

（5）货架上的商品被买走后，超市员工对货架上被买走商品进行补充（前工序根据后工序领走的物料，进行生产补充）。

以上就是JIT生产方式的简单说明。

（三）基本原则

（1）根据需求量确定生产节拍；

（2）利用看板进行后工序领取的方式，实现拉动式生产；

（3）按流程生产，根据后工序的领取状况推进工序。

（四）基本特征

图 8－9 以简单的铸造、机器生产组装等过程来展示了浪费的情形和价值活动的流程。从此图可以看到，准时制生产方式也可以从价值活动的角度来说明。

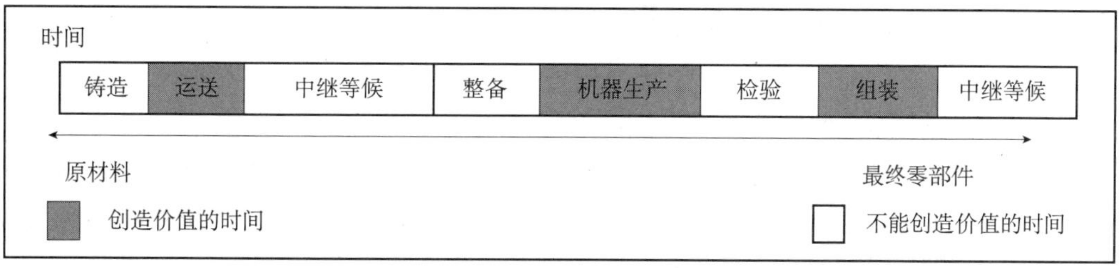

图 8－9　价值活动中的浪费情形

价值活动，即创造价值的基本活动，生产经营活动中每一件独立完成的工作都可以称为价值活动。价值活动可分为两大类：基本活动和辅助活动。价值活动是竞争优势的各种相互分离活动的组成部分。因此，每一种类型的活动对于竞争优势都是至关重要的。因而从这个角度上讲，准时制生产方式的特征是使生产过程中的每一项活动都成为价值活动，不能成为价值活动的都是直接或间接的浪费，要减少或消弭。无论作为管理者还是基层的操作者，要经常问自己的一个问题是：这个是能创造价值的活动吗？如果不是，又怎样通过改进消弭或减少到最低？

（五）根本目标

JIT 的目标是：彻底消除无效劳动和浪费。具体要达到以下目标：

1. 废品量最低（零不良）

JIT 要求消除各种引起不合理的原因，在加工过程中每一工序都要求达到最好水平。

2. 库存量最低（零库存）

JIT 认为，库存是生产系统设计不合理、生产过程不协调、生产操作不良的证明。

3. 准备时间最短（零切换）

准备时间长短与批量选择相联系，如果准备时间趋于零，准备成本也趋于零，就有可能采用极小批量。

4. 生产提前期最短（零停滞）

短的生产提前期与小批量相结合的系统，应变能力强、柔性好。

5. 减少零件搬运，搬运量低（零搬运）

零件搬运是非增值作业，如果能使零件和装配件运送量减小，搬运次数减少，可以节约装配时间，减少装配中可能出现的问题。

6. 机器损坏率低（零故障）

运用全员设备管理使得设备的损坏率达到最低，保持设备的高可动率。

7. 事故降低（零事故）

事故包含人员事故、设备事故、安全事故等。

JIT 的目标简称为上面的“7 个零”，“7 个零”最终归结为零浪费。

二、实施 JIT 生产方式的基本手段

（一）资源配置合理化

资源配置合理化是实现降低成本目标的最终途径，具体是指在生产线内外，所有的设备、人员和零部件都得到最合理的调配和分派，在最需要的时候以最及时的方式到位。在生产期间，重要设备和原材料应合理放置。快速装换调整为满足后工序频繁领取零部件制品的生产要求和多品种、小批量的均衡化生产提供了重要的基础。

设备布置的要点是：生产线的入口和出口处有相同的位置。其中虽然有凹形、圆形等几种变化形式，但不管是哪一种，这种字形设备布置最应当注意的重要优点是在适应生产量的变化（需求的变化）时，可以获得自由地增减所需要的作业人员人数的灵活性。也就是说，在作业现场的内部，追加作业人员、减少作业人员都是可能的。合理布置设备，特别是 U 形设备布置，可以大大简化运输作业，使得单位时间内零件制品运输次数增加，但运输费用并不增加或增加很少，为小批量频繁运输和单件生产单件传送提供了基础。图 8－10 简单直观地说明了 U 形设备布置。

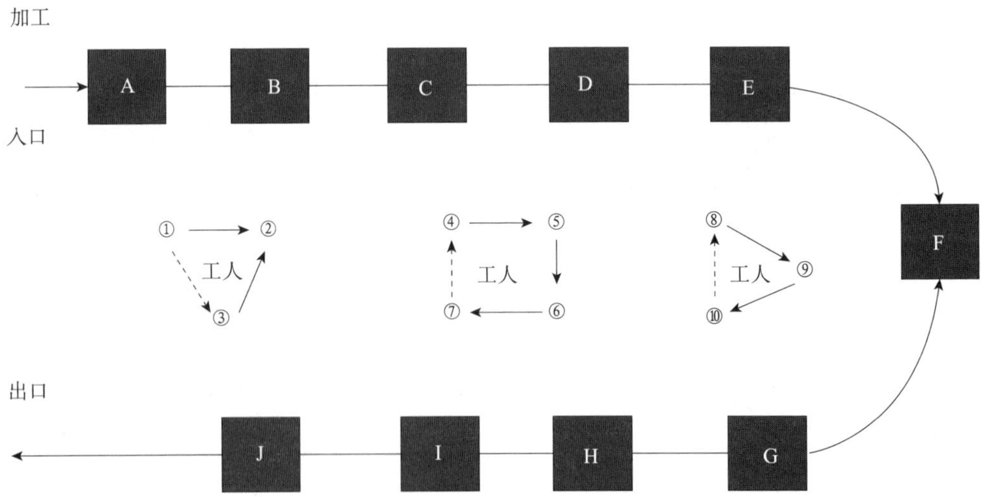

图 8－10　U 形设备布置

以拉动方式进行的准时制生产，在这种设备布置的生产线中可以实现。这是因为一个单位的成品从出口出来时，一个单位的材料从入口投入。由于出口和入口的作业由同一个作业人员来完成，生产线内在制品的数量就能经常保持稳定。此外，因为各设备分别保持着标准的在制品库存量，所以作业人员之间作业不平衡的情况很容易被发现，从而也能成为工序改善的诱因。最后，在 U 形设备布置中可以划分供特定的作业人员作业

的区域。在使用大型机械的装置中，常常只在入口和出口有作业人员。链式吊架就是这样一个例子。如果投入材料的位置和取出的位置不一致，常常需要两个作业人员，每个作业人员就有了空闲时间或等待时间。

（二）生产流程化

生产流程化，即按生产产品所需的工序从最后一个工序开始往前推，确定前面一个工序的类别，并依次地恰当安排生产流程，根据流程与每个环节所需库存数量和时间先后来安排库存和组织物流，尽量减少物资在生产现场的停滞与搬运，让物资在生产流程上毫无阻碍地流动。对于企业来说，各种产品的产量必须能够灵活地适应市场需求量的变化。避免浪费的手段就是实施适时适量生产，只在市场需要的时候生产市场需要的产品。为了实现适时适量生产，企业应首先致力于生产的同步化，即工序间不设置仓库。前一工序的加工结束后，立即转到下一工序，装配线与机械加工几乎平行进行。生产的同步化通过后工序领取的方式来实现。后工序只在需要的时间到前工序领取所需的加工品；前工序中按照被领取的数量和品种进行生产。这样，制造工序的最后一道即总装配线成为生产的出发点，生产计划只下达给总装配线，以装配为起点，在需要的时候，向前工序领取必要的加工品，而前工序提供该加工品后，为了补充生产被领走的数量，必须再向前工序领取物料，这样把各个工序都连接起来，实现同步化生产、弹性配置作业人数。

（三）生产均衡化

生产均衡化是指总装配线在向前工序领取零部件时应均衡地使用各种零部件，生产各种产品。因此，企业在制订生产计划时就必须加以考虑，然后将其体现于产品生产计划之中。在制造阶段，均衡化通过专用设备通用化和制定标准作业来实现。专用设备通用化是指通过在专用设备上增加一些工夹具的方法使之能够加工多种不同的产品。

三、准时制生产的工作要点

（一）适时适量生产的实现

JIT 的实质就是在需要的时候生产所需的产品，实现产品的零库存和准时供给。面对市场需求的个性化、高技术化和高节奏变化的挑战，大批量的生产和周期性的产品开发已难以适应新的客观环境。客观环境的变化要求企业所生产的产品必须能够灵活地适应市场需求量的变化，否则，将造成生产产品过剩，引起人员、设备、资源的浪费。正是基于市场需求与经营的变化，JIT 摒弃了原有的生产组织模式，从客户需求出发适时生产出市场需要的适量产品，以此出发进行资源配置。

（二）在流程组织上实现看板管理

看板管理是适时适量生产中极其重要的管理方式。其要点是通过适时适量生产要素分析，从均衡生产组织出发，进行即时生产调节，向各生产组织板块传递指令，反馈信息。在JIT生产方式中，月度的生产计划是集中制订的，同时下达到各个工厂及协作企业，而且生产指令只下达到最后一道工序或总装配线，对于其他工序的生产指令均通过看板来实现。由于生产不可能完全按月度计划进行，相对而言，月度计划着重于总体生产目标，而即时性的生产调配、调节和均衡则由看板来完成。

（三）生产的小批量化与同步化

小批量生产是现代企业生产组织的一个必然趋势，小批量生产要求物尽其用，尽量减少零部件的积压，因此，它与同步化生产的组织形式相对应。生产的同步化，对于加工、装配作业来说，在工序之间不设置仓库，前一工序完成后，工件立即转到下一工序，装配线与零部件加工几乎一对一地进行，以此缩小工序生产量的差异，达到适应小批量生产需要的目的。在同步化生产实施中，后一道工序在需要的时候领取前一道工序的加工品。前一道工序只按后一道工序的需求数量进行生产加工；同步生产的最后一道工序则由准时制看板决定。这样，在生产组织中环环紧扣，最终实现生产的同步化。

（四）资源的全方位和标准化供应

准时制生产有其充分的灵活性，然而，对资源的利用和技术与设备的使用都是标准化的，这样有助于降低成本、节约资源。例如，知名的汽车厂商都具有相对稳定的技术平台，个性化、小批量的汽车产品的基本的零部件都是标准化的通用件；各批次产品往往在标准化的基础上作出相应的技术变革和创新。

（五）作业人员的弹性配备

JIT生产方式改变了传统的大规模生产的劳动分工形式，产品的频繁变化，使得生产加工人员的组合总是处于不断变化之中。解决这一矛盾的有效办法是灵活性地配备作业人员，弹性地增减各生产线的作业人数，动态管理作业人员的技术组合。这种弹性化的人员配置彻底改变了传统大规模生产中定员制的人员管理模式，是一种全新的按流程组织进行人员管理的方法。在实行弹性化的人员管理中，要求进行特定的设备布置和劳动组合。从作业操作角度来看，标准作业时间、作业内容、作业范围、作业组合和作业顺序均应随着生产产品的变化而变化，这就要求作业人员的综合技术素质与弹性作业需要相适应。

（六）全面质量管理的实现

一般来说，质量与成本之间存在一种负相关关系，但在JIT生产方式中，却有相反的情况。它将质量管理贯穿于每一道工序之中，以求实现质量与成本的统一。在具体操作上，JIT实行两种机制：一是使设备或生产线能够自动检测不良产品，一旦发现异常情况或不良产品，设备或生产线可以及时处理；二是处于生产作业第一线的人员在发现产品或设备运行问题时，有责任和权力处理或反映问题。这一全面质量管理办法实际上是一种人-机结合的质量保障方式，它代表了现代化生产作业的质量保障发展方向。

【例题 8 - 3】

JIT 生产方式下全面质量管理的实践

某摩托车厂生产摩托车发动机箱体，按工艺安排有 20 道工序，其中最后一道工序为气密性测试（水压测试）。按原生产工艺规定，工序之间要备有 300 个在制品的库存，如按此工艺组织生产，则最早能发现第一个漏水的产品是在 300×19＋1＝5 701 个以后的产品。

如果变换一种生产方式，将工序间在制品的数量减少到 10，则在 191 个产品后就可发现漏水现象。

如果采用 JIT 生产方式，工序间在制品数减为 1，则最早在第 20 个就会发现质量问题。

案例链接

一汽大众的准时制生产

一汽大众汽车有限公司（以下简称一汽大众）借鉴 JIT 生产方式中的管理理念，并结合厂区的具体情况开展准时化生产，同时运用多种管理的方法和手段，做到以必要的劳动，确保在必要的时间生产必要数量的必要工件，从而杜绝企业的超量生产，消除企业中的无效劳动和浪费，实现企业少投入多产出的最终目的。

一、一汽大众准时制生产的特点

（1）目标明确，系统性强。围绕提高产品质量、降低成本、满足市场需求的目标，进行配套设计，同步实施。

（2）采用拉动式生产组织方式，以市场需求为目标组织生产。

（3）向工序间在制品为“0”的目标进军。

（4）实行一人多机操作。实行 U 形生产设备布置、一人多机操作，大大提高了劳动生产率。

（5）工具定置集配，精度刀具强制换刀与跟踪管理。

（6）“三为”现场管理机制。强调观念更新，实施以生产现场为中心、生产工人为主体、车间主任为首的“三为”现场管理机制。一切后方部门围绕准时制生产服务，使生产不停地创造附加价值。

（7）生产现场实行 5S 管理活动——整顿、整理、清扫、清洁和素养。

（8）实行“三自一控”“创合格”“深化工艺”“五不流”“产品创优”的管理体系。

二、一汽大众准时制生产项目实施效果

经过 1 年多的实践，准时制生产方式使工厂面貌发生巨大变化。

（1）生产能力大幅度提高。

（2）产品质量稳步提高，市场占有率大幅度提高。

（3）推行精益生产看板管理，在制品流动资金占用大幅下降。

(4) 由于实行多机床操作、多工序管理，人均操作三台机器，因此操作现场工人作业效率大幅提高。

(5) 刀具消耗率下降，设备故障停歇时间缩短。

(6) 精益生产准时制生产方式提高了企业整体素质，改变了旧管理作风，管理工作效率大幅度提高。

任务四 延迟制造

微课

延迟制造

问题引导

如何解决成品的高库存问题?

1984 年，惠普公司推出第一台桌面激光打印机。然而，随着销量的稳步上升，库存也随之增长，这给惠普公司带来了库存管理和快速响应市场需求的挑战。

一、延迟制造的定义及优势

(一) 延迟制造的定义

1950 年，美国营销专家奥尔德逊提出“延迟技术”这一概念。他认为：越接近购买目的地，产品差异性越大。在生产过程中，寻找不同产品的差异点，尽可能延迟差异点生产的时间，可降低制造的复杂性，同时使预测误差减小，降低需求的不稳定性，提高企业的整体效益。为了能在成本一定和风险降低的基础上快速满足最终客户的多样化需求，企业往往会在整个生产与供应的流程中将相同程序的制作过程尽可能最大化，以获得规模经济而将形成差异化的按订单生产的过程尽可能推迟，这种制造模式被称为延迟制造，即事先生产中间产品或可模块化的部件，等到最终客户对产品的功能、外观、数量等提出具体要求后，才完成生产与包装的最后环节。

案例链接

油漆的延迟调色

油漆生产需要经过底漆、调色和包装三个环节。直到 20 世纪 80 年代，这些环节都是由大型工厂承担，这些可以看成是推式流程。到了 90 年代，油漆供应链的结构发生了变化，调色活动在消费者发出订货之后由零售商来承担。换句话说，在底漆和包装流程都保持推式的情况下，调色活动从推式变成了拉式。

（二）延迟制造的竞争优势

延迟制造集成了推动式供应链和拉动式供应链、大规模生产与定制生产的优势，能将供应链的全球资源优化配置与适应不同地区和不同客户的需求完美地结合在一起，从而提高企业的核心竞争力。具体而言，延迟制造的优势主要表现在以下方面：

1. 降低库存和物流成本

在中间产品生产出来以后，暂停其增值活动，以通用半成品形式存放，待收到客户的订单后，再进行下一步的生产加工。相对于产成品而言，半成品的体积、重量、规格、价值都要小得多，库存、运输的费用会被降至最低程度，降低了存货与运输的成本。

2. 增加产品型号，更好地满足客户的差别化需求

产品采用模块化、标准化设计，在基础产品的基础上发展变形产品，用较少品种规格的零部件拼成多样化的产品，以更低的成本提高客户满意度，减少由于供需不一致而损失的销售额。

3. 缩短交货提前期，提高快速反应能力

企业将生产过程分为变与不变两阶段，将不变的生产过程最大化，先生产出基础产品。企业一旦接到订单，就能以最快速度完成产品的差异化生产与交付，增强了快速反应的能力。

4. 降低不确定性，减少企业风险

企业存货基本上以原材料和中间产品的形式存在，占用资金少、适用面广，既能迅速满足客户的多样化需求，又能大幅降低存货的成本与风险，使企业减少因产销不对路带来的存货跌价损失，有利于提高企业效益。

案例链接

戴尔公司的延迟制造

戴尔公司是全球知名的电脑制造商，其成功在很大程度上归功于其独特的延迟制造模式。戴尔公司通过直销渠道接收客户的个性化订单，然后根据订单需求快速组装电脑。戴尔公司并不事先生产大量成品库存，而是保持较低的原材料和半成品库存。

当客户通过网站或电话下单后，戴尔公司的订单处理系统会立即将订单分解为零部件采购单，通过网络发送给供应商。供应商在收到订单后迅速组织生产，并在规定时间内将零部件发送给戴尔公司。戴尔公司在收到零部件后，在其高效的生产线上进行组装，随后通过精心选定的快递公司迅速将成品送到客户手中。

这种延迟制造模式使得戴尔公司能够灵活应对市场需求的变化，减少库存积压

和浪费，同时快速响应客户的个性化需求。戴尔公司通过优化供应链管理，利用现代信息技术提高信息传递效率，实现了低成本、高效率的大规模定制生产。这一模式不仅提升了戴尔公司的市场竞争力，也为消费者提供了更加个性化、高质量的电脑产品。

（三）延迟策略实施的关键：客户需求切入点的定位

在延迟策略中，我们将推动式流程与拉动式流程的分界点称为客户需求切入点（Customer Order Postponement Decoupling Point，CODP）。它是供应链中产品的生产从基于预测转向响应客户需求的转折点。在供应链中，CODP 的定位是延迟策略成败的关键，因为它直接影响规模与变化的程度。若 CODP 过于偏向供应链上游，那么通用化阶段就无法产生相应的规模经济；反之，若 CODP 过于偏向供应链下游，那么差异化阶段也无法获得多样化的优势。CODP 的位置如图 8-11 所示。

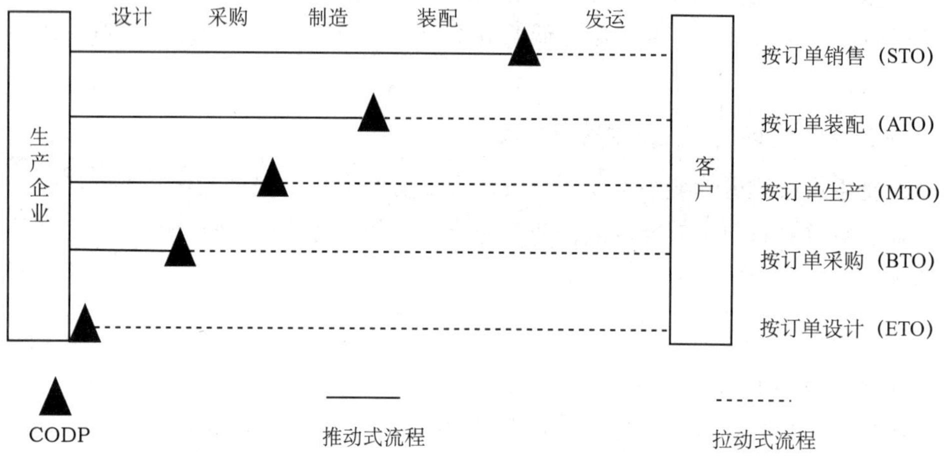

图 8-11　CODP 的位置

按订单销售（STO）：CODP 处于装配与发运之间，此时装配及其上游的所有生产业务均已按通用化阶段要求生产，产品已经被制造出来，客户只能在其中选购，常见于日常生活用品、家用电器等产品生产模式中。

按订单装配（ATO）：CODP 处于制造与装配之间，这是一种常见的定位方式，也是实现大规模定制最常用的手段，一般发生在 ATO 方式下，常见于汽车、个人计算机等产品生产中。

按订单生产（MTO）：CODP 处于原材料采购与零部件制造之间，一般发生在 MTO 方式中，常见于机械产品、一些软件系统如 ERP、MRP 等产品生产中。

按订单采购（BTO）：CODP 处于设计与采购之间，客户对产品的原材料、加工装配工艺有特殊要求，一般发生在 BTO 方式中。

按订单设计（ETO）：CODP 处于设计阶段之前，此时设计及其下游生产业务均按客户的特定要求进行，一般发生在 ETO 方式中，常见于大型机电设备和船舶等产品的生产以及建筑行业中。

（四）延迟策略实施的前提

延迟策略能将供应链上的产品生产过程分为“不变”与“变”两个阶段，将不变的通用化生产过程最大化，生产具有通用性的标准部件。当接到客户订单时，企业便能以最快的速度完成产品的差异化过程与交付过程，以不变应万变，从而缩短产品的交货提前期，并降低供应链运作的不确定性，可谓竞争优势明显，是对供应链业务流程的一种创新。

但并非所有的产品生产过程都可以采用延迟策略，即延迟策略的实施必须具备以下几个条件：

（1）产品可模块化生产。产品在设计时，可分解为几个较大的模块，这几个模块经过组合或加工便能形成多样化的最终产品，这是延迟策略实施的重要前提。

（2）零部件可标准化、通用化。产品可模块化生产只是一个先决条件，更重要的是零部件具有标准化与通用化的特性，这样才能彻底从时间上与空间上将产品的生产过程分解为通用化阶段和差异化阶段，并保证最终产品的完整。

（3）经济上具有可行性。实施延迟策略一般会增加产品的制造成本，除非它的收益大于制造成本，否则延迟策略就没有必要执行。如果最终产品的制造在重量、体积和品种上的变化很大，推迟最终的产品加工成型工作，能节省大量的运输成本和减少库存产品的成本，并简化管理工作，那么延期策略的实施便会带来巨大的经济利益。

（4）适当的交货提前期。通常来说，过短的提前期不利于延迟策略的实施，因为它要求给最终的生产与加工过程留有一定的时间余地，过长的提前期则无需延迟策略。

二、延迟制造的类型

延迟制造是成型延迟、时间延迟和地点延迟三种类型延迟的综合。

（一）成型延迟

成型延迟是指推迟最终产品的形成过程，企业在收到客户的订单后，才按照客户的具体要求从事最终产品的生产。

（二）时间延迟

时间延迟是指最终的制造和处理过程被推迟到收到客户订单以后进行。

（三）地点延迟

地点延迟是指推迟产品向供应链下游的位置移动，接到订单后再以供应链的操作中心为起点进行进一步的位移与加工处理。

三、延迟制造结构

根据最终加工制造、产品及市场的不同类型，有 4 种延迟制造结构，如图 8－12 所示。

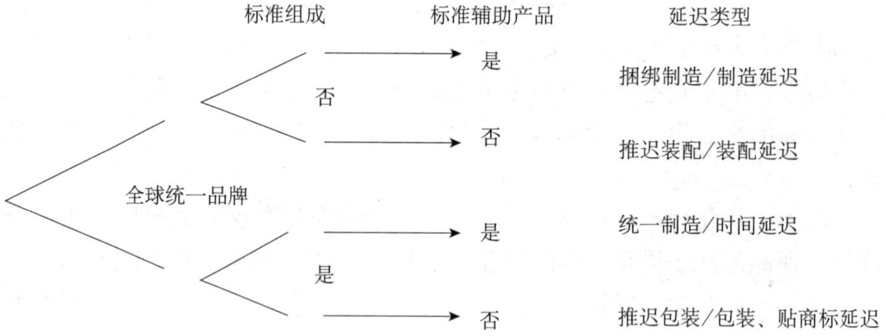

图 8－12　延迟制造结构

（一）统一制造／时间延迟

在全球产品制造工厂进行集成制造，按订单分销，全球使用统一品牌，具有标准组成和标准的辅助产品。

（二）捆绑制造／制造延迟

根据预测在工厂进行最终制造，全球使用统一品牌，具有标准的辅助产品及不同的组成。

（三）推迟装配／装配延迟

根据客户订单在全球分销中心进行最终的加工制造，全球使用统一品牌，具有不同的组成和辅助产品。

（四）推迟包装／包装、贴商标延迟

在分销地区仓库进行包装和产品配置运输，全球使用统一品牌，具有标准组成和不同辅助产品。

第 1 种结构中的最终制造是在全球范围内定位，第 2、第 3 种结构的最终制造是在中间环节定位，而第 4 种结构的最终制造是在地区范围内定位。

案例链接

惠普公司如何解决成品的高库存问题

为了解决成品的高库存问题，惠普公司重新设计了供应链，引入了延迟制造策略。

惠普公司将打印机的生产过程分为通用化阶段和差异化阶段。在通用化阶段，惠普公司主要生产通用打印机，这些打印机在功能上是通用的，但在外观和某些配置上尚未完成最终的差异化。这些通用打印机随后被运往全球各地的分销中心。

在差异化阶段，当惠普公司收到来自不同地区的客户订单时，分销中心会根据订单的具体要求，在本地完成打印机的差异化配置，如安装适合当地电压的电源插头、制作当地语言的操作手册等。这种生产方式被称为“分销中心本地化”。

通过实施延迟制造策略，惠普公司成功降低了库存量，提高了对市场需求的快速响应能力。具体来说，惠普公司的安全库存周期从原有的较长时间缩短为 5 周，减少了库存总投资的 18%，每年因此节省了 3 000 万美元的存储费用。此外，由于客户化延迟，产品在企业内的生命周期缩短，这使得惠普公司能够更好地适应市场变化，减少因需求预测不准确而造成的浪费。

素养提升

做好生产管理，你该笃行与专注

孔子用“用志不分，乃凝于神”赞叹驼背老人粘蝉技艺高超，就是专心致志，凝神贯注。清代纪昀在《阅微草堂笔记》中写道：“心心在一艺，其艺必工；心心在一职，其职必举。”伟人之所以伟大，是因为他与别人共处逆境时，别人失去了信心，他却下决心实现自己的目标。精诚所至，金石为开。只有拼出来的美丽，没有等出来的辉煌。做一件事也许不难，难的是一辈子坚持做一件事。择一事，终一生，不为繁华易匠心。我们这一生，就该如此。选择一件事，并且终其一生地将这件事做好，不管路上遇到什么，都不要放弃，唯有如此，才能把事情做得让自己满意。要做好一件事，就必须专注于一件事。所以对于年轻人来讲，首先要做的，就是择一事。先择一事，再考虑如何将这件事给做好，以及忠于这件事，并且作为一生奋斗的方向。

习近平总书记多次强调要崇尚实干、狠抓落实。择一事，终一生。并非固执己见，不知变通，而是千帆过尽，已寻到停泊之所。人类的使命，在于自强不息地追求完美。努力一下很容易，一直努力却很难得。坚持一下很简单，一直坚持却很难。但是人生就是这样，成功＝一直努力＋一直坚持。

项目小结

本项目主要讲述了供应链背景下生产管理的相关知识，包含生产策略的选择、生产计划的编制与控制、JIT 准时制生产与延迟制造的实施。相信你通过学习，已经初步掌握了供应链环境下生产管理的基本技能。

赛证链接

供应链运营1+X证书（中级）部分考试题目

1. ［单选题］按照需求来源的不同，企业内部的物料需求可以分为（　　）。

A. 内部需求和外部需求　　B. 弹性需求和非弹性需求

C. 非独立需求和相关需求　　D. 独立需求和相关需求

2. ［单选题］MRP进一步发展完善到（　　）。

A. ERP　　B. MRPⅡ　　C. CIMSD　　D. 闭环MRP

3. ［单选题］（　　）就是按必要的时间、必要的数量、生产必要的产品（或零部件），不过多、过早地生产暂时不必要的产品。

A. 按需生产　　B. 准时生产

C. 定制生产　　D. 批量生产

4. ［单选题］推动式供应链的生产方式是（　　）。

A. 订货型生产　　B. 备货型生产

C. 大规模定制式生产　　D. 订单定制式生产

5. ［单选题］传统的生产计划决策模式是一种集中式决策，而供应链管理环境下的决策模式是（　　）的群体决策过程。

A. 分层式　　B. 集中式　　C. 分布式　　D. 集成式

课后测评

一、单选题

1. 以下哪种生产策略以零库存为目标？（　　）

A. MTS　　B. JIT　　C. MTO　　D. ATO

2. 以下哪种生产策略是基于客户订单进行设计的？（　　）

A. MTS　　B. ETO　　C. ATO　　D. MTO

3. JIT生产系统中的“看板”主要用于什么？（　　）

A. 指示生产顺序　　B. 控制库存量

C. 传递生产信息　　D. 以上都是

4. 大规模定制的核心竞争力是什么？（　　）

A. 低成本高效率满足客户个性化需求

B. 高质量设计

C. 个性化服务

D. 多样化选择

5. 在延迟制造中，哪个阶段是根据预测进行大规模生产的？（　　）

A. 推动阶段　　B. 拉动阶段

C. 差异化阶段　　　　　　　　　D. 定制化阶段

二、判断题

1. 生产计划的主要目标是确保企业资源得到充分利用，而与产品质量无关。（　　）
2. 短期生产计划通常涵盖的时间范围在一年以内。（　　）
3. 主生产计划（MPS）是制订物料需求计划（MRP）的基础。（　　）
4. 在制订生产计划时，企业不需要考虑市场需求的变化。（　　）
5. 柔性生产是一种能够快速适应市场变化，实现多品种、小批量生产的生产方式。（　　）

三、思考题

1. 简述 JIT 生产方式的基本思想。
2. 什么是大规模定制？其特点是什么？
3. 生产策略中的 MTS、MTO、ATO 和 ETO 分别代表什么？
4. 请描述柔性生产的主要特点。
5. 什么是延迟制造？请举例说明其在实际应用中的优势。

实践能力训练

实训内容：根据已知数据编制生产计划表格（计算出 1—8 周的毛需求量、预计可用库存量、净需求量、计划产出量、计划投入量），如表 8－19 所示。

表 8－19　生产计划表格

		需求时区			计划时区			预测时区	
计划时段		1	2	3	4	5	6	7	8
预测销售量		200	200	200	200	200	200	200	200
实际订单量		180	230	110	230	60	275	30	30
毛需求量									
安全库存量	20								
预计可用库存量	475								
净需求量									
批量规则	固定批量法：批量为 400								
计划产出量									
提前期	LT=1								
计划投入量									

实训目的：掌握主生产计划的编制原理；能根据给定信息编制主生产计划。

实训材料： 供应链管理仿真实训平台、电脑、Excel。

实训要求：

1. 小组成员分工协作，收集智能音箱供应链订单、库存、需求预测等数据；
2. 根据给定信息，完成智能音箱主生产计划的编制。

实训步骤：

步骤1：登录供应链管理仿真实训平台。

步骤2：小组成员分工协作，收集智能音箱供应链订单、库存、需求预测等数据。

步骤3：完成智能音箱主生产计划的编制。

步骤4：将计算出的计划投入量数据录入供应链管理仿真实训平台中的生产计划中。

步骤5：教师总结和评价各小组的作业完成情况，并提出相应的指导建议。

职业核心能力测评

职业核心能力	评价指标	自测结果
自我管理能力	1. 培养自己的责任心 2. 能够管理自己的时间 3. 所学知识的灵活运用	A [ ]　B [ ]　C [ ] A [ ]　B [ ]　C [ ] A [ ]　B [ ]　C [ ]
合作交流能力	1. 知道如何尊重他人的观点 2. 能够与他人有效沟通 3. 能够获取信息并反馈信息	A [ ]　B [ ]　C [ ] A [ ]　B [ ]　C [ ] A [ ]　B [ ]　C [ ]
解决问题能力	1. 能够有效使用信息资源 2. 能够客观分析事物的现状 3. 能够发现并解决常规问题	A [ ]　B [ ]　C [ ] A [ ]　B [ ]　C [ ] A [ ]　B [ ]　C [ ]
设计创新能力	1. 能够提出有价值的观点 2. 能够运用不同的思维方式 3. 能够制定创新方案并实施	A [ ]　B [ ]　C [ ] A [ ]　B [ ]　C [ ] A [ ]　B [ ]　C [ ]
学生签字：		教师签字：

项目九
供应链运输管理

学习目标

供应链运输管理

- 知识目标
  - 理解运输在供应链中的作用
  - 理解各种运输方式的特点
  - 掌握运输网络规划的方法
  - 理解在运输网络设计中必须考虑的各种因素
- 技能目标
  - 能够依据运输网络设计的权衡因素，结合实际情况作出正确的运输决策
  - 能够运用节约矩阵法进行运输网络规划
- 素养目标
  - 强化互联互通、共建共享意识
  - 树立绿色可持续发展理念

内容框架

供应链运输管理

- 明确供应链运输管理的内容
  - 供应链运输管理的意义
  - 供应链运输管理决策的内容
- 合理选择运输方式
  - 各种运输方式的概念与特点
  - 选择运输方式需考虑的因素
- 规划运输网络
  - 运输网络构建的影响因素
  - 运输网络的优化

游戏导入

加油站游戏

1. 游戏目的

本游戏让团队成员在经营过程中进行价格博弈，通过博弈充分了解供应链博弈的特征，认识供应链合作的重要性，建立良好的团队合作意识。

2. 加油站游戏规则

（1）决策规则：

扫码登录游戏界面，一个团队中的成员可分别投票表决维持原价和提价两种策略，根据投票数量多少来确定是维持原价还是提价。如果投票总数为偶数，系统自动排除最后一个投票人的投票，保证决策的有效性，建议游戏分组时人员为奇数。

微信扫码关注

（2）收益计算规则：

如果双方维持原价，这一周期内双方的销售额都只有 2 000 元；若双方同时适当提价，则这一周期内双方的销售额都增至 3 000 元，双方都受益。问题难在仅一方提价，另一方维持原价时，顾客都涌到价低的一方去，使那边顾客盈门，门庭若市，销售额猛增至 4 000 元，而提价的一方门可罗雀，销售额跌至只有1 000元。

（3）游戏组织规则（此游戏共分两个阶段进行）：

第一阶段竞争：此阶段的特点是两对手之间互不往来，彼此不通气，各自关门决策。这一阶段可包括若干调价周期（可多轮）。每一周期给各加油站 3 分钟时间讨论并做出定价决策。决策结果写在纸上呈交裁判（教师），集中公布。待此阶段各轮竞赛结束，裁判根据总计销售额裁定下列名次或优胜方：

1）各对竞争者的优胜方；

2）全班各竞争对（两加油站）合计销售额最高的一对；

3）全班按全阶段销售额的第一、二、三名排序。

第二阶段竞争：方式与第一阶段一样，唯一不同在每一决策前，各站派出一名代表，与对手方面的代表进行短期的私下接触沟通，谈判协调行动，达到定价默契的可能性。名次同前。

3. 如何进行游戏操作

投票执行策略如下：

（1）当游戏创建者启动游戏后，所有成员都进入对应的加油站投票界面。

（2）进行价格决策，每组所有成员均有决策资格，每人有一次投标票，投票后不能更改，因此所有成员需谨慎选择投票。

（3）每轮的投票思考时间有限，当蓝色计时条计时完成后则不允许再次投票。

（4）投票计票规则为统计本组所有投票数，哪种多就作为本组投票的最终决策，如果总投票人数为偶数，且平分到两种策略，系统会自动将最后一个投票者投票信息作废，以确定一个投票结果。

4. 游戏数据分析

在当前游戏结束后，会自动跳转到“全体数据统计”页面，该页面展示的内容共分为两部分内容。成员可点击查看每组的详细数据，上左图所描述的内容为博弈两组之间的汇总信息，上右图显示的是每组两个加油站之间每轮价格策略以及每轮收益情况，可通过该数据体现出成员的价格策略。如何更好地加强沟通是有效实现收益的关键。

【实训总结思考】

竞争结束后，各小组分别就下列问题进行讨论：

1. 第一阶段和第二阶段竞争有何不同？

2. 在这两个阶段，各有何经验教训？

3. 最理想的竞争策略是什么？

4. 每组讨论后，推选1～2人发言，在随后的班级讨论中向全班同学报告讨论过程和结果，并进行互动，达成共识。

注意：分享与交流过程由教师操控，教师的点拨起着点睛作用必不可少，教师需精心准备。

任务一　明确供应链运输管理的内容

微课

认识供应链运输管理

问题引导

运输对供应链运营绩效有影响吗？

运输是联系和维持供应链合作伙伴关系的黏合剂，科学组织运输可以提高供应链企业的响应速度，通过敏捷的运输系统实现多次运输以构建快速响应的供应链；同时，运输也影响供应链的运营成本，如通过较少的固定设施的集中布局和运营以达到规模经济，必然需要运输作为支撑。

一、供应链运输管理的意义

运输是采用运输工具将物品进行长距离的位置移动。国家标准《物流术语》（GB/T 18354—2021）对“运输”的定义是“利用载运工具、设施设备及人力等运力资源，使货物在较大空间上产生位置移动的活动”。

运输在供应链中扮演着不可或缺的角色，直接影响着供应链的效率、成本和客户满意度。通过优化运输和物流管理，企业可以提高供应链的整体运营效率，降低成本，提升客户满意度，实现供应链的协同优化。

（一）提高供应链效率

运输是供应链中产品流动的关键环节，它直接影响着产品从生产到消费者手中的时间和成本。通过合理规划运输线路、选择合适的运输方式，企业可以缩短产品的运输时间，提高供应链的响应速度。同时，运输管理的优化也可以减少库存积压，降低库存成本，提高资金周转率。运输的高效管理可以使供应链更加流畅，减少生产环节的等待时间，提高整体效率。

（二）降低运营成本

在供应链中，运输环节往往是成本较高的环节之一。通过合理规划运输线路、集中采购运输服务、优化仓储管理等方式，企业可以降低运输和物流成本。同时，运输和物流的高效管理也可以减少因延误、损坏等问题而导致的额外成本。通过精细化管理运输环节，企业可以有效控制成本，提高盈利能力。

（三）提升客户满意度

运输环节直接关系到产品的交付速度和质量，对客户满意度有着重要影响。通过优化运输管理，企业可以缩短产品的交付时间，提高交付的准时率，增强客户对企业的信任感。同时，运输环节的高效管理也可以减少因运输损坏、错发等问题而导致的客户投诉，提升客户满意度和忠诚度。客户满意度的提升不仅可以增加客户的回购率，还可以带来口碑传播，促进企业的品牌建设。

（四）优化供应链协同

运输环节是供应链中各个环节之间的纽带，它们的协同工作直接影响着整个供应链的协同效率。通过信息化技术的应用，企业可以实现运输环节与生产、采购、销售等环节的信息共享和协同，实现供应链的整体优化；同时，也可以提高供应链的灵活性和应变能力，更好地应对市场变化和客户需求的变化。

二、供应链运输管理决策的内容

（一）运输部门的激励机制

企业进行运输决策时，应确保运输战略对企业的发展战略起到促进作用。如果企业在进行决策时只考虑降低运输成本而不顾客户响应程度，将使企业总成本增加。所以，企业运输部门的业绩考核应综合考虑运输成本、受运输决策影响的库存成本以及所达到的客户响应程度等指标。

（二）选择自营运输还是外包运输

企业考虑使用自营运输，外包运输或二者兼而有之，应基于自身的运输管理能力和运输对企业发展战略的重要性。当运量较小、运输不是企业成功的关键因素时，企业可以将运输外包给第三方承担，节约成本。然而当运量大、客户响应程度重要时，运输对企业发展战略的成功影响非常大，企业应建立自己的运输车队。

（三）运输网络的柔性

进行运输网络设计，即企业应考虑需求的不确定性和运输的可利用性。忽视需求的不确定性会导致大量采用廉价、非柔性的运输方式，如果运输计划不变，这种运输网络会执行得很好。然而当运输计划改变时，往往就很糟糕。如果企业考虑了不确定性，在运输网络设计中采用一些柔性的运输方式，虽然会昂贵一些，但可以让企业以较低的成本提供高水平的客户响应。

（四）运输成本与其他相关成本

企业进行供应链中的运输决策时，必须考虑对库存成本、设备和加工处理成本上升、协作成本以及提供给客户的响应水平，对不同的运输配置进行评估，按不同的成本、收入以及协作的复杂性将其分成不同的等级，然后进行合理的运输决策。

1. 运输与库存成本

运输与库存成本间的权衡包括运输方式的选择和库存集中。

（1）运输方式的选择。运输方式的选择包括规划决策和运作决策两方面。规划决策侧重于承运商的选择，运作决策针对的是某次运货的具体运输方式的选择。对于这两种决策，发货方都必须权衡运输成本与库存成本。成本最低的运输方式不一定降低供应链总成本，越廉价的运输方式的提前期越长，装货量也越大，库存水平升高；装载量小的运输方式可降低库存水平，但相对昂贵。因此，价值与重量比值高的货物适合速度快的运输方式，对它来说降低库存成本是重要的；比值低的货物则适合速度慢的运输方式，对它来讲降低运输成本是重要的。

（2）库存集中。将分散的库存集中起来可以使企业显著降低安全库存，然而集中库存会增加运输成本。当库存、设备成本占供应链总成本很大一部分时，集中库存是一个可以考虑的办法。对价值与重量比值高并且具有高度需求不确定性的货物集中库存也是有效的。

2. 运输成本与客户响应

供应链中运输成本与供应链提供的客户响应程度密切相关。如果企业的响应程度高、当天从客户接收到的订单当天完成，由于运量小、车辆利用率低，将导致很高的运输成本；反过来，如果降低响应程度，在发货前经过一段时间集中订单，将会因运量增大带来的规模经营而使运输成本降低，但集中订单因为耽搁了及时发货而使客户响应程度降低。

任务二　合理选择运输方式

微课

合理选择运输方式

问题引导

合理选择运输方式有何必要性?

选择合理的运输方式关系到货物能否安全、及时且经济地送达目的地。不同的运输方式在速度、成本、容量、覆盖范围及安全性等方面各有优劣。合理选择能够最大化利用资源，减少运输成本，提高物流效率。同时，根据货物的特性、市场需求及客户要求，灵活选择运输方式，能够确保货物在最佳状态下送达，满足各方需求。

一、各种运输方式的概念与特点

（一）各种运输方式的概念

运输工具主要是车、船、飞机、管道等，相应的运输方式也有铁路、公路、水路、航空和管道运输以及复合运输等。

1. 铁路运输

铁路运输是指在铁路上以车辆编组成列车载运货物、由机车牵引的一种运输方式。

2. 公路运输

公路运输是指在公路上使用机动车辆或是人力车、畜力车等非机动车辆载货（客）运输的一种运输方式。

3. 水路运输

水路运输是指利用船舶和其他浮运工具在江河、湖泊、水库等天然或人工水道和海洋上运送旅客和货物的一种运输方式。

4. 航空运输

航空运输是利用飞机或其他航空器在空中进行货物或旅客运输的一种运输方式。

5. 管道运输

管道运输是指由钢管、泵站和加压设备等组成的利用管道加压输送气体、液体、粉状固体的一种运输方式。

6. 复合运输

复合运输包括驮背运输和联合运输。由两种及其以上的交通方式相互衔接，共同完成的运输过程统称复合运输。其中，一种载货工具在某一段运程中，又承载在另一种交通工具上共同完成的运输过程叫驮背运输。如载货汽车开上轮船渡过江河后，载货汽车又独立继续运输；小汽车装运在火车上，通过干线运输后独自运输。另外，有两种及其以上的交通工具相互衔接，转运而共同完成的运输过程称为联合运输。

复合运输是通过各种运输方式之间的协作，合理安排运输计划，综合利用各种运输工具，充分发挥运输效率的较好的组织货物运输形式，如铁水联运、公铁联运、公水联运、铁公水联运、江河联运、江海联运，以及地区与地区之间的联运等。我国习惯上也称多式联运。

多式联运工作不仅提高了运输效率，还为货主提供了方便。随着集装箱的出现，联运获得了迅速发展，为国内、国际联运业务开拓了广阔的前景。

目前，国际上采用的多式联运有下列几种：

(1) 公铁联运。使用最广泛的多式联运是将卡车拖车或集装箱装在铁路平板车上的公铁联运或驮背式运输。由铁路完成干线运输，支线由卡车来完成，这种运输方式非常适合城市间物品的配送。对于配送中心或供应商在另一个比较远的城市，我们可以采用这种运输方式，实现无中间环节的一次运输作业完成运输任务。

(2) 陆海联运。陆海联运是指由陆路运输（铁路、公路）与海上运输一起组成的一种新的联合运输方式。这也是我国近年来采用的运输新方式之一。先由内地启运地将货物用火车装运至港口，然后由海港代理机构联系第二程的船舶，将货物转运到外国目的地。发运后，内地有关公司可凭联运单据就地办理结汇。

(3) 陆空（海空）联运。陆空（海空）联运是一种陆（或海）路与航空两种运输方式相结合的联合运输方式。我国在 20 世纪 70 年代就开始应用这种方式，而且发展速度很快。运输的商品也从单一的生丝发展到服装、药品等多种商品。通常做法是先由内地启运地将货物用汽车装运至空港，然后从空港空运至国外的中转地，再装汽车陆运至目的地。采用陆空（海空）联运方式具有手续简便、速度快、费用少、收汇迅速等优点。

(4) 大陆桥运输。大陆桥运输是指使用铁路或公路系统作为桥梁，将大陆两端的海洋运输连接起来的多式联运方式。目前世界上主要的大陆桥有：西伯利亚大陆桥、远东至北美东岸和墨西哥湾大陆桥、北美西海岸至欧洲大陆桥等。它具有提前结汇、手续简便、节约费用、安全可靠等优点。为适应中国对外贸易的需要，开辟和发展新亚欧大陆桥运输十分重要。新亚欧大陆桥是指以中国东部的连云港为起点，经陇海铁路运输大动脉或连云港-霍尔果斯公路主干线出中国新疆伊宁的霍尔果斯，进入哈萨克斯坦与新西伯利亚、阿拉木图铁路接轨抵达西欧，以荷兰的鹿特丹港为终点的一条大陆桥。开辟的新亚欧大陆桥通过国家、地区较多，路径较短，对发展中国对外贸易、促进内陆经济发展、缩小东西部差距是一项简便、合理的方案，具有较高的社会效益和经济效益，同时对改变国际物流格局、发展国际经济合作也具有重大的战略意义。

（二）各种运输方式的特点

1. 各种运输方式的系统构成及优缺点的比较

各种运输方式的系统构成及优缺点如表 9-1 所示。

表 9-1　各种运输方式的系统构成及优缺点

运输方式	系统构成	优点	缺点
铁路运输	线路、机车车辆、信号设备和车站	运量大，速度快，成本低，全天候，准时	基建投资较大，运输范围受铁路线限制
公路运输	道路、车辆和车站	机动灵活，可实现“门到门”运输，不需转运或反复搬运，是其他运输方式完成集疏运的手段	成本较高，容易受气候和道路条件的制约，准时性差，货物安全性较低，对环境污染较大
水路运输	船舶、港口和航道	运量大，运距长，成本低，对环境污染小	速度慢，受港口、气候等因素影响大
航空运输	航空港、航空线网和机群	速度极快，运输范围广，不受地形限制，货物比较安全	运量小，成本极高，站点密度小，需要公路运输方式配合，受气候因素影响大
管道运输	管线和管线上的各个站点	运量大、运费低、能耗少、较安全可靠、一般不受气候环境影响、劳动生产率高、货物零损耗、不污染环境	只适用于输送原油、天然气、煤浆等货物，通用性差

2. 各种运输方式的技术经济特征

各种运输方式的技术经济特征如表 9-2 所示。

表 9-2　各种运输方式的技术经济特征

运输方式	铁路运输	公路运输	水路运输	航空运输	管道运输
运输成本	成本低于公路	成本高于铁路、水路和管道运输，仅比航空运输成本低	运输成本一般较铁路低	成本最高	成本与水运成本接近
速度	长途运输快于公路运输，短途运输慢于公路运输	速度较快，但受管控	速度较慢	速度极快	可连续作业
能耗	能耗低于公路运输和航空运输	能耗高于铁路运输和水路运输	能耗低，船舶单位能耗低于铁路运输，更低于公路运输	能耗极高	能耗最小
便利性	机动性差，需要其他运输方式的配合和衔接实现“门到门”的运输	机动灵活，能够进行“门到门”运输	需要其他运输方式的配合和衔接，才能实现“门到门”运输	难以实现“门到门”运输，必须借助其他运输工具进行集疏运	运送货物种类单一，且管线固定，运输灵活性差

续表

运输方式	铁路运输	公路运输	水路运输	航空运输	管道运输
投资	投资额大、建设周期长	投资额小，投资回收期短	投资额小	投资额大	建设费用比铁路低60%左右
运输能力	运输能力大，仅次于水路运输	载重量不高，运送大件货物较为困难	运输能力最大	只能承运小批量、体积小的货物	运输量大
对环境的影响	占地多	占地多、环境污染严重	土地占用少	占地少	占用的土地少、对环境无污染
适用范围	大宗低值货物的中、长距离运输	近距离、小批量的货运或水运、铁路难以到达地区的长途、大批量货运	运距长，运量大，对送达时间要求不高的大宗货物运输，也适合集装箱运输	价值高、体积小、送达时效要求高的特殊货物	单向、定点、量大的流体状且连续不断的货物的运输

二、选择运输方式需考虑的因素

在选择运输方式时，企业需要综合考虑多个因素，以确保货物能够安全、高效、经济地送达目的地。以下是一些主要的考虑因素：

（一）货物特性

货物类型：货物的性质（如液体、固体、气体）、形状、尺寸、重量、体积等都会影响运输方式的选择。例如，液体和气体更适合管道运输，而大宗笨重货物则更适合水运或铁路运输。

货物价值：高价值货物通常需要选择更快速、更安全的运输方式，如航空运输，以减少货物损失的风险。

易损性：易碎或易变质的货物需要采取特殊的保护措施，并可能选择振动较小、温度可控的运输方式，如公路运输或铁路运输。

危险性：危险品运输需要严格遵守相关法规，并选择具有危险品运输资质的运输方式和承运商。

（二）运输成本

运输成本是企业选择运输方式时必须考虑的重要因素之一。不同的运输方式的成本构成和水平各不相同。例如，航空运输虽然速度快，但成本最高；而水路运输虽然速度慢，但成本最低。因此，在选择运输方式时，企业需要根据货物的价值、运输距离、运输时间等因素进行综合考虑，以寻求成本效益最优化的解决方案。

（三）运输时间

运输时间的长短直接影响货物的到达速度和供应链的响应速度。对于时效性要求高的货物，如鲜活商品、紧急物资等，需要选择运输时间较短的运输方式，如航空运输或公路运输。而对于时效性要求不高的货物，则可以选择运输时间较长但成本较低的运输方式，如水路运输或铁路运输。

（四）运输可靠性

运输可靠性是指运输过程中货物能够按时、按质、按量送达目的地的能力。在选择运输方式时，企业需要考虑各种运输方式的可靠性水平，以确保货物能够安全送达。例如，铁路运输具有较高的可靠性，受天气等自然因素影响较小；而公路运输虽然灵活便捷，但受交通拥堵、事故等因素影响较大，可靠性相对较低。

（五）可达性

可达性是指运输方式能够覆盖的地理范围和运输网络的完善程度。在选择运输方式时，企业需要考虑收货点的位置、交通基础设施的完善程度以及不同运输方式的覆盖范围等因素。例如，对于偏远地区或交通不便的地方，企业可能需要选择具有广泛覆盖网络的运输方式，如公路运输或航空运输。

（六）其他因素

除了上述因素外，企业还需要考虑其他一些因素，如环保要求、政策法规限制等。随着全球对环保问题的日益关注，选择低碳、环保的运输方式已经成为一种趋势。同时，不同国家和地区对运输方式可能有不同的政策法规限制，企业需要在选择运输方式时予以考虑。

案例链接

运输方式的选择

有一批由武汉工厂发往辽宁沈阳的冬季最新款服装，包含各类外套 2.3 万件、各类裤子 3 万条，另有鞋袜、丝巾等共 1.4 万件，每 200 件外套打包为一箱，每 300 条裤子打包一箱，每 100 件服饰打包一箱。每箱体积均为 0.6×0.6×1 立方米，此批货物总毛重为 28 吨，体积为 128 立方米。要求：由于此批服装是冬季新款服装，要求在尽可能短的时间运达沈阳中转仓库，然后配送至各大专卖店。

1. 运输方式分析

（1）由于水路运输方式时间过长，故不被考虑在运输方式范围之内。

（2）若用航空运输，运价较高，航空运输适合于体积小、价值高的物品，故航空运输方式不予考虑。

（3）若用公路运输比较方便，并且快捷、灵活，公路运输主要经过几条国道和高速公路到达沈阳，所以公路运输方式在考虑范围之内。

(4) 若用铁路运输，铁路运输速度较快且持续性较强，也有直达线路，所以铁路运输方式在考虑范围之内。

综合以上分析，铁路运输和公路运输方式都在考虑范围之内，接着对两种运输方式进行成本分析比较，选择最佳运输方式。

2. 运输路线分析

武汉到沈阳全程铁路长度约为 2 004 千米，具体铁路路线如下：

(1) 先由公路运输将服装运到火车站。

(2) 火车路线：孝感—信阳—驻马店—许昌—郑州—新乡—邯郸—石家庄—任丘—天津—唐山—滦县—山海关—绥中北—辽中—沈阳北。

(3) 最后由公路运输到沈阳中转仓库。

3. 运输业务整体流程

公路运输流程：

(1) 基础资料：车辆信息、运输节点、客户资料、包装、驾驶员、集装箱类型等信息。

(2) 价格、运力、安检、线路管理：车辆安检、运力管理、路线管理、价格管理。

(3) 业务管理：集装箱业务、零担业务。

4. 车辆来源

(1) 采用公路运输，若自营运输，则使用武汉汉派服装公司的车辆；若使用外包物流方式运输，则车辆有可能来自物流公司或者物流公司租赁车辆。

(2) 采用铁路运输，则可以用 2 个 40 英尺的集装箱，单个集装箱规格为：12.06 米×2.35 米×2.69 米，配货毛重为 22 吨，体积为 68 立方米。经计算：12.06/0.6=20.1 箱，2.35/1=2.35 箱，2.69/0.6=4.5 箱，则 2 个 40 高柜英尺可以装货 20×2×4×2=320 箱，其他 35 箱服装可以散装于集装箱空隙之中。

5. 运输成本计算

(1) 自营公路运输成本计算。

1) 固定成本：

①单程长途干线成本：车辆固定成本，变动成本。

②车辆折旧费：1 042 元（车辆固定成本 50 万元，按 5 年折旧计算，每月 4 个来回，8 个单程）。

③司机工资、福利等：500 元（每月 5 000 元，按 3 天计算）。

④车辆保险：200 元（每月 2 000 元，按 3 天计算）。

⑤车辆使用率：8 元（每月 80 元，按 3 天计算）。

固定成本=1 042+500+200+8=1 750（元）

2) 变动成本：

①燃油费：4 000 元（每个单程 4 000 元，内含燃油税）。

②修理费：200 元（每月 2 000 元，按 3 天计算）。

③过桥过路费：3 000 元（每个单程 3 000 元）。

④货运信息费：200 元（每月 2 000 元，按 3 天计算）。

⑤罚款：400 元（每个单程 400 元，可能因为不按规定超速行驶，违反交通信号指示等）。

变动成本＝4 000＋200＋3 000＋200＋400＝7 800（元）

单程长途干线成本＝固定成本＋变动成本＝1 750＋7 800＝9 550（元）

（2）外包公路运输费用计算。

经调查，武汉的外包业务公司给出的价格是每吨500元，货车长为17.5米。根据货物重量28吨，所以计算得到货物总运费＝500×28＝14 000元。

（3）铁路运输成本计算。

根据查询可得，运费计算公式为（基价1＋基价2×运输里程）×集装箱数，又根据铁路货物运价率表，基价1为436.30元/箱，基价2为1.834 6元/箱，则运费计算得(436.30＋1.834 6×2 004）×2＝8 225.68元。

再根据《铁路集装箱装卸作业费率表》可知40英尺集装箱装卸费率292.50元/箱，则装卸费计算得292.5×2＝585元，最后加上公路运输费用估计为4 000元。

计算铁路运输成本＝8 225.68＋585＋4 000＝12 810.68（元）

6. 运输时间估计

若采用公路运输，从武汉到沈阳的距离约为1 890米，货车在高速公路的速度最快不能超过120千米/小时，这里我们假设货车的时速为100千米/小时，并且是连续行驶，则需要约19个小时。考虑到堵车、收费站、天气变化等耗用时间，运输时间估计2天左右。

若采用铁路运输，经计算得经23小时左右到达，但考虑到装卸搬运时间和公路运输时间，大概需要3天时间。

7. 最终运输决策

经过计算，自营公路的运输价格远远低于铁路运输价格和外包公路运输费用，公路运输时间也少于铁路运输，故运输任务最终采用自营公路运输。

任务三　规划运输网络

微课

规划运输网络

问题引导

企业进行运输网络的设计与优化有何必要性?

一个成功的物流配送体系必然离不开一个高效率、低运输成本和高反应能力的运输网络，运输网络的优化问题是对运输网络体系的运输线路及日程安排的规划。随着电子商务和送货上门服务的发展，运输网络在制造业、零售业和现代物流企业中的地位越来越明显，这些企业的管理者面临在开展物流活动时的一系列问题：如何经济合理地组织送货，如何保证配送系统高效和低成本的运作，如何更好地使运输战略与企业的竞争战略一致等。

一、运输网络构建的影响因素

企业所有的运输决策都应该综合考虑以下因素对配送体系的影响：库存成本、设施和处理成本、运营中的协调成本和对客户需求的反应敏捷度。企业应根据客户密度、距离、产品需求和价值大小来量身定制运输网络，即根据不同的客户和产品特征，综合权衡上述因素的影响，运用不同的运输方式和运输网络构建适合自身的运输网络体系，以较低的成本满足客户的需要，以降低供应链成本，提高供应链的反应能力。

二、运输网络的优化

在运输配送体系中，一个重要的运营决策是对运输网络的送货线路的规划和送货日程的安排。利用何种线路以什么样的顺序向客户送货，才能确保在承诺的时间内送货上门，同时又使运输成本最少，是现代物流配送中经常要考虑的问题。以下是大多情况下决策采用的节约矩阵法。

（一）起、止点不同的单一路径规划

这类路径规划问题称为最短路径问题。最短路径问题是线路优化模型理论中最为基础的问题之一。

问题描述：假设有一个由 n 个节点和 m 条弧构成的连通图 $G(V_n, E_m)$，并且图中的每条弧 (i,j) 都有一个长度 c_{ij}（或者费用 c_{ij}），则最短路径问题为：在连通图中找到一条从节点 1 到节点 n 距离最短（或费用最低）的路径。

下面通过一个实例对该类问题进行说明。

【例 9－1】

起、止点不同的单一路径规则

某运输公司签订了一份运输合同，要将 A 市的一批货物运送到 B 市，该公司根据这两个城市之间可选择的行车路线的地图绘制了如图 9－1 所示的运输线路示意图。图中，圆圈也称节点，代表起点、目的地和与行车线路相交的其他城市。链代表两个节点之间的公路，每一条公路都标明了运输里程。

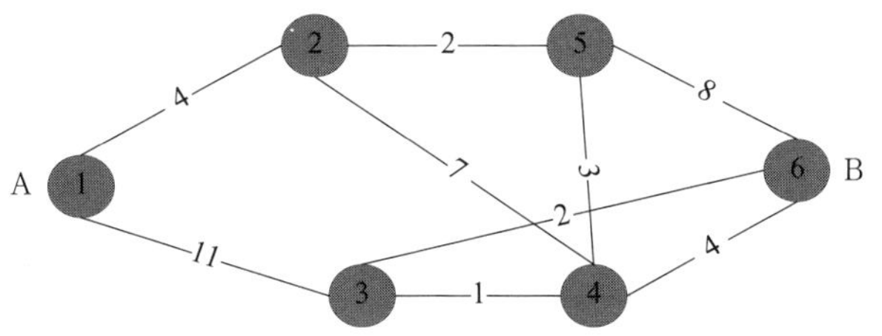

图 9－1　A、B 两地之间运输线路示意图

问题：从 A 市出发到达 B 市，有很多条线路可以选择。如何选择运输线路，才能使总路程的长度最短？

解：最短路的计算方法。

(1) 找出第 n 个距起点最近的节点。对 $n=1,2,\cdots$，重复此过程，直到所找出的最

近节点是终点。

(2) 在前面的迭代过程中找出 (n—1) 个距起点最近的节点，及其距起点最短的路径和距离，这些节点和起点统称为已解节点，其余的称为未解节点。

(3) 每个已解节点和一个或多个未解的节点相连接，就可以得出一个候选点——连接距离最短的未解点。如果有多个距离相等的最短连接，则有多个候选点。

(4) 将每个已解节点与其候选点之间的距离累加到该已解节点与起点之间最短路径的距离上，所得出的总距离最短的候选点就是第 n 个最近的节点，其最短路径就是得出该距离的路径（若多个候选点都得出相等的最短距离，则都是已解节点）。最短路径法的计算步骤如表 9-3 所示。

表 9-3　最短路径法的计算步骤

步骤	直接连接到未解节点的已解节点	与其直接连接的未解结点	相关总成本	第 n 个最近解点	最小成本	最新连接
1	1 1	2 3	4 11	2	4	1—2
2	1 2 2	3 4 5	11 4+7=11 4+2=6	5	6	2—5
3	1 2 5 5	3 4 4 6	11 4+7=11 6+3=9 6+8=14	4	9	5—4
4	1 4 4 5	3 3 6 6	11 9+1=10 9+4=13 6+8=14	3	10	4—3
5	3 4 5	6 6 6	10+2=12 9+4=13 6+8=14	6	12	3—6

通过上表的计算可知，最短路径为 1—2—5—4—3—6，最短距离为 12。最短路径法适合利用计算机进行求解，将运输网络中的链和节点的资料都存入数据库中，选好起点和终点后，可很快算出最短路径。

(二) 多个起、止点的路径规划

当有多个货源和多个目的地时，就需要指定目的地的供货地，同时要找到供货地、目的地之间的最佳路径。该问题可以采用表上作业法等方式解决。

(三) 起点和终点相同的路径规划

物流管理人员经常会遇到起点和终点相同的路径规划问题。例如，从某仓库送货到零售店然后返回的线路；从零售店到客户地点配送的线路规划。起点和终点重合的路径问题一般被称为"流动推销员"问题（Traveling Salesman Problem，TSP），它是运筹学、图论和组合优化中的典型问题。

TSP 问题一般描述如下：一个旅行者从出发地出发，经过所有要到达的城市后，返回出发地，要求合理安排其旅行路线，使得总旅行距离（或旅行费用、旅行时间等）最短。人们已经提出不少方法来解决这类问题。如果某个问题中包含很多个点，要找到最优路径是不切实际的，因为许多现实问题的规模太大。启发式算法是求解这类问题的最佳办法。

素养提升

树立绿色发展理念 推进供应链可持续发展

中国物流与采购联合会发布的《中国绿色物流发展报告（2023）》显示，我国物流行业碳排放占全国碳排放总量的9%左右，货物运输及配送活动产生的碳排放占比高达85%左右。上述数据不仅凸显了物流行业在总碳排放中所占的比重，也从侧面说明该行业在应对气候变化方面的责任、潜力和挑战。供应链运营人员应将保护环境、节能减排作为重要工作目标，不断完善企业绿色供应链管理体系，通过推进低碳运输、研发可持续包装以及绿色科技应用等举措，实现覆盖物流全生命周期的绿色管理，积极打造可持续物流。

优化运输运力结构是物流运输行业实现绿色、高效和可持续发展的重要举措之一。企业可通过自购、租赁等多元方式加大新能源车辆的投入和使用，逐步替换传统燃油运输车辆，持续扩大绿色车队规模；还可持续深入探索可再生能源车辆的广泛投运，对长距离运输及北方寒冷地区运输等部分区域及线路进行液化天然气、氢燃料车辆的试点引入。

项目小结

本项目主要讲述了供应链背景下运输管理的相关知识，包含明确在供应链管理中运输管理的重要性、知晓运输决策的内容、运输方式的合理选择和运输网络的优化设计。相信你通过学习，已经初步掌握了供应链环境下运输管理的基本技能。

赛证链接

微课

赛题数据

供应链运营职业技能竞赛题目

根据配送中心的要求，需要将临时仓库中的货物全数运输到新仓库中，以便配送中心在新仓库完成集散。经过与配送中心的讨论，你们获取了以下信息。

（1）由于设备条件限制，目前不同温层的商品在两个不同的临时仓库中分开存放。其中，冷冻保存的商品存放在合乐家临时冷冻库中，冷藏保存的商品存放在合乐家临时冷藏库中。

（2）虽然车辆支持智能分区控温运输，但因为两个仓库的作业时间间隔较大，无法用同一辆车进行合并转运，所以只能将冷冻商品与冷藏商品分开运输。

（3）目前所有仓库所在位置途经的道路均不在市区的限行管控范围内，所有车型及车辆均可调用。

（4）由于仓储部门在实际装车时会对货物位置进行调整，并借助工具保证货物承重不超过限制，因此可以看作车厢的所有容积与载重均可被利用，车辆的额定载重即为车辆的最大装载质量。

（5）计算运费时，仅需考虑车辆油耗带来的成本，无须考虑车辆损耗、人员成本、回程成本等。

（6）整个计算过程，无须对数据作精度调整，仅需在将结果填入表单（比赛软件）时，将商品体积保留完整位数，将每个商品的运费，运输里程保留到小数点后 2 位。

请选择合适的车型，与合适数量的车辆，制订运输计划，将货物从现有仓库转移到新仓库中，并计算本次运输的运输成本（此处的运费仅包含油耗成本），在计算过程中，不对计算过程中间值作精度调整。在填写单证时，对体积保留完整的计算结果，对填入的运费保留 2 位小数，对计费里程保留 2 位小数。

课后测评

一、单选题

1. 运输在供应链中的主要作用不包括以下哪一项？（　　）

A. 提高供应链效率　　B. 降低运营成本
C. 减少企业税收　　D. 提升客户满意度

2. 运输网络的柔性设计主要应对哪种不确定性？（　　）

A. 市场需求不确定性　　B. 运输成本不确定性
C. 运输时间不确定性　　D. 运输工具不确定性

3. 以下哪种运输方式适合价值高、规模小及运输时间要求极高的货物运输？（　　）

A. 公路运输　　B. 铁路运输
C. 航空运输　　D. 水路运输

4. 在进行运输网络规划时，应综合考虑哪些因素对运输体系的影响？（　　）

A. 库存成本和运输成本
B. 运输成本和运输时间
C. 库存成本、设施和处理成本、运营中的协调成本和对客户需求的反应敏捷度
D. 运输时间和客户响应程度

5. 哪种运输方式在运输过程中货物安全性较高？（　　）

A. 公路运输　　B. 铁路运输
C. 航空运输　　D. 水路运输

二、判断题

1. 通过优化运输，企业可以有效控制成本，提高盈利能力。（ ）
2. 管道运输只能用于液体和气体的运输。（ ）
3. 运输网络的优化不需要考虑客户的地理位置。（ ）
4. 绿色供应链管理体系中不包括低碳运输。（ ）
5. 新能源车辆的投入和使用不能优化运输运力结构。（ ）

三、思考题

1. 运输部门激励机制应如何设计以支持企业战略？
2. 在什么情况下，企业应考虑自营运输而非外包运输？
3. 运输成本与库存成本之间的权衡主要体现在哪些方面？
4. 在进行运输网络规划时，企业需要考虑哪些主要因素？
5. 在选择运输方式时，为什么需要考虑货物的易损性？

实践能力训练

实训内容： 各供应链运营团队现需要为其生产的产品选择恰当的运输方式，分拨计划是将生产的成品先存放在工厂，然后由工厂运往公司的自建仓库。目前，公司使用铁路运输将工厂的成品运往仓库。铁路运输的平均时间（T）为 21 天，每个存储点平均储存 800 台智能音箱，智能音箱的平均价值（C）为 2 500 元，库存成本（I）为每年 30%。

现希望选择使总成本最小的运输方式。据估计，运输时间从目前的 21 天每减少 1 天，平均库存水平可以减少 1%。每年仓库卖出 7 000 台智能音箱。公司可以利用以下运输服务，如表 9－4 所示。

表 9－4 运输服务方式

运输服务方式	运输费率（元/单位）	门到门运送时间 T（天）	每年运输批次
铁路运输	100	21	10
公路运输	200	5	20
航空运输	800	2	40

其中，采购成本和运输时间的变化忽略不计。

请你综合评估，分析过程可写入表 9－5 中，确定最佳的运输方式。

表 9－5 确定最佳运输方式表

成本类型	铁路运输	公路运输	航空运输
运输成本			
在途库存			
工厂库存			
仓库库存			
合计			

实训目的：掌握运输方案编制的要点；能够合理选择运输方式；能够根据给定信息编制货物运输方案。

实训材料：供应链管理仿真实训平台、电脑。

实训要求：

1. 小组成员分工协作，收集智能音箱供应链订单、库存、需求预测等数据。

2. 结合货物特性及订单信息，从运输工具（车型）、运输成本、运输方式、运输线路、运输时间、运输途中所需物品、货物包装及注意事项等角度进行运输方案设计。

实训步骤：

步骤1：登录供应链管理仿真实训平台。

步骤2：小组成员分工协作，收集智能音箱运输成本和订单等数据。

步骤3：综合评估各运输方式的运输成本。

步骤4：比较运输成本，选择最佳运输方式。

步骤5：依据运输方式的选择结果，完成供应链管理仿真实训平台中货物的运输与配送。

步骤6：教师总结和评价各小组的作业完成情况，并提出相应的指导建议。

职业核心能力测评

职业核心能力	评价指标	自测结果
自我管理能力	1. 培养自己的责任心 2. 能够管理自己的时间 3. 所学知识的灵活运用	A [ ]　B [ ]　C [ ] A [ ]　B [ ]　C [ ] A [ ]　B [ ]　C [ ]
合作交流能力	1. 知道如何尊重他人的观点 2. 能够与他人有效沟通 3. 能够获取信息并反馈信息	A [ ]　B [ ]　C [ ] A [ ]　B [ ]　C [ ] A [ ]　B [ ]　C [ ]
解决问题能力	1. 能够有效使用信息资源 2. 能够客观分析事物的现状 3. 能够发现并解决常规问题	A [ ]　B [ ]　C [ ] A [ ]　B [ ]　C [ ] A [ ]　B [ ]　C [ ]
设计创新能力	1. 能够提出有价值的观点 2. 能够运用不同的思维方式 3. 能够制定创新方案并实施	A [ ]　B [ ]　C [ ] A [ ]　B [ ]　C [ ] A [ ]　B [ ]　C [ ]
学生签字：　　　　教师签字：		

项目十
供应链库存管理

学习目标

- 供应链库存管理
  - 知识目标
    - 了解库存的作用与类型
    - 了解供应链库存管理策略
    - 理解周转库存与安全库存的作用
  - 技能目标
    - 能够掌握确定性库存决策的相关计算
    - 能够掌握不确定状态下安全库存的相关计算
  - 素养目标
    - 学会用辩证的眼光看待事物
    - 培养系统化的思维和集成化的理念

内容框架

- 供应链库存管理
  - 认识供应链环境下的库存管理
    - 库存的概念
    - 库存的作用
    - 库存的类型
  - 选择供应链库存管理策略
    - 库存管理
    - 供应链库存管理策略
  - 确定供应链库存控制策略
    - 库存控制
    - 库存补货策略
    - 库存控制模型

游戏导入

“火眼金睛”——大家来找茬

仓库作为企业的重要场所，储存着大量的物资和设备，可谓是企业的保险库。然而，仓库中也存在着许多安全隐患。请寻找图 10-1 中隐藏的仓库作业（维护）中的安全隐患。

图 10-1　仓库作业场景

任务一　认识供应链环境下的库存管理

微课

认识库存管理

问题引导

库存管理的意义是什么?

随着管理工作的科学化，库存管理的理论有了较大的发展，形成众多库存模型。这些库存模型应用于企业管理中取得了显著的效果。在当今快节奏、高竞争的商业环境中，供应链库存管理已成为企业运营的核心。有效的库存管理不仅关系到企业的成本效益，更直接影响客户满意度和市场响应速度。

一、库存的概念

库存（Inventory）是储存作为今后按预定的目的使用而处于备用或非生产状态的物

品。广义的库存还包括处于制造加工状态和运输状态的物品。

供应链为满足生产部门（客户）的需求，必须保持一定数量的物品库存。库存不足会造成供货不及时、供应链断裂、丧失市场占有率或交易机会，形成巨大的损失。但同时，过高的库存会增加持有成本并产生一定的维护费用，还存在由于物品积压和损失而产生的库存风险。

二、库存的作用

在实际运作中，库存具有以下几方面的作用。

（一）维护生产稳定性

库存管理有助于确保生产线的平稳运行和劳动力的持续就业，与设备的有效利用紧密相连。尽管现代生产技术能够迅速响应市场变化，但是仍有诸多情形需要依赖库存，如玩具厂针对儿童节需求高峰的预先生产和存储。

（二）平衡供需差异

库存管理的根本目的是实现供需之间的平衡。在理想情况下，企业能够实现订单与供应的即时对接，但现实中，由于需求的波动性和供应的连续性，库存往往充当着缓冲的角色，以应对生产或采购的及时性挑战。

（三）建立预期库存

为了满足预期或计划中的需求，企业会建立预期库存。例如，当新产品推向市场时，由于推广成本较高，企业需要预先储备库存以迅速响应市场对新产品的需求，避免因供应不足而影响客户印象。

（四）投资性库存

在某些市场策略中，企业可能通过限制供应来提升产品价值，或为适应市场变化而建立投资性库存。例如，一些商家预见到某种商品的价格会上涨，就会提前囤积，待价而沽。

企业在追求高水平的客户服务的同时，也需在服务水平和成本投资之间找到平衡。这两者往往存在一定的矛盾：为了提供卓越的服务，企业可能需要维持较高水平的库存，这无疑会增加成本；而为了控制成本，企业又可能面临服务水平下降的风险。因此，企业必须审慎地权衡这两者之间的关系，力求在满足客户需求的同时，合理控制库存成本，实现运营效率和经济效益的最优平衡。

三、库存的类型

库存管理是一项代价很高的投资，无论是对生产企业还是流通企业，正确认识和建立有效的库存类型管理计划是很有必要的。按照不同的划分标准，库存具有不同的类型，以下主要以库存的作用、生产过程、客户对库存的需求特性作为分类标准来划分库存的类型。

（一）按库存的作用分类

1. 周转库存

周转库存又称循环库存，是为了企业能够正确地预测需求和补货时间而设置的库存。周转库存的大小与采购批量直接相关。

2. 安全库存

安全库存是指用于应对不确定性因素而准备的缓冲库存。换言之，安全库存是为了防止不确定因素的发生（如供货时间延迟、库存消耗速度突然加快等）而设置的库存。安全库存的大小与库存安全系数及库存服务水平等因素有关。

3. 调节库存

调节库存是用于调节需求与供应的不均衡、生产与供应的不均衡以及各个生产阶段产出的不均衡而设置的库存。

4. 在途库存

在途库存是指处于运输状态以及停放在相邻两个工作地之间或相邻两个组织之间的库存。在途库存的大小取决于运输时间以及该期间的平均需求。需要注意的是，企业在计算库存持有成本时，应将在途库存看作运输出发地的库存，因为在途的物品还不能使用、销售或随时发货。

5. 投资库存

投资库存是指出于某些原因，如价格上涨、物料短缺等而囤积的库存。

6. 季节性库存

季节性库存是投资库存的一种形式，是企业为满足可预知的需求而持有的库存。例如，重大节假日来临时，客户需求激增，零售商提前备货以应对这一期间需求的变化，这种库存即为季节性库存。

（二）按生产过程分类

1. 原材料库存

原材料库存是指企业已经购买的，但还未投入生产的原材料存货。

2. 在制品库存

在制品库存是指经过部分加工，但尚未完成的半成品存货。

3. 产成品库存

产成品库存是指已经制造完成并正等待装运发出的存货。

(三) 按客户对库存的需求特性分类

1. 独立需求库存

独立需求库存是指客户对某种库存物品的需求与其他种类的库存无关，表现出对这种库存需求的独立性。这种需求是由市场决定的，一般不可控。例如，对家用洗衣机或家用冰箱这种产成品的需求，这类需求什么时候发生、每次需要多少等，事先是不知道的，但这种需求是有规律可循的，它的需求平均值方差（波动范围）、长期变化趋势以及季节性变化特征是可以根据历史数据和其他相关因素进行预测的。

2. 相关需求库存

相关需求库存是指企业对某种库存物品的需求与其他种类的库存有关。根据这种相关性，企业可以精确地计算出对库存物品的需求量和需求时间，因而这种需求是一种确定型需求。例如，对一定数量的洗衣机来说，洗衣桶、电动机等零部件和原材料的需求数量，完全可以根据产品物料清单来决定。

一般来说，来自市场和企业外部的需求是独立需求，又称为客户需求；由企业内部生产需要而产生的需求是相关需求，又称为生产需求。

案例链接

美的集团的供应链库存管理

价格大战、库存灾难、产能过剩、利润滑坡等竞争压力之下，除进行产品和市场创新外，挤压成本成为众多空调厂商舍此无他的存活之道。一线品牌美的通过实现供应商管理库存和管理经销商库存中赢得竞争优势。

1. “零库存”梦想

美的集团在 2002 销售年度开始导入供应商管理库存系统。美的集团成为供应链中的“链主”（通常也叫核心企业），供应商则追求及时供货（JIT）。

2. 与供应商一道压缩库存

美的集团在顺德总部建立了很多仓库，然后将仓库分成很多片区。运输距离长（运货时间为 3～5 天的）的外地供应商一般都会在美的集团的仓库中租赁一个片区（仓库所有权归美的集团），并将零配件放到片区里面储备。当美的集团需要用到这些零配件时，就会通知供应商，然后进行资金划拨、取货等工作。这时，零配件的产权才由供应商转移到美的集团手上。在此之前，所有的库存成本都由供应商承担。

此外，美的集团在 ORACLE 的 ERP（企业资源计划）基础上与供应商建立了直接的交货平台。供应商在自己的办公地点，就能看到美的集团的订单内容：品种、型号、数量和交货时间等。供应商也不用安装一整套 ERP 系统，而是通过互联网的方式，登录到美的集团的页面上。

实施 VMI 后，供应商不再需要像以前一样疲于应付美的集团的订单，而是进行适当的库存管理。美的集团具有强大的 ERP 系统，可以提前预告供货的情况，告诉供应商需要的品种和数量。供应商不用备很多货，一般满足 3 天的需求即可。

实施供应商管理库存方法后，美的集团零部件库存周转率大幅提高，零部件库存也由原来 5～7 天存货水平降低至 3 天左右，而且这 3 天的库存也是由供应商管理并承担相应成本。

库存周转率提高后，一系列相关的财务"风向标"也随之"由阴转晴"，让美的集团欣喜不已：资金占用率降低、资金利用效率提高、资金风险下降、库存成本直线下降，最终促使材料成本大幅下降。

任务二　选择供应链库存管理策略

微课

选择供应链库存管理策略

问题引导

与传统库存管理方法相比，现代库存管理方法的优势有哪些？

传统库存管理方法在时效性、准确性和操作性上存在局限性，而现代库存管理通过技术创新和数字化转型，显著提升了库存管理的效率、准确性和灵活性。现代库存管理引入了先进的技术，如条形码、射频识别（RFID）和库存管理系统等，实现库存信息的实时更新和准确追踪。这不仅提高了效率，而且显著降低了错误率。同时，现代库存管理还提供了数据分析功能，帮助管理者洞察库存趋势，优化库存策略，实现库存成本的有效控制。

一、库存管理

（一）库存管理的概念与内涵

库存管理（Inventory Management）是指为了满足企业生产经营的需求而对计划存储、流通的有关物料进行管理的活动。其主要内容包括库存信息管理及在此基础上所进行的决策与分析工作。库存管理是物流管理的重要内容之一，其核心问题是如何保证在满足客户或企业对库存物品需求的前提下，保持合理的库存水平，即在防止缺货的前提下，控制合理的库存总成本。

企业设置库存的主要目的是降低缺货成本及风险。一般而言，企业在降低缺货成本的同时，储存成本也会增加。因此，这里就有一个悖论，当库存增加时，虽然缺货成本降低，但库存持有成本会增加；当库存减少时，虽然库存持有成本下降，但是缺货成本会增大。库存管理就是要解决这个悖论问题。

（二）库存管理的目标

库存好比一把双刃剑，库存水平过高会增加企业的库存持有成本，库存水平过低又会使缺货成本上升。因此，库存管理的目的是：在保证满足客户需求的前提下，通过对企业的库存水平进行合理控制，达到降低库存总成本、提高服务水平、增强企业竞争力的目的。

库存管理的总目标是通过适量的库存达到合理的供应，使得总成本最低。具体包括以下分目标：

（1）合理控制库存，有效运用资金；

（2）以最低的库存量保证企业生产经营活动的正常进行；

（3）及时把握库存状况，维持适当的库存水平；

（4）减少不良库存，节约库存费用。

总之，企业通过有效的库存管理，使物流均衡、顺畅，既能保障生产经营活动的正常进行，又能合理压缩库存资料，取得良好的经济效益。

（三）库存管理绩效的评价指标

库存管理绩效的评价指标主要有平均库存值、可供应时间和库存周转率。

1. 平均库存值

平均库存值是指某时段范围内全部库存物品价值之和的平均值，一般以期初和期末库存物品价值之和的算术平均值来表示。通过该指标，企业管理者能够了解企业资产的库存资金占用状况。

2. 可供应时间

可供应时间是指现有库存能够满足多长时间的需求，计算公式如下：

可供应时间＝平均库存值/需求率

3. 库存周转率

库存周转率是指在一定期间内库存周转的速度，计算公式如下：

库存周转率＝一定期间销售额/一定期间平均库存值

提高库存周转率对于加快资金周转、提高资金利用率和变现能力具有积极的作用。企业可通过重点控制耗用金额高的物品、及时处理过剩物料、合理确定进货批量和削减滞销存货等方式来提高库存周转率。但是，库存周转率过高将可能发生缺货现象，并且由于采购次数增加会使采购费用上升。

二、供应链库存管理策略

长期以来，供应链中的库存是相对独立的。供应链中的每个环节都有自己的库存控制策略，都各自管理自己的库存。由于供应链中各环节的库存控制策略不同，因此供应链中不可避免地产生了需求扭曲的现象，即需求放大现象，形成了供应链中的“牛鞭效应”，加大了供应商的供应和库存风险。近年来，出现了一些新的供应链库存管理方法，如供应商管理库存、联合库存管理等，这些库存管理策略打破了传统的、各自为政的库存管理模式，有效地控制了供应链中的库存风险，体现了供应链的集成化管理思想，适应了市场变化的要求，是创新的库存管理思想。

（一）供应商管理库存

1. 供应商管理库存的基本思想

供应商管理库存（Vendor Managed Inventory，VMI）是一种供应链集成化运作的决策代理模式，以双方都获得最低成本为目标，在一个共同的框架协议下，将客户的库存决策权代理给供应商，由供应商代理分销商或批发商行使库存决策的权利，并通过对该框架协议进行经常性的监督和修正，使库存管理得到持续的改进。有学者认为，VMI是一种在客户和供应商之间的合作性策略，对双方来说都是以最低成本提高产品的可获性水平，在一个相互同意的目标框架下由供应商管理库存，这样的目标框架被进行经常性的监督和修正，以形成一种连续改进的环境。

VMI 的主要思想是供应商在客户允许的情况下设立库存，确定库存水平和补给，并拥有库存的控制权。VMI 体现了供应链的集成化管理思想，有助于打破传统企业各自为政的库存管理模式，使得整个供应链的库存管理最优化目标得以实现。VMI 系统不仅可以降低供应链的库存水平，降低成本，而且可以使零售商获得高水平服务，改进资金流，与供应商共享需求变化的透明性和获得更好的客户服务。VMI 管理模式如图 10－2 所示。

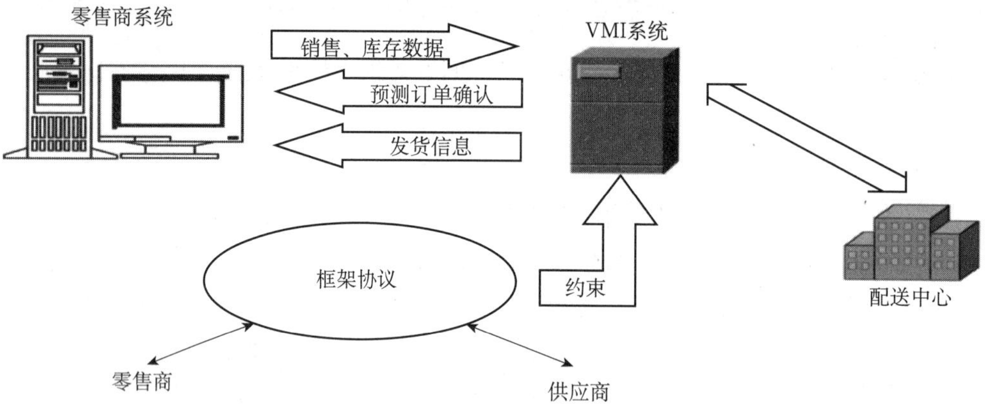

图 10－2　VMI 管理模式

2. 供应商管理库存的实施步骤

VMI 的实施步骤包含以下几个：

（1）洽谈并达成合作协议。供应商与零售商协商，确定契约性条款，包括所有权和转移时间、信用条件、订货责任、信息传递方式、绩效评估指标（如服务水平和库存水平）等。

（2）建立一体化的信息系统。要有效地管理客户的库存，供应商必须能够及时获得最终客户的需求信息。为此，供应商必须通过接口，将零售商的 POS 系统与供应商的信息系统相连接，运用系统集成技术实现信息的实时共享。当零售商销售商品，并通过手持扫描终端将条码所代表的商品信息输入信息管理系统时，供应商就可以同时得到相关的信息。

（3）确定订单处理流程和库存控制的有关参数。双方一起确定供应商在订单处理过程中所需要的信息和库存参数（订货点、最低库存水平等），建立订单处理标准模式（如 EDI 标准报文等），将订货、交货、票据处理等业务功能集成在供应商处。

（4）持续改进。在 VMI 的实施过程中，双方合作，共同寻求可以改进的地方，不断对目标框架进行修正，以达到持续改进的效果。

（二）联合库存管理

1. 联合库存管理的基本思想

联合库存管理（Jointly Managed Inventory，JMI）是一种在 VMI 的基础上发展起来的上游企业和下游企业权利、责任平衡和风险共担的库存管理模式。JMI 体现了战略供应商联盟的新型企业合作关系，强调了供应链各节点企业之间的互利合作关系。

联合库存管理用于解决供应链系统中由各节点企业相互独立的库存运作模式导致的需求放大现象，是提高供应链的同步化程度的一种有效方法。联合库存管理强调供应链中各个节点企业同时参与，共同制订库存计划，使供应链过程中的每个库存管理者都考虑相互之间的协调性，并对需求的预期保持一致，从而消除需求放大现象。任何相邻节点企业需求的确定都是供需双方协调的结果，库存管理不再是各自为政的独立运作过程，而是供需连接的纽带和协调中心。JMI 管理模式如图 10－3 所示。

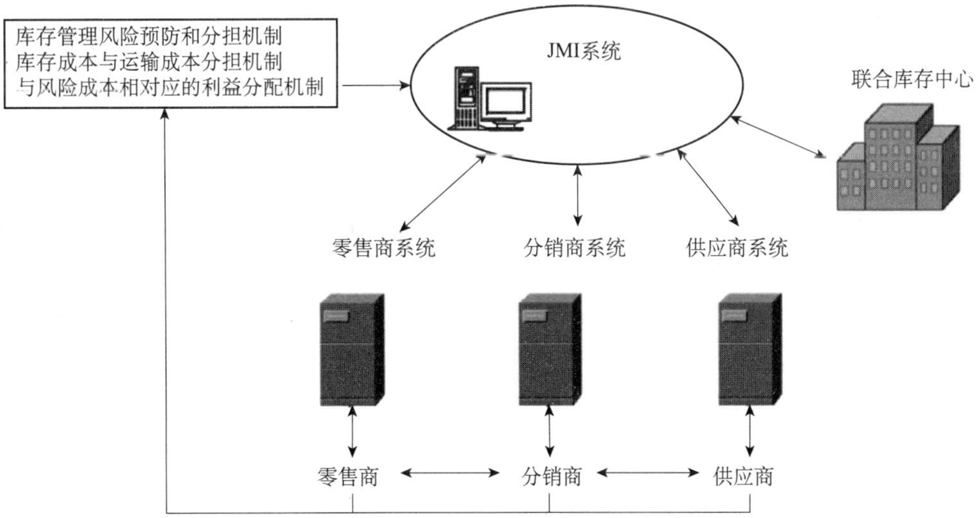

图 10－3　JMI 管理模式

JMI 将供应链系统管理进一步集成为上游和下游两个协调管理中心，库存连接的供需双方从供应链整体的观念出发，同时参与，共同制订库存计划，实现供应链的同步化运作，从而部分消除由供应链环节之间的不确定性和需求信息扭曲现象导致的供应链库存波动。JMI 在供应链中实施合理的风险、成本与效益平衡机制，建立合理的库存管理风险预防和分担机制、合理的库存成本与运输成本分担机制以及与风险成本相对应的利益分配机制，在进行有效激励的同时，避免供需双方的短视行为及供应链局部最优现象的出现。通过协调管理中心，供需双方共享需求信息，因而起到了提高供应链运作稳定性的作用。

2. 联合库存管理的实施策略

（1）建立供应链协调管理机制。为了发挥联合库存管理的作用，供应链各方应从合作的角度出发，建立供应链协调管理机制，建立合作沟通的渠道，明确各自的目标和责任，为联合库存管理提供有效的机制。没有供应链协调管理机制，就不可能进行有效的联合库存管理。供应链各方要建立供应链协调管理机制，可以从以下几个方面着手。

1）建立供应链共同愿景。采取联合库存管理模式，供应链各方必须本着互惠互利的原则，建立共同的合作目标。为此，供需双方要理解各自在目标市场中的共同点和冲突点，通过协商形成共同的、共赢的愿景。

2）建立联合库存的协调控制方法。联合库存协调管理中心担负着协调供应链各方利益的职责，起着协调整个供应链的作用。联合库存协调管理中心需要对库存优化的方法进行确定，包括库存如何在多个需求方之间调节与分配、库存的最高水平和最低水平、安全库存的确定、需求的预测等。

3）建立利益的分配、激励机制。要有效运行基于协调管理中心的库存管理，必须建立一种公平的利益分配制度，并对参与协调管理中心的各个企业、各级供应部门进行有效的激励，防止机会主义行为，提高协作性和协调性。

（2）建立信息沟通渠道。为了提高整个供应链的需求信息的一致性和稳定性，减少由于多重预测导致的需求信息扭曲，应提高供应链各方获得需求信息的及时性和透明性水平。为此，应建立一种信息沟通的渠道或系统，以保证需求信息在供应链中的畅通性和准确性。供应链各方不仅要将条码技术、扫描技术、POS系统和EDI集成起来，而且要充分利用互联网的优势，在供应链中建立畅通的信息沟通桥梁和联系纽带。

（3）发挥第三方物流系统的作用。联合库存管理可借助第三方物流（Third Party Logistics，TPL）具体实施。TPL又称物流服务提供商，是由供方和需方以外的物流企业提供物流服务的业务模式，该模式将库存管理部分功能代理给第三方物流企业，使企业更加集中于自己的核心业务，可以提高供应链的敏捷性和协调性，并提高各企业的服务水平和运作效率。第三方物流系统起到连接供应商和客户的桥梁作用，能为企业带来诸多好处。

（4）选择合适的供应链联合库存管理模式。供应链联合库存管理模式有以下两种。

1）集中库存模式。各个供应商的零部件都直接存入核心企业的原材料库中，即变各个供应商的分散库存为核心企业的集中库存。集中库存要求供应商采取以下运作方式：按核心企业的订单或订货看板组织生产，产品生产完成后，立即实行小批量、多频次的配送，直接将产品送到核心企业的仓库中补充库存。在这种模式下，库存管理的重点在于核心企业根据生产的需求，保持合理的库存量，能使库存总成本最低。

2）无库存模式。供应商和核心企业都不设立库存，核心企业实行无库存的生产方式。此时供应商直接向核心企业的生产线上进行连续小批量、多频次的补货，并与之实行同步生产、同步供货，从而实现在需要的时候将所需要品种和数量的原材料送到需要的地点。这种准时制供货模式由于取消了库存，因此效率最高、成本最低，但是对供应商和核心企业的运作标准化、配合程度、协作精神要求较高，对操作过程的要求也较严格，而且二者的空间距离不能太远。

任务三　确定供应链库存控制策略

微课

确定供应链库存控制策略

问题引导

如何正确理解供应链库存控制？

传统的狭义观点认为，库存控制主要是针对仓库的物料进行盘点、数据处理、保管、发放等。这只是库存控制的一种表现形式，或者可以定义为实物库存控制。那么，如何从广义的角度理解库存控制呢？库存控制应该是为了达到公司的财务运营目标，特别是现金流运作，通过优化整个需求与供应链管理流程，合理设置 ERP 控制策略，并辅之以相应的信息处理手段、工具，从而实现在保证及时交货的前提下，尽可能降低库存水平，减少库存积压与报废、贬值的风险。

一、库存控制

（一）库存控制的概念

库存控制即存货控制（Inventory Control），是指使库存物品的种类、数量、时间、地点等合理化所进行的管理活动。

库存控制是在保障供应的前提下，使库存物品的数量最少而进行的有效管理的技术经济措施。从供应链管理的角度来看，持有库存可以使企业获得规模经济以及良好的客户服务水平，但库存是企业付出的高代价投资，因此库存管理是供应链面临的重要问题。

（二）库存成本

企业持有库存，就必然要占用资金。一般而言，企业年度库存总成本包含购入成本、订货成本、储存成本和缺货成本四项。

1. 购入成本

购入成本即商品的购买成本，包括支付的货款、运输费用（含装卸搬运费用及运输保险费用）以及在物流过程中发生的商品损耗等。

2. 订货成本

订货成本是指每订购一次货物所发生的费用，主要包括差旅费、通信费以及跟踪订单所发生的费用。在年度总需求量一定的情况下，订货次数越多，总的订货成本越高。

3. 储存成本

储存成本是指为保管存储物品所发生的费用，包括库存资金占用成本、仓库设施设备的投资成本、仓库设施设备的资金占用成本、仓库的运营成本（如保管费、管理费、商品养护费、保险费、设施设备的维护费以及损耗等）。这些费用随着库存量的增加而增加。

4. 缺货成本

缺货成本是指由于缺货而产生的损失，包括不能为客户服务而仍然要支付的费用、由于紧急订货等支付的特别费用、失去了对客户的销售而没有得到的预期收益，以及由于一些难以把握的因素造成商誉受损而产生的不良后果等。

二、库存补货策略

库存补货策略是指在什么样的时间点如何补货、补充多少货物的策略。比较常用的库存补货策略有周期性检查库存补货策略和连续性检查库存补货策略。常见的形式有以下几种：

（一）（T，S）策略

（T,S）策略是以 T 为周期的库存补货策略，即每隔周期 T 的时间检查一次库存，当库存水平小于最大库存水平 S 时，触发补货事件，并补充到最大库存水平 S。该策略下每次的订货量取决于检查时间点的库存水平。

（二）（T，S，S）策略

在（T,S,S）策略下，每隔周期 T 开始检查库存情况，当检查点库存量低于订货点水平 S 时，触发订货，其订货量为最大库存量 S 减去检查点的库存水平。但（T,S,S）策略下，各级节点有相同的订货周期时，将不利于应对客户的突发需求，降低系统的灵活性。

（三）（R，S）策略

（R,S）策略属于连续性检查库存补货策略。在连续检查各级节点的库存状态的情况下，当现有的库存低于库存补货点 R 时，开始补货，补货量为最大库存水平减去检查点的库存量，其补货量是一种动态量。

（四）（Q，R）策略

（Q,R）策略也是连续性检查库存补货策略，该策略在连续检查情况下，当达到固定订货点R时，开始订货，订货批量为Q。与（R,S）策略有所不同的是该策略每次的订货量为固定值Q。

三、库存控制模型

（一）确定性库存控制

1. 周转库存

周转库存是由于供应链中企业生产或采购的批量大于客户需求量而产生的平均库存量。周转库存产生的原因在于：大批量生产和采购原材料有利于供应链的某个环节实现规模经济，从而降低成本。与订货和运输相关的固定成本、产品定价中的数量折扣和短期折扣及商业促销活动，都促使供应链的各个环节利用规模经济大量订货。

批量（Lot Size/Batch Size）是指供应链某一环节一次生产或采购的数量。周转库存（Cycle Inventory）是指供应链中因为生产或采购的批量大于客户需求而产生的平均库存。

本书使用以下两个符号：

Q：批量

D：时间单位的需求

当需求稳定时，周转库存与批量的关系如下：

周转库存＝批量/2＝$Q/2$

不难看出，周转库存与批量是成正比的。在供应链的不同环节，大批量生产和采购的环节比小批量生产和采购的环节持有更大的周转库存。

批量和周转库存还影响物料在供应链中的流动时间。

平均流动时间＝平均库存/平均流转速度

对于任何一条供应链来说，平均流转速度等于需求。因此，

由周转库存导致的平均流程时间＝周转库存/需求＝$Q/2D$

周转库存越大，产品生产与销售之间的滞后时间越长。在不增加成本的情况下减少周转库存会给企业带来很多好处。较低的周转库存使企业不容易受市场需求变化的影响，还能减少企业所需营运资金。

在供应链中持有周转库存是为了利用规模经济以降低成本。成本包括固定订货成本和变动成本。单位订购量的平均支付价格是确定批量大小的关键成本因素。如果增加订货批量能降低单位订购量的平均支付价格，采购者将实施该行为。

周转库存的主要作用在于让供应链各环节批量购买产品，从而使原材料成本、固定订货成本、库存持有成本的总和最小。如果管理者只考虑库存持有成本，那么他将减少订货批量和周转库存。然而，采购和订货的规模经济促使管理者增加批量和周转库存。管理者必须在确定订货批量时进行权衡，以使总成本最低。

2. 订货批量

（1）单一产品的订货批量。

采购主管要确定订购批量的大小，就必须考虑年原材料成本、年订货成本、年库存持有成本三个方面。现假设如下：

需求是稳定的，单位时间需求为 D。

不允许缺货。

补货提前期为常量（初始为 0）。

S：每次订货的固定成本。

C：产品的单位成本。

h：年库存持有成本比率。

若库存持有成本为 H，则：

$$H=hC$$

由于采购价格与批量大小无关，于是：

$$年原材料成本=CD$$

订货次数必须满足年需求量 D。假设订货批量为 Q，可得到：

$$年订货次数=D/Q$$

由于每次发出订单时都会发生订货成本 S，可得到：

$$年订货成本=(D/Q)\times S$$

假设订货批量为 Q，平均库存为 $Q/2$。因此，年库存持有成本为持有 $Q/2$ 单位库存一年的成本，其表达式为：

$$年库存持有成本=(Q/2)\times H=(Q/2)\times hC$$

年总成本 TC，即为上述三项成本之和：

$$年总成本(TC)=CD+(D/Q)\times S+(Q/2)\times hC$$

由此可以看出，年库存持有成本随着订货批量的增大而提高，年订货成本随着订货批量的增大而降低。假定产品的价格固定不变，年原材料成本与订货批量无关。因此，年总成本随着订货批量的增大会呈现先下降再上升的趋势。

要使年总成本最低，我们需要将年总成本函数对 Q 求一阶导数，并设一阶导数为 0，可得最优订货批量，又称经济订货批量（Economic Order Quantity，EOQ），用 Q^* 表示，则有：

$$Q^*=\sqrt{\frac{2DS}{hC}}$$

需要注意的是，年库存持有成本比率 h 和产品的年需求量 D 要有相同的时间单位。最优订货批量为 Q^*，则周转库存为 $Q^*/2$，单位产品花费的流程时间为 $Q^*/(2D)$。当最优订货批量增大时，周转库存和平均流程时间增加。最优订货次数用 N^* 表示，则有：

$$N^*=D/Q^*=\sqrt{\frac{DhC}{2S}}$$

【例题 10-1】

单一产品的订货批量的计算

某企业每年需要购买 8 000 件儿童服装，每件服装的价格是 100 元，其中存储成本是 3 元/件/年，每次订购成本是 30 元。问：最优订货数量、年订货次数和预期每次订货时间间隔、年度库存总费用各为多少？（每年按 360 天计算）

解： D=8 000 件，S=30 元/次，hC=3 元/件/年，C=100 元/件

$$\text{EOQ}=\sqrt{\frac{2DS}{hC}}=\sqrt{\frac{2\times 8\,000\times 30}{3}}=400\ (\text{件})$$

年订购次数（N）$=D/\text{EOQ}=8\,000/400=20$（次）

时间间隔（T）$=360/20=18$（天）

$$\text{年库存总费用}(TC)=CD+(D/Q)\times S+(Q/2)\times hC$$
$$=8\,000\times 100+30\times 20+3\times 400/2$$
$$=801\,200\ (\text{元})$$

（2）多产品的订货批量。

一般来说，一个订单的订货、运输、接收成本会随着产品数量或装载点数目的增加而增加。例如，永辉超市接收一辆只装载一种产品的卡车的成本要比接收一辆装载多种产品的卡车的成本低很多，这是因为单一产品的库存更新和再存放事务要简单得多。订单的固定成本一部分与运输有关（这部分成本仅与重量有关而与产品种类多少无关），另一部分与装载和接收有关（这部分成本随着装载产品种类的增加而增加）。

要找到使年总成本最低的订货批量和订货策略，我们可以先假定以下已知条件。

D_i：产品 i 的年需求量。

S：每次订货时的订购成本，与订单中产品的种类无关。

S_i：订单中包括产品 i 时产生的额外订货成本。

C_i：单位产品成本。

企业可以考虑以下三种确定订货批量的方法。

1）每种产品单独订货和运输。在此方法中，每种产品的订货相互独立。在这种情况下计算订货批量时，对每种产品都采用经济订货批量公式。每种产品单独订货易于实施，但忽视了集中订单可以带来的降低成本的机会。

2）多种型号产品联合订货和运输。假设每次订货含有三种产品，则联合订货的固定订货成本为：

$$S^*=S+S_1+S_2+S_3$$

下一步是确定最优订货频率。设 n 为年订货次数，于是：

$$\text{年订货成本}=S\times n$$

$$\text{年库存持有成本}=\frac{D_1hC_1}{2n}+\frac{D_2hC_2}{2n}+\frac{D_3hC_3}{2n}$$

因此，年总成本为：

$$年总成本=\frac{D_1hC_1}{2n}+\frac{D_2hC_2}{2n}+\frac{D_3hC_3}{2n}+S^*n+D_1C_1+D_2C_2+D_3C_3$$

可以得到使年总成本最小化的最优订货频率。最优订货频率为：

$$n^*=\sqrt{\frac{D_1hC_1+D_2hC_2+D_3hC_3}{2S^*}}$$

将上式推广到单个订单中包含 k 各产品的情形：

$$n^*=\sqrt{\frac{\sum_{i=1}^{k}D_ihC_i}{2S^*}}$$

全部产品联合订货的主要优点是易于管理和实施，缺点是没有足够的选择性，无法有选择性地将特定型号产品组合起来一起订货。如果特定产品订货成本较高且各产品的销售量差异很大，那么可以在一次订货中有选择性地将某些产品进行联合订货来降低成本。

【例题 10-2】

多产品的订货批量的计算

在 A 超市订购多款型号手机的情况下，超市负责人可以通过以下 3 种方法确定订货批量。

（1）各个产品主管分别订购自己的机型。

（2）各个产品主管联合发出订单，每一批都订购各种型号的产品。

（3）各个产品主管联合发出订单，但并非每一批订单都要包含全部类型的产品，或者每批货物只包括可供选择的所有产品的一部分。

下面比较以上 3 种方法。第一种方法不使用任何集中手段，成本最高。第二种方法在每次订购中都集中了所有产品，其缺点是低需求量产品和高需求量产品集中在同一次订购中。采用这种完全集中的策略，如果低需求量产品的特定订货成本很高，则将导致较高的年总成本。第三种方法采取低需求量产品的订货频率低于高需求量产品的订货频率的策略，可以降低与低需求量产品相关的特定订货成本。因此，第三种方法的成本可能最小。

下面，我们先来看分别订购和运输每种产品的情况，即每种产品的订购相互独立。在这种情形下计算订货批量时，每种产品都可采用 EOQ 公式。

该超市销售 3 个品牌的手机，即华为、三星和联想。这 3 个品牌手机的年需求量分别为 $D_H=12\ 000$ 部，$D_S=1\ 200$ 部，$D_L=120$ 部。每部手机的成本均为 500 元，每次订货的固定运输成本为 4 000 元。若每种机型共同订购和运输，接收和存储的附加固定成本为 1 000 元。该超市的库存持有成本比率为 20%。如果分别订购和运输每种产品，请计算超市负责人应当选择的订货批量。

解：

3 个品牌手机的年需求量分别为：$D_H=12\ 000$ 部，$D_S=1\ 200$ 部，$D_L=120$ 部

固定运输成本：$S=4\ 000$ 元

特定订货成本：$S_H=S_S=S_L=1\ 000$ 元

库存持有成本比率：$h=20\%$

单位产品成本：$C_H=C_S=C_L=500$ 元

由于超市对每个品牌的机型分别订购和运输，不同的卡车会分别运送不同的机型，因此，对于每个品牌手机的运输，固定订货成本为 5 000 元（4 000 元+1 000 元）。最优订货策略和 3 种产品的成本（当分别订购 3 种产品时）可用 EOQ 公式求出。一年中，华为订货 11 次，三星订货 3.5 次，联想订货 1.1 次。如果 3 种机型分别订货，该超市年总成本为 14 451 429 元。A 超市独立订购的批量和成本如表 10-1 所示：

表 10-1　A 超市独立订购的批量和成本

项目	华为	三星	联想
年需求量/部	12 000	1 200	120
固定成本/元	5 000	5 000	5 000
最优订货批量/部	1 095	346	110
周转库存/部	548	173	55
年库存持有成本/元	54 545	17 143	5 455
订货频率/年	11	3.5	1.1
年订货成本/元	5 454 545	1 714 286	545 455
平均流程时间/周	2.4	7.5	23.8
年总成本/元	11 509 090	2 331 429	610 910

参照表 10-1 中的数据，若 3 个产品主管决定在每次订货时集中订购全部 3 种产品，计算每种产品的最优订货批量。

解：由于一批订货中包含全部 3 种产品，则一批订货中联合订货成本为 $S^*=S+S_H+S_S+S_L=7\ 000$（元）

最优订货次数用 n^* 表示，则：

$$n^*=\sqrt{\frac{12\ 000\times20\%\times500+1\ 200\times20\%\times500+120\times20\%\times500}{2\times7\ 000}}\approx9.75\text{（次）}$$

因此，如果每次订购和运输都包括 3 种机型，A 超市的产品主管每年应订货 9.75 次。A 超市联合订购的批量和成本如表 10-2 所示。

表 10-2　A 超市联合订购的批量和成本

项目	华为	三星	联想
年需求量/部	12 000	1 200	120
订货频率/年	9.75	9.75	9.75
最优订货批量/部	1 231	123	12.3
周转库存/部	615	61.5	6.15
年库存持有成本/元	61 538	6 154	615
平均流程时间/周	2.67	2.67	2.67

由于每年订货 9.75 次，每次订货总成本为 7 000 元，因此：

年订货成本＝9.75×7 000＝68 250（元）

3 种机型采用此策略的年订货成本和年库存持有成本为：

年订货成本和年库存持有成本＝61 538＋6 154＋615＋68 250＝136 557（元）

（二）不确定性库存控制

1. 安全库存在供应链中的作用

安全库存是指在给定期间内，为满足客户需求而持有的超过预测需求量的库存量。持有安全库存的原因是降低需求的不确定性以及防止实际需求量超过预测值而导致产品短缺。

案例链接

什么是安全库存？

B 百货店出售一种手提包。假设从 G 公司进货每批订购 600 个，B 百货店每周售出 100 个，G 公司需 3 周时间来回复订单并将货物送达 B 百货店。若 B 百货店市场需求确定，且每周恰好售出 100 个，则在库存为 300 个时，就发出订购单。在市场需求确定的情况下，这种订货策略可以确保新的一批货物恰好在上批货售完时运到。然而，B 百货店决定当库存为 400 个时，就发出订单。

B 百货店在下批货物运达时的平均库存为 100 个，就是安全库存。

假定手提包的订货批量 Q 为 600 个，则周转库存就为 $Q/2$，即 300 个。在考虑安全库存的情况下，B 百货店的手提包库存状态如图 10－4 所示。

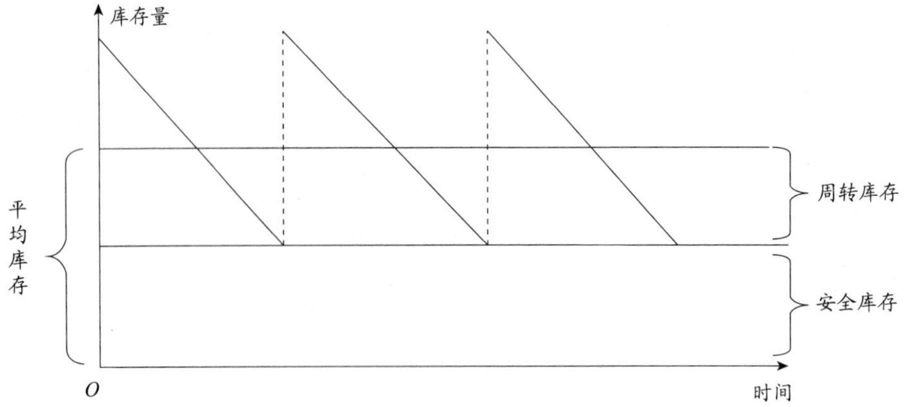

图 10－4　B 百货店手提包库存状态

可以看出，供应链管理者在设置安全库存时必须权衡利弊。一方面，增加安全库存量能够提高产品的可获性，使企业从客户购买中获利。另一方面，增加安全库存量会增加供应链的库存成本。库存过多可以帮助企业应对需求波动，但是如果新产品上市，旧产品的市场就会萎缩，企业的利益就会受到损害。在这种情况下，现有的库存就毫无价值了。

产品多样性的增加以及提高产品可获性的压力，促使企业提高所持有的安全库存水平。在大多数高科技产品的供应链中，由于产品多样性和需求高度不确定性，安全库存在库存中所占的比例非常高。

因此，供应链成功的关键是：在不损害产品可获性的前提下，找到降低安全库存水平的有效途径。

对于任何一条供应链来说，在设置安全库存时，都需要考虑以下三个重要问题：

(1) 合理的产品可获性水平应该为多少?

(2) 要达到希望的产品可获性水平，需要设置多少安全库存?

(3) 在不影响产品可获性的前提下，可以采取哪些措施来减少安全库存?

2. 影响安全库存水平的因素

合理的安全库存水平由以下因素决定：

(1) 期望的产品可获性水平；

(2) 需求的不确定性；

(3) 供给的不确定性；

(4) 库存补货策略。

前三个因素与安全库存水平成正比。

3. 产品可获性的度量

产品可获性反映了企业用现有库存来满足客户订单的能力。如果客户订单到达而企业没有存货，就出现了缺货。有许多方法可以用来度量产品可获性。以下列出了反映产品可获性的重要度量指标。

(1) 产品满足率。产品满足率是指利用库存满足产品需求的比例，也就是利用现有库存满足产品需求的可能性。产品满足率应以特定的需求量而非时间为基准来测算。

(2) 订单满足率。订单满足率是指利用现有库存满足订单的比例。同样，订单满足率也应以特定的订单数量而非时间为基准来测算。

(3) 周期服务水平。周期服务水平是指所有客户需求都得到满足的补货周期所占的比例。补货周期是指连续两次补货交付之间的时间间隔。

在单一产品的情况下，产品满足率和订单满足率之间的差别并不明显。然而，当企业经销多种产品时，两者的差异可能十分显著。

4. 确定合理的安全库存水平

下面先介绍几个相关的概念。

(1) 提前期：货物从订购到交付之间的时间间隔。

(2) 波动系数：标准差与均值之比，用于度量不确定性因素相对市场需求的大小。

(3) 产品满足率：在市场的总需求中，以库存满足的那部分需求所占的比率。产品满足率的计算对象应该是具体的需求量，而非时间。因此，度量产品满足率时应该以每百万单位的需求为考察对象。

（4）连续盘点：对库存进行不间断盘点，当库存下降至再订货点（Re-Order Point，ROP）时，就在此时订购批量为 Q 的货物。

（5）周期盘点：定期对库存进行盘点，并在库存水平下降时，将库存水平补充到指定的初始水平。

下面分析连续盘点策略下安全库存水平的设置。连续盘点的策略是：当库存下降至再订货点时，按订货批量（Q）进行补货。假设每周的需求服从均值为 D、标准差为 σ_D 的正态分布，补货提前期为 L 周。

计算给定再订货点时的安全库存。

提前期内的期望需求 $= D \times L$

安全库存 $S_S = \mathrm{ROP} - D \times L$

【例题 10-3】

给定库存策略下的安全库存计算

假设 A 公司掌上产品每周的需求量呈正态分布，且均值为 2 500 台，标准差为 500。制造商满足 A 公司的订单需要 2 周时间。目前，每当掌上产品持有库存下降至 6 000 台时，A 公司经理就开始进行批量为 10 000 台的订货。计算 A 公司持有的安全库存和平均库存，以及每台掌上产品在 A 公司的平均停留时间。

解：

周平均需求量（D）$=$2 500（台）

周需求量的标准差（σ_D）$=$500

平均的补货提前期（L）$=$2（周）

再订货点（ROP）$=$6 000（台）

平均订货批量（Q）$=$10 000（台）

则安全库存（S_S）$= \mathrm{ROP} - DL = 6\,000 - 2\,500 \times 2 = 1\,000$（台）

因此，A 公司持有掌上产品的安全库存为 1 000 台。于是：

周转库存 $= Q/2 = 10\,000/2 = 5\,000$（台）

平均库存＝周转库存＋安全库存 $= 5\,000 + 1\,000 = 6\,000$（台）

平均流程时间＝平均库存/产销率 $= 6\,000/2\,500 = 2.4$（周）

因此，每台掌上产品在 A 公司的平均停留时间为 2.4 周。

案例链接

戴尔公司的库存管理模式

戴尔公司的供应链包括两个有效环节：客户订购和生产环节、原材料与零部件的获得环节。戴尔公司的销售模式为直销，不通过中间商或分销商来销售产品，而是直接面对客户，它是通过生产而不是通过成品库来满足客户的需求。因此，其生产环节便成为客户订购环节中客户订单完成过程中的重要组成部分。戴尔公司的生产哲学是每单定制，这种生产成功主要取决于终极仓库概念和先进的软件平台基础上的物流系统。

供应商为戴尔公司在得克萨斯州奥斯汀市和田纳西州纳什维尔市的两个生产工厂提供零部件。戴尔公司要求供应商在两个小时内对其订单作出反应，供应商要达到这个目标的唯一方法就是利用物流公司提供的先进物流管理，位于佛罗里达州迈阿密的莱德综合物流公司承担了这项物流服务，该公司的主要任务是管理供应商为戴尔公司提供的库存直至将它运至戴尔的工厂，通过看板的信息管理系统进行补货，为戴尔公司生产工厂管理运作库存，使戴尔公司在销售运作中的产品预测和旺季预测等工作上取得了巨大的成绩。从供应商将部件运至莱德公司开始，莱德公司的集成化运作流程和物流管理就贯穿于整个物流运作中，从而为戴尔公司带来了巨大的增值。

不难看出，正是得益于联合式的订单库存管理模式，供应商通过戴尔的订单和库存情况来为其进行及时的补货，基本思想是及时性，快速反应时间和效率得到了提高，信息化沟通畅通，双方达到了双赢，降低了库存量并提高了库存周转率。

素养提升

生活的库存控制哲学——仓廪实也要知节俭

“仓廪实，天下安。”手中有粮、心中不慌在任何时候都是真理，从古至今，粮食始终是“政之本务”，被视作富民安邦的基础。在我国，惜民力、惜谷物的风尚千古赓续、深入人心，早已成为代代相传的社会美德。

未有春种汗如雨，何来秋收仓廪实？从播种到收获，从田间到餐桌，每一粒粮食，都是劳动人民辛苦劳作的结晶，只有切身体验到如此复杂艰辛的劳动过程，才能懂得珍惜每 粒粮食。

仓廪实也要知节俭，躬行节俭体现修养，折射作风，是对劳动的尊重，更是成就伟大事业必不可少的精神品质。“节”“俭”原初都指“约”，约束自己不放纵，是对待物质财富和物质欲望的理性态度。“欲教以廉，当先使俭。”持俭戒奢，方能生出清正廉洁的价值观，锤炼出严紧硬实的好作风。节俭是永不褪色的品质，也是共产党人的鲜明底色。我们党能够得到人民群众真心拥护，不断从胜利走向新的胜利，都与厉行节俭、艰苦奋斗的优良作风密不可分。

新时代新征程，我们虽然早已走出了缺衣少粮的困境，但节约粮食的传统美德和优良作风永远都不能丢。我们要坚持从小事做起、从自身做起，把节约落实在日常生活工作的方方面面，通过自身的示范带动更多人从点滴之处养成节约习惯。

项目小结

本项目主要讲述了供应链库存管理的基本理论，包含认识供应链环境下的库存管理、选择供应链库存管理策略、确定供应链库存控制策略等内容。相信你通过学习，已经初步掌握了供应链库存管理的相关知识。

赛证链接

微课

赛题数据

智慧物流职业技能竞赛部分赛题

根据给定的物动量周报，对生产线所需的原材料进行 ABC 分类，计算过程保留 2 位小数（四舍五入）。ABC 分类标准如表 10－3 所示。

表 10－3　ABC 分类标准

累计品种所占比重（%）	0＜A＜10	10＜B＜42	42＜C＜100
累计周转量所占比重（%）	0＜A＜55	55＜B＜85	85＜C＜100

课后测评

一、单选题

1. 企业为应对需求、生产周期或供应周期等可能发生的不利变化而设置的一定数量的库存，被称为（　　）。

A. 周转库存　　B. 调节库存
C. 安全库存　　D. 在途库存

2. 某企业年需要耗用 1 000 个某种零件，零件的经济订货批量为 50 件，每次订货成本为 5 元，单价为 20 元，每一零件的储存费率为 20%，那么年需订购的次数为（　　）。

A. 500 次　　B. 200 次
C. 20 次　　D. 50 次

3. 在下列指标中，用于衡量库存控制有效性，反映满足客户需求经济性的指标是（　　）。

A. 库存周转率　　B. 客户满意度
C. 综合发放率　　D. 仓库利用率

4. 通过平衡采购进货成本和仓储成本核算以实现总库存成本最低的最佳订货量是指（　　）。

A. 经济订货点　　B. 经济订货批量
C. 经济采购批量　　D. 经济库存量

二、判断题

1. 广义的库存不包括处于制造加工状态和运输状态的物资。（　　）
2. 生产企业中成品仓库的库存属于生产库存。（　　）
3. 安全库存是为了防止因不确定因素造成的供应中断而准备的缓冲库存。（　　）

4. 在途库存包括运入在途物资和运出在途物资。(　　)

三、思考题

1. 什么是库存？库存的作用是什么？

2. 供应商管理库存（VMI）的基本思想是什么？

3. 安全库存在供应链中有什么作用？

4. 某新华书店新英汉大词典的年销售需求为 1 600 册，每册的单价为 40 元，已知每册的年储存费率为 20%，每次订货费用为 4 元，试求：(1) 新英汉大词典的经济订货批量；(2) 新英汉大词典的平均库存量；(3) 新英汉大词典的年储存成本；(4) 新英汉大词典的年订货成本。

实践能力训练

实训内容：供应链运营团队现在需要根据预测和成本数据制定库存控制策略。基于智能音箱年需求量 1 000 台的预测数据，单次采购成本为 1 200 元，结合供应链管理仿真实训平台教学软件完成以下任务：

(1) 收集并计算智能音箱库存成本数据，如表 10 - 4 所示。

表 10 - 4　智能音箱库存成本数据

产品名称	单位库存成本（元/年）(全年按照 300 个工作日计算)
智能音箱	

(2) 计算智能音箱的经济订货批量，如表 10 - 5 所示。

表 10 - 5　智能音箱的经济订货批量

产品名称	经济订货批量
智能音箱	

(3) 计算智能音箱的订货点（智能音箱的提前期为 7 天，安全库存为 15 台），如表 10 - 6 所示。

表 10 - 6　智能音箱的订货点

产品名称	订货点
智能音箱	

(4) 通过以上分析，你认为在智能音箱的库存管理中，采用的是哪种补货策略［(Q,R) 策略、(R,S) 策略、(T,S) 策略、(T,S,S) 策略］？

表 10 - 7　智能音箱补货策略

产品名称	补货策略
智能音箱	

（5）按照上面制定的库存控制策略，完成供应链管理仿真实训平台中采购和库存控制。

实训目的： 掌握供应链库存控制策略；能够根据供应链运营情况制定供应链库存控制策略。

实训材料： 供应链管理仿真实训平台、电脑。

实训要求：

1. 小组成员分工协作，收集智能音箱的供应链库存、生产与成本等数据；

2. 结合货物特性、库存数据、成本数据制定货物库存控制策略（包含订货点、经济订货批量、补货策略等）。

实训步骤：

步骤1：登录供应链管理仿真实训平台。

步骤2：小组成员分工协作，收集智能音箱的供应链库存、生产与成本等数据。

步骤3：依次计算智能音箱的经济订货批量、订货点。

步骤4：比较运输成本，选择最佳运输方式。

步骤5：依据计算结果，阐述智能音箱的库存控制策略。

步骤6：教师总结和评价各小组的作业完成情况，并提出相应的指导建议。

职业核心能力测评

职业核心能力	评价指标	自测结果
自我管理能力	1. 培养自己的责任心 2. 能够管理自己的时间 3. 所学知识的灵活运用	A [ ]　B [ ]　C [ ] A [ ]　B [ ]　C [ ] A [ ]　B [ ]　C [ ]
合作交流能力	1. 知道如何尊重他人的观点 2. 能够与他人有效沟通 3. 能够获取信息并反馈信息	A [ ]　B [ ]　C [ ] A [ ]　B [ ]　C [ ] A [ ]　B [ ]　C [ ]
解决问题能力	1. 能够有效使用信息资源 2. 能够客观分析事物的现状 3. 能够发现并解决常规问题	A [ ]　B [ ]　C [ ] A [ ]　B [ ]　C [ ] A [ ]　B [ ]　C [ ]
设计创新能力	1. 能够提出有价值的观点 2. 能够运用不同的思维方式 3. 能够制定创新方案并实施	A [ ]　B [ ]　C [ ] A [ ]　B [ ]　C [ ] A [ ]　B [ ]　C [ ]
学生签字：		教师签字：

参考文献

［1］李志君，崔星．供应链管理实务［M］．4版．北京：人民邮电出版社，2023.

［2］马士华，林勇．供应链管理［M］．6版．北京：机械工业出版社，2020.

［3］王桂花．供应链管理实务［M］．北京：高等教育出版社，2022.

［4］张启慧，孟庆永，杨妍．供应链管理［M］．2版．北京：机械工业出版社，2024.

［5］孟庆永，苏兆河，俞锋．供应链管理：预测、规划与优化［M］．北京：人民邮电出版社，2023.

［6］马翔，供应链管理基础［M］．2版．北京：高等教育出版社，2022.

［7］薛威．仓储作业管理［M］．4版．北京：高等教育出版社，2022.

［8］胡建波．供应链管理实务［M］．3版．成都：西南财经大学出版社，2021.

［9］程敏．供应链库存控制问题的研究与应用［D］．兰州：兰州交通大学，2014.

［10］王桂花，万里．物流成本管理［M］．北京：高等教育出版社，2021.

［11］刘宝红，赵玲．供应链的三道防线：需求预测、库存计划、供应链执行［M］．2版．北京：机械工业出版社，2022.

［12］中国物流与采购联合会．中国供应链发展报告（2023—2024）［M］．北京：人民邮电出版社，2024.

［13］付伟．团队建设能力培训全案［M］．3版．北京：人民邮电出版社，2014.

［14］唐隆基，潘永刚．数字化供应链［M］．北京：人民邮电出版社，2021.

［15］施云．智慧供应链架构：从商业到技术［M］．北京：机械工业出版社，2022.

图书在版编目（CIP）数据

供应链管理实务 / 包训艳主编．--北京：中国人民大学出版社，2025.7．--（新编 21 世纪高等职业教育精品教材）．-- ISBN 978-7-300-34127-9

Ⅰ．F252.1

中国国家版本馆 CIP 数据核字第 2025VL8278 号

浙江省高职院校“十四五”重点立项建设教材

新编 21 世纪高等职业教育精品教材·物流类

供应链管理实务

主　编　包训艳

副主编　钟　燕　贺　骥　李婷婷　程雅芳　冯言勇　马秀丽

Gongyinglian Guanli Shiwu

出版发行　中国人民大学出版社

社　　址　北京中关村大街 31 号　　邮政编码　100080

电　　话　010－62511242（总编室）　010－62511770（质管部）

　　　　　010－82501766（邮购部）　010－62514148（门市部）

　　　　　010－62511173（发行公司）　010－62515275（盗版举报）

网　　址　http://www.crup.com.cn

经　　销　新华书店

印　　刷　北京七色印务有限公司

开　　本　787 mm×1092 mm　1/16　　版　　次　2025 年 7 月第 1 版

印　　张　17　　印　　次　2025 年 7 月第 1 次印刷

字　　数　375 000　　定　　价　48.00 元
